CIUG 城市治理理论与实践丛书

总主编 姜斯宪

像绣花一样精细：

城市治理的**徐汇实践**

陈高宏 吴建南 张录法 主编

上海交通大学出版社
SHANGHAI JIAO TONG UNIVERSITY PRESS

内容提要

　　本书以案例的形式展现了近年来上海市徐汇区在精细化治理方面的新实践和新探索，主要涵盖城市更新保护、生态环保、服务优化、平安构筑、社区共治、居民自治等内容。

图书在版编目（CIP）数据

像绣花一样精细：城市治理的徐汇实践 / 陈高宏，
吴建南，张录法主编.—上海：上海交通大学出版社，
2018（2019重印）
ISBN 978-7-313-18858-8

Ⅰ.①像… Ⅱ.①陈… ②吴… ③张… Ⅲ.①城市—
社区管理—研究—徐汇区 Ⅳ.①D669.3

中国版本图书馆CIP数据核字（2018）第013513号

像绣花一样精细：城市治理的徐汇实践

主　　　编：陈高宏　吴建南　张录法
出版发行：上海交通大学出版社　　　　　　地　　　址：上海市番禺路951号
邮政编码：200030　　　　　　　　　　　电　　　话：021-64071208
印　　制：上海万卷印刷有限公司　　　　经　　　销：全国新华书店
开　　本：710mm×1000mm　1/16　　　印　　　张：19.75
字　　数：287千字
版　　次：2018年2月第1版　　　　　　印　　　次：2019年8月第3次印刷
书　　号：ISBN 978-7-313-18858-8/D
定　　价：128.00元

"城市治理理论与实践"
丛书编委会

▲

总主编
姜斯宪

副总主编
吴建南　　陈高宏

学术委员会委员
（以姓氏笔画为序）

石　楠　　叶必丰　　朱光磊　　刘士林　　孙福庆

吴建南　　吴缚龙　　陈振明　　周国平　　钟　杨

侯永志　　耿　涌　　顾海英　　高小平　　诸大建

梁　鸿　　曾　峻　　蓝志勇　　薛　澜

编委会委员
（以姓氏笔画为序）

王亚光　　王光艳　　王浦劬　　关新平　　李振全

杨　颉　　吴　旦　　吴建南　　何艳玲　　张录法

张康之　　陈　宪　　陈高宏　　范先群　　钟　杨

姜文宁　　娄成武　　耿　涌　　顾　锋　　徐　剑

徐晓林　　郭新立　　诸大建　　曹友谊　　彭颖红

本书编委会

主 编

陈高宏　吴建南　张录法

编委会委员

（以姓氏笔画为序）

王　林　王奎明　车生泉　刘一弘

江　凌　吴建南　张录法　夏奇缘

彭　勃　韩广华　楼紫阳　熊　竞

"城市治理理论与实践丛书"序

  城市是人类最伟大的创造之一。从古希腊的城邦和中国龙山文化时期的城堡,到当今遍布世界各地的现代化大都市,以及连绵成片的巨大城市群,城市逐渐成为人类文明的重要空间载体,其发展也成为人类文明进步的主要引擎。

  21世纪是城市的世纪。据统计,目前全球超过一半的人口居住在城市中。联合国人居署发布的《2016世界城市状况报告》指出,排名前600位的主要城市中居住着五分之一的世界人口,对全球GDP的贡献高达60%。改革开放以来,中国的城镇化率也稳步提升,2012年首次突破50%,2017年已经超过58%,预计2020年将达到60%。2015年12月召开的中央城市工作会议更是明确提出:"城市是我国经济、政治、文化、社会等方面活动的中心,在党和国家工作全局中具有举足轻重的地位。"

  城市,让生活更美好!而美好的城市生活,离不开卓越的城市治理。全球的城市化进程带动了人口和资源的聚集,形成了高度分工基础上的比较优势,给人类社会带来了灿烂的物质和精神文明。但近年来,人口膨胀、环境污染、交通拥堵、资源紧张、安全缺失与贫富分化等问题集中爆发,制约城市健康发展,困扰着政府与民众,并日益成为城市治理中的焦点和难点。无论是推进城市的进一步发展,还是化解迫在眉睫的城市病,都呼唤着更好的城市治理。对此,党和国家审时度势、高屋建瓴,做出了科学的安排和部署。2015年11月,习近平总书记主持召开中央财经领导小组第十一次会议时就曾指出:"做好城市工作,首先要认识、尊重、顺应城市发展规律,端正城市发展指导思想。"中央城市工作会议则进一步强调:"转变城市发展方式,完善城市治理体系,提高城市治理能力,着力解决城市病等突出问题,不断提升城市环境质量、人民生活质量、城市竞争力,建设和谐宜居、富有活力、各具特色的现代化城市,提高新型城镇化水平,走出一条中国特色城市发展道路。"

卓越的城市治理,不仅仅需要政府、社会、企业与民众广泛参与和深度合作,更亟须高等院校组织跨学科、跨领域以及跨国界的各类专家学者深度协同参与。特别是在信息爆炸、分工细化的当今时代,高等院校的这一角色显得尤为重要。在此背景下,上海交通大学决定依托其在城市治理方面所拥有的软硬结合的多学科优势,全面整合校内外资源创办中国城市治理研究院。2016年10月30日,在上海市人民政府的支持下,由上海交通大学和上海市人民政府发展研究中心合作建设的中国城市治理研究院在2016全球城市论坛上揭牌成立。中国城市治理研究院的成立,旨在推动城市治理研究常态化,其目标是建成国际一流中国特色新型智库、优秀人才汇聚培养基地和高端国际交流合作平台。

一流新型智库需要一流的学术影响力,高端系列研究著作是形成一流学术影响力的重要举措。因此,上海交通大学中国城市治理研究院决定推出"城市治理理论与实践丛书",旨在打造一套符合国际惯例,体现中国特色、中国风格、中国气派的书系。本套丛书将全面梳理和总结城市治理的重要理论,以中国城市化和城市治理的实践为基础,提出具有中国特色的本土性、原创性和指导性理论体系;深度总结并积极推广上海和其他地区城市治理的先进经验,讲好"中国故事",唱响"中国声音",为全球城市治理贡献中国范本。

相信"城市治理理论与实践丛书"的推出,将有助于进一步推动城市治理研究,为解决城市治理中的难题、应对城市治理中的挑战提供更多的智慧!

姜斯宪

上海交通大学党委书记
上海交通大学中国城市治理研究院院长

前　言

　　城镇化是农业文明迈向工业文明的必由之路。改革开放四十年来，在中国共产党的正确领导下，我国的城镇化迅猛发展，城镇化率不断提高，城镇化成为经济发展和社会进步的重要推手，也是经济和社会发展的重要成就。与此同时，伴随着城市规模的急剧扩张，公共服务短缺、环境污染、交通拥堵、住房紧张等城市病也集中涌现出来，给城市治理带来了严峻的挑战。

　　精细化管理是现代科学管理思想的集中体现，也是实现国家治理体系和治理能力现代化的内在要求。习近平总书记在参加2017年全国"两会"上海代表团审议时强调："走出一条符合超大城市特点和规律的社会治理新路子，是关系上海发展的大问题"，他特别指出："城市管理应该像绣花一样精细"，"要持续用力、不断深化，提升社会治理能力，增强社会发展活力"。习近平总书记的指示为城市治理指明了方向。

　　2018年1月4日《上海市城市总体规划（2017—2035年）》正式发布，明确了上海2035年的总体目标、发展模式、空间格局、发展任务和主要举措，为上海未来的发展描绘出美好的蓝图。这就要求深入转变管理思维和管理理念，大力探索创新城市治理的新方法，全面提升城市治理的科学化、精细化和智能化水平，为早日建成具有全球影响力的社会主义现代化国际大都市而谱写新的历史篇章。

　　徐汇区是上海市七个中心城区之一，历史底蕴深厚、重要机构集中、科教文卫发达、城区功能完善、综合实力靠前。市委领导2017年6月在徐汇区调研时提出，徐汇区有条件率先推进城市精细化治理。按照市委提出的"发挥引领超大城市管理的标杆作用，成为体现上海国际大都市城区管理水平亮丽名片"的城区精细化治理要求，徐汇区努力探索符合超大城市中心城区特点和规律的社会治理新思路，形成了一系列颇具地方特色的精细化治理实践。这些实践虽然是基于上海市以及徐汇区特殊的城市生态而逐步发展起来的，但对于其他地区城市治理也具有重要的借鉴和启示意义。

上海交通大学中国城市治理研究院与徐汇区合作编写的《像绣花一样精细：城市治理的徐汇实践》，系统分析和梳理了近年来徐汇区精细化治理的实践举措及其宝贵经验，以案例的形式展现了徐汇区在精细化治理和创新社会治理方面的新道路和新探索，提出了进一步发展和完善大都市地区城市治理的对策和建议。

2017年8月初，徐汇区启动《像绣花一样精细：城市治理的徐汇实践》案例素材搜集工作。区内各部门、街镇系统详细梳理了近年来城区管理和社会治理方面的案例材料，初步推选了93个案例素材。经专家多轮深入研讨，基于创新性、示范性、实践性、可推广性等多维度考察，最后精选出38个案例（含上海社会建设十大创新项目4项），以作为徐汇区在城市治理探索的典型实践。

2017年9月上旬至11月下旬，上海交通大学中国城市治理研究院与徐汇区多次组织召开专家讨论会，专门组织案例提供单位、案例资料编写者、各篇章执笔专家等分6个专题进行多轮分析和讨论，进一步发掘、整理和充实案例资料，对案例资料进行反复修改完善，并请上海交通大学中国城市治理研究院相关领域专家撰写了绪言、篇章导论以及案例点评，以更好地呈现和揭示各个案例所包含的理论内涵和实践价值。

全书包括绪言、更新保护篇、生态环保篇、服务优化篇、平安构筑篇、社区共治篇、居民自治篇等篇章。绪言部分从理论与实践两个维度对精细化治理进行了系统梳理，具体篇章安排主要是着眼于大都市城市治理面临的挑战和问题，也是未来城市治理重点发力的领域。

本书具体篇章及执笔专家如下：绪言部分由吴建南教授、更新保护篇由王林教授、生态环保篇由车生泉教授与楼紫阳教授、服务优化篇由张录法副教授与江凌副教授、平安构筑篇由刘一弘助理教授与韩广华助理教授、社区共治篇与居民自治篇由彭勃教授与熊竞助理研究员执笔完成。

衷心感谢各位专家的辛勤付出,同时特别感谢徐汇区各个案例提供部门以及相关负责人的密切配合。本书中的案例及图片素材由徐汇区相关部门和街镇提供,无法逐一注明来源,在此一并表示诚挚的感谢。

CONTENTS 目 录

PART 7 居民自治篇

PART 1
绪　言

近年来，随着工业化、信息化的飞速发展，城市规模迅速扩张，城市功能逐渐多元化，已日渐形成一个复杂的系统，千头万绪，包罗万象。2015年中央城市工作会议指出，改革开放以来，中国经历了世界历史上规模最大、速度最快的城镇化进程。到2015年，中国城镇人口总量达到77 116万人，城镇化率达到56.1%，比世界平均水平约高1.2个百分点。在波澜壮阔的城镇化进程中，由于不平衡、不充分的发展，环境污染、交通拥堵、住房紧张、就业困难等"城市病"日益凸显。如何实现"城市，让生活更美好"的目标，是现代城市面临的最大难题①。

2017年3月5日，习近平总书记在参加十二届全国人大四次会议上海代表团审议时强调："走出一条符合超大城市特点和规律的社会治理新路子，是关系上海发展的大问题。城市管理应该像绣花一样精细。城市精细化管理，必须适应城市发展。要持续用力、不断深化，提升社会治理能力，增强社会发展活力。"②习近平总书记将"城市精细化管理"喻为"绣花"，其中蕴含深意。绣花是中国的传统技艺。要想绣一幅漂亮的作品，首先需要整体布局、构思图案，做到了然于胸；其次，需要一针一线、不厌其烦，做到细心努力；最后，需要眼明手快、准确施针，方能做到精准无误。对于中国而言，越来越多的人口聚集在城市，城市管理变得越来越复杂，面临诸多挑战。城市管理与绣花一样，需要顶层设计，需要一丝不苟，需要精确细致③。

习近平总书记用绣花来形容城市管理，从更高层次上来说，是要求城市政府转变其职能、重塑价值观，从政府自身的职能定位出发，进一步理顺政

① 中央城市工作会议在北京举行[EB/OL].新华网,(2015-12-22)[2017-11-01].http://news.xinhuanet.com/politics/2015/12/22/c_1117545528.htm.
② 习近平：城市管理应该像绣花一样精细[EB/OL].央广网,(2017-03-05)[2017-11-01].http://china.cnr.cn/gdgg/20170305/t20170305_523637510.shtml.
③ 我国城市精细化管理刚起步[EB/OL].中国经济网,(2017-06-14)[2017-11-01].http://www.ce.cn/xwzx/gnsz/gdxw/201706/14/t20170614_23612763.shtml.

府与市场的关系、明确政府与公众的关系，准确把握人民的需求，由管理型政府向服务型政府转变，完善流程，不断创新，持续改进，提高服务质量，实现让城市更有序、更安全、更干净的目标。事实上，当前城市精细化管理的要求与习近平总书记"精准扶贫"的思想一脉相承，二者都是对政府过去粗放式管理的反思与改革，强调科学高效、精准施策①。

国内城市精细化管理的实践并非始于2017年，部分大城市早已有所行动，如北京、南京、石家庄、郑州、福州等。在习近平总书记提出"城市管理应该像绣花一样精细"之后，更多的城市出台了精细化管理的政策，并开展了丰富多样的实践。2017年5月28日起，《人民日报》推出"聚焦城市精细化管理"栏目，呈现各地的探索和实践。截至2017年11月16日，该栏目已陆续报道了重庆、海口②、昆明③、济南④、上海⑤五个城市的典型实践。

五个城市的实践虽各有特色，但也体现了很强的相似性。从参与主体来看，已有实践都是以政府部门为主导，同时相关企业、研究机构、社会组织、市民等多个主体积极参与。从涉及的管理领域来看，虽然重庆、海口、上海是多个领域的精细化管理，而昆明、济南分别聚焦老小区改造、交通拥堵整治等单个领域，但这些精细化管理的领域都与民生息息相关。从管理手段来看，标准、规划等制度手段逐渐增加，组织结构变化、职能转变与整合等组织手段愈发重要，移动互联网、大数据、人工智能等信息技术手段方兴未艾。在管理目标方面，已有实践体现了以人为本的理念，持续提升管理效能、政府公信力、群众满意度与获得感。

基于上述的分析可知，当前实践者理解的城市精细化管理，本质上是一种精准、细致的治理行为。在学术上，城市管理和城市治理是有本质区别的。城市管理一般是强调以政府为主体，通过自上而下的控制手段来解决

---

① 李坚.城市管理 怎样绣好花[N].人民日报,2017-05-18(16).
② 丁汀.海口：生活痛点成规划起点[N].人民日报,2017-05-25(14).
③ 徐元锋.昆明 微改造让老小区"逆生长"[N].人民日报,2017-06-06(16).
④ 肖家鑫.济南 小招也治堵[N].人民日报,2017-06-08(08).
⑤ 孙小静.上海 大数据绣出活地图[N].人民日报,2017-09-22(23).

城市问题的过程。而城市治理则意味着多元主体的参与，各主体间是自愿平等合作的互动关系，更重要的是，治理过程的基础不是控制，而是协调。为了强调政府在解决城市问题中的主导地位，实践中仍是以"城市精细化管理"为题，但从学术规范的角度出发，"城市精细化治理"才更为贴切，故本书以此命名。

精细化：从管理到治理

精细化最初是企业管理的概念，由 Womack，Jones & Roos（1990）[①] 首先提出，以描述日本车辆制造商的工作理念和实践，特别是丰田生产系统（TPS）。其总体理念为持续改进流程提供了一个更聚焦的方法，并为实现这些改进的各种工具和方法提供目标。这一理念的中心是消除浪费和不必要的行动，并将创造价值的所有步骤连接起来。事实上，精细化管理的历史可以追溯到科学管理。早在1912年，科学管理之父泰勒研究各种材料能够达到标准负载的锹的形状、规格，以及各种原料装锹的最好方法的问题，即"铁锹试验"，此时精明的工作与细致的安排，已经通过科学研究而得以实现。对于20世纪80年代企业管理中提出的六西格玛（6σ）全面质量管理体系，产品质量的次品率不超过3.4%，几乎达到"零缺陷"；但如果想达到这种近乎零缺陷的状态，就得从顾客需求出发，基于数据统计分析，探索产品或服务存在问题的原因并予以解决。显然，这种"精细化"管理明显地区别于粗放式管理，如简单粗暴、不计成本、不问效果、拍脑袋决策等。

随着社会分工的不断细化，对于高效率与高质量的追求逐渐扩散到社会各个领域，精细化管理理念也深入到各行各业。在企业管理中，温德诚（2005）认为精细化管理是以科技为基础，以精细操作为特征，通过充分运

[①] Hicks B J. Lean information management: Understanding and eliminating waste［J］. International Journal of Information Management，2007，27（4）：233-249.

用企业的各种资源,强化协作,提高组织的执行力,从而达到降低成本和费用,提高效率和效益目标的管理方式①。刘晖(2007)从管理过程的视角提出精细化管理的本质是对战略和目标分解细化及落实的过程,是让企业的战略规划能有效贯彻到每个环节并发挥作用的过程②。在医院管理中,应争先(2011)认为精细化管理是以精细操作、精细管理为基本特征的管理模式③。

新公共管理运动兴起后,精细化的理念和方法逐渐被引入公共管理领域。在政府精细化管理研究中,学者承继了精细化管理思想的特点,在科学管理的基础上,重视科学技术的使用(汪中求,2005;汪智汉、宋世明,2013)④⑤,强调降低成本、提高效率(温德诚,2007;麻宝斌、李辉,2009)⑥⑦。此外,还提出以人为本的理念(麻宝斌、李辉,2009),并重视制度和监督的作用(汪智汉、宋世明,2013)。但部分概念缺乏精准的维度与对质量的重视。在城市精细化管理研究中,较为强调流程化、定量化和信息化(郭理桥,2010)⑧,来自实践领域的定义详细阐释了"精细"的内涵,"精"涵盖了精量定责、精准操作、精密、精心、精益;"细"涵盖了细化标准、细致深入、细腻维护等特征(李军,2011;孙新军,2017)⑨⑩。

基于以往学者对不同领域精细化管理的理解,政府、企业、医院、高校等都是城市中的行为主体,城市的复杂性决定了城市问题的解决必然是多主体参与的过程。城市精细化治理的概念也必然不同于企业、医院、高校、政

① 温德诚.精细化管理[M].北京:新华出版社,2005.

② 刘晖.精细化管理的涵义及其操作[J].企业改革与管理,2007(4):15-16.

③ 应争先.医院精细化管理的实践[J].中国医院,2011,15(1):53-55.

④ 汪中求.精细化管理之基本理念[J].中国商贸,2008(9):116.

⑤ 汪智汉,宋世明.我国政府职能精细化管理和流程再造的主要内容和路径选择[J].中国行政管理,2013(6):22-26.

⑥ 温德诚.政府精细化管理[M].北京:新华出版社,2007.

⑦ 麻宝斌,李辉.政府社会管理精细化初探[J].北京行政学院学报,2009(1):27-31.

⑧ 郭理桥.现代城市精细化管理的决策思路[J].中国建设信息,2010(2):4-9.

⑨ 李军.推进精细化管理　实现长沙城市管理五大提升[J].城市管理与科技,2011,13(3):24-27.

⑩ 孙新军.确立"六精六细"管理理念　推动城市精细化管理水平提升[J].城市管理与科技,2017,19(5):6-10.

府等各主体的精细化管理。但是，治理过程中所体现出"精准、细致"的特征是相同的。

本书对城市精细化治理的定义如下：城市精细化治理是精准、细致地解决城市问题的治理过程。基于此定义可知，"精准、细致"是城市治理的核心特征，而解决城市问题、提升居民的满意度与获得感是城市治理的根本目标。城市治理的基本要素包括城市问题、参与主体、涉及领域、治理手段、治理绩效等，对不同要素"精准、细致"特征的分析，有助于全面理解城市精细化治理的内涵。

第一，在利益多元化与价值取向多样化的今天，城市问题显得日益复杂而难以界定，准确识别这些问题无疑是治理行为的前提。在把握城市运行诸多细节的基础上，细致捕捉问题、准确判断问题，进而精准识别问题，能够为治理提供准确方向。

第二，城市问题往往牵涉复杂多样的参与主体，不同主体之间的利益博弈也日益复杂。对参与主体进行精确识别和细致分类，准确把握不同主体的现实需求，有助于找到最关键的利益相关者，有的放矢，以达到事半功倍的效果，同时对参与主体的重视也体现城市以人为本的治理理念。

第三，城市问题的复杂性往往导致治理领域边界的模糊性。在条块管理特征明显的中国，对治理领域的细致分类以及对关键治理领域的精准把握，有助于将有限的资源集中到最迫切的领域，实现优化配置，从而更好地解决城市问题。

第四，随着政府职能转变的不断深入，政府与经济、社会领域之间的界限逐渐明晰，政府服务理念日益深化。精细化治理手段意味着逐渐改变以往"一刀切"式的粗放行为，转而根据自身职责范围，针对不同问题，精准选择科学、规范、有效的治理手段，并本着服务的态度细致执行，实现"有温度"的治理。

第五，城市问题的复杂性决定了治理目标的多元化，但多元化并不是无重点。精细化的最初目标是减少浪费、提高效益，最根本的是满足顾客需求。对城市而言，精细化治理也应越来越注重城市治理效能的整体提升，但其最终目的是建设人民满意的政府，提高群众的满意度和获得感。

徐汇区精细化治理的实践特征

徐汇区因徐家汇而得名,是上海七个中心城区之一,面积54.9平方公里,常住人口108.6万,户籍人口92万,共辖12个街道和1个镇。徐汇区情有这样几个特点:一是历史底蕴深厚,有千年的龙华古寺、700多年的黄道婆文化、500多年的徐光启文化、100余年的上海工业文明;二是重要机构集中,15家市级机关、美德等10个国家驻沪总领馆落户在此;三是科教文资源丰富,拥有中科院上海分院等121家科研机构以及上海交大、复旦医学院等18所高等院校,中山医院等三级甲等医院占全市总量的1/4,市级文艺院团数量超过全市半数;四是城区功能多样,有成熟的徐家汇商圈和上海最早的国家级高新区之一漕河泾开发区,正在开发建设的徐汇滨江,以及处在城市化进程中的华泾镇;五是居民文化水平高,拥有大专以上学历的人口约占区内总人口的1/3,境外人口接近区内总人口4%;104位两院院士工作或居住在徐汇,每万人口发明专利拥有量位居全市第一。

2014年以来,徐汇区牢牢把握中央和上海市委的要求,努力探索符合超大城市中心城区特点和规律的社会治理新路,形成了一系列颇具特色的精细化治理实践。作为全市中心城区中面积较大、人口较多的区,徐汇区第十次党代会明确将"继往开来、追求卓越,加快建成现代化国际大都市一流中心城区"作为徐汇未来五年的目标。在此背景下,徐汇区把握上海发展大局,不断探索城市精细化治理经验。经过全区人民的共同努力,徐汇区的精细化治理体现了三个主要特色。

(一)精心态度、细节品质,持续改善城市环境

城市环境与居民生活质量紧密相关。现阶段,徐汇区已经摒弃了大拆大建的粗放式改造手段,聚焦城市历史文化风貌和生态环境领域,开展了精细化的城市微更新、微改造、微治理。

一是以历史风貌保护为前提,探索城市更新模式。上海已进入了以存量开发为主的内涵增长阶段与注重城市品质提升和活力激发的创新发展阶段,城市更新与风貌保护已成为规划与建设发展的主导方向。徐汇区的更新保护在"创新驱动、转型发展"方针的指引下,积极探索和实施城市更新,以历史风貌保护为前提,以精细化理念为指导,开展城市更新模式的转型与发展、设计与管理工作。徐汇区更新规划与发展面对和涉及的问题非常复杂,对于具体问题要具体分析,细致化归类,包括历史文化风貌和建筑的保护与传承,环境品质的提升,地区活力的激发以及民生条件的改善等。徐汇衡山路复兴路历史文化风貌保护区(以下简称"衡复风貌区")占地4.4平方公里,是上海城市历史记忆、文化个性与生活品质的重要体现。目前,徐汇的风貌保护已形成了比较完整的"点、线、面"保护体系,努力实现建筑可阅读,街道宜漫步,公园可休憩,最有温度的风貌街区的精细化管理目标。

二是"以小见大""以微见真"开展生态环境综合治理。城市生态环境治理在城市尺度上包括自然生态系统保育修复与构建、环境保护和污染治理、城市公共开放空间(绿地)结构优化与功能提升等。徐汇区生态环境精细化治理重点聚焦黑臭河道治理、生态文化绿地构建、社区生态文化塑造、社区垃圾分类与资源化利用等具体方面,体现出以人居环境改善为目标,以精细化治理为手段,以政府—社会—居民共治共享为组织方式,以城市社区为基本单元,以自然生态系统中主要的生态要素——水体和绿地为空间载体等特点。

(二) 精准为基、细致为本,提高公共服务水平

徐汇区通过精准识别需求、精确定位问题,不断提高群众对基础公共服务的获得感和满意度,有力保障城市公共安全。

一是精准匹配公共服务需求与供给资源。针对公共服务的供需不平衡、不均等,缺乏多元参与、有效监督等现实问题,徐汇区以公共服务覆盖全民为目标,按照服务型社会的要求和"小政府,大社会"的行政理念对政府角色进行再设计,建设"以人为本"、处处为公众需求着想的政府。一方面充分调动社会主体的多元有效参与,形成供给的合力,逐步增加服务供给;另一方面,对公共服务需求进行精准识别、精准分类,并以此为目标,在综合使用各种手段,尤其是智能化的手段对现有公共服务进行梳理的基础上,精简、整合、优化、细化、人性化,使供给和需求能够精准匹配,实现公共服务资源利用和公民满意度的双提升。

二是通过制度创新,保障平安徐汇。城市公共安全是城市顺畅运行的根本,是城市管理工作的底线。徐汇区在医患矛盾化解、食品安全管理、平安社区等城市公共安全领域探索出了一些精细化治理的路子。针对辖区内医患纠纷数量逐年递增和表现形式复杂多样的特点,探索出具有人性关怀的人民调解机制,在保证患者合法权益的基础上,维护医疗机构的正常秩序,创新专兼结合、梯度调节等模式,建立医患互信,从根本上将医患纠纷化解在个体纠纷处理过程中。出台食品安全相关条例或办法,通过制度建设落实主体责任,吸纳社会力量,精确执法对象,优化执法手段,提高执法效率,解决食品安全管理中的顽症。创建"平安橙"志愿服务机制,通过政社结合、专兼结合等形式,更加细化社区治安防控网络工作,合理控制社会风险。

(三) 精确引导、细化参与,实现共建共治共享

徐汇区坚持党建引领下的社区共治和居民自治,强化社会协同,积极引导社会力量参与社区治理,促进"三社联动",激发多元主体参与社区治理的活力。

一是持续深化社区共治机制。社区共治是社会治理的重要方式。在社区共治中,党建是一种柔绵浸润却又坚实有力的治理力量,徐汇区利用党建组织打通政府科层结构,链接全社会资源,助力城市精细治理。社区共治中不应忽视居委会、业委会、社会团体等主体的主要作用,徐汇区探索形成了"业委会沙龙+物业服务联盟"模式、"无缝隙治理"模式等典型实践。针对区域的资源差异、需求差异、问题差异,徐汇区通过联动、跨界、合作等方式,一方面充分调动和挖掘社区各方资源和力量,大大提升了城市精细化治理的能力;另一方面,针对治理中不同的问题和需求,有的放矢、更加精准地推进城市治理。

二是推动搭建自治协商平台。居民自治是城市基层治理中的重要环节。徐汇区在社区自治上,进行了诸多探索,在社区环境改善、居民需求识别、基层公共服务提供、信息沟通交流等方面形成了一批精细化治理的典型实践案例。连续举办两届徐汇区社会建设创新项目培育活动,重点跟踪培

育53个自治共治项目，先后涌现了湖南街道"弄管会"、凌云街道"绿主妇"等上海市社会建设十大创新项目，形成了斜土"亲邻驿站"、长桥"云上瀛台"等一批居民区自治和多元参与社会治理的品牌项目，在基层树立了良好的品牌示范效应，社会治理创新成效逐步显现。

　　徐汇区的精细化治理实践是根植于城市治理过程中的现实问题，在不同的情境下给出的"徐汇方案"。在全面落实习近平总书记"城市管理像绣花一样精细"讲话精神的过程中，有必要梳理出一批徐汇区城市精细化治理的优秀案例，并在此基础上总结提炼出城市精细化治理的典型经验与特征，以期形成示范效应和带动作用。本书将按照徐汇区精细化治理实践的三大特征，系统呈现"徐汇精细化治理模式"。

PART 2
更新保护篇

引　言

中国发展到了以城市更新为主体的现阶段,对于巨大、多元的现代城市的治理,以往粗放式的管理已经远远不够,实施精细化治理是提高城市管理效能的重要举措。上海已进入了存量开发为主的内涵增长阶段与注重城市品质提升和活力激发的创新发展阶段,城市更新与风貌保护已成为规划与建设发展的主导方向。风貌保护是城市更新的一种类型,城市更新与风貌保护息息相关,相互交织;在风貌保护工作中,以城市有机更新的理念推进风貌保护,采用人性化和有温度的治理理念,保护好历史文脉和文化记忆;面对以城市有机更新为主导方向的未来城市建设与发展,更多地通过政府和市场、公众的合作与协商,探索和创新风貌保护与有机更新的多方政策支持。

徐汇区的更新保护在"创新驱动、转型发展"的指引下,积极探索和实施城市更新,以历史风貌保护为前提,以精细化理念为指导,开展城市更新模式的转型与发展、设计与管理工作。徐汇区更新规划与发展面对和涉及的问题非常复杂,对于具体问题要具体分析,细致化归类,包括历史文化风貌和建筑的保护与传承,环境品质的提升、地区活力的激发以及民生条件的改善等。

衡复历史文化风貌区是上海成片保护规模最大的区域(整个区域7.66平方公里)。其中,徐汇衡复风貌区占地4.4平方公里,是上海城市历史记忆、文化个性与生活品质的重要体现。目前,徐汇的风貌保护已形成了比较完整的"点、线、面"保护体系,努力实现建筑可阅读、街道宜漫步、公园可休憩、最有温度的风貌街区精细化管理目标。

本章选取了徐汇区更新规划与发展、西岸滨水区城市更新、风貌区道路精细化整治、岳阳路风貌"微更新"、天平路"风貌百弄"、淮海中路1292号的故事六个具有典型意义的更新保护实践案例,来诠释基于城市更新和风貌保护的城市精细化治理的重要性。第一，以徐汇区更新规划与发展实践展开案例分析，以精益求精的精细化理念为指导，针对徐汇地区不同性质和规模的案例，提出差异化的更新规划与发展策略，讲述了从区域到地块、建筑、道路的城市更新工作，从精细化管理到精细化规划再到精细化设计控制，并强调公众参与自治共治的实践案例与创新成效。第二，选取徐汇区城市更新中独具代表的西岸滨水区城市更新作为实践案例，徐汇滨江坚持"规划引领、文化先导、生态优先、科创主导"的基本原则，将徐汇滨江公共开放空间作为先导实施部分，开展滨江区域功能结构的转换与地区活力的复兴，保护利用区域内的历史遗存，延续了城市历史风貌，推动黄浦江岸线从生产性功能向生活性功能的转型，降低保护与开发的冲突性，提升合作互动的管理水平，展现精细化设计与实施的高效。第三，结合徐汇衡复历史文化风貌区的"点、线、面"保护体系，到"线"上传承高品质生活的街道环境，选取风貌区道路精细化整治案例。在"城市管理要像绣花一样精细"的指示精神下，开展精细巡检、精密协作、精准整改、综合整治工作，实现风貌保护、文化传承、民生改善的目标。第四，选取徐汇衡复历史文化风貌区中蕴含上海丰厚历史和人文底蕴的岳阳路"微更新"的故事，强调了基于城市更新和风貌保护的城市精细化设计与管理的重要性，以人为本，针对不同空间、不同背景的问题进行细致化分析，以及规划师如何运用精细化设计方法搭建政府、商家、设计师、市民等多方协调平台，实现共治共赢的城市治理，展现了在精细化设计与管理中营造有温度的历史街区。第五，从"面"上打造有温度的"风貌百弄"，选取天平街道"风貌百弄"案例，展现保护和延续街区文脉和记忆，软硬共治，内外兼修，"拆""建""管""治"因地制宜，围绕历史建筑、文化名人、社会精英等不同主题打造"风貌百弄"，确保街区治理的机制与成效。第六，再到"点"上保护有历史文化的风貌建筑，通过淮海中路1292号的故事，讲述城市精细化治理中的细节，小区治理不仅要保护历史文化建筑，同时还要考虑街坊邻居的生活实际，把工作做精做细，使社会事务的透明度更高，结合公众参与，将风貌保护与民生改善有机结合。

　　基于城市更新与风貌保护的城市精细化治理与设计是一种空间思维方式。在经济上，它有利于城市功能的提升和土地优化利用；在文化上，它有利于城市遗产保护和文化传承；在社会上，它有利于市民生活水平的提高，加强对弱势群体的关怀；在环境上，它有利于城市公共景观的品质提升。通过六个案例，理性地分析了徐汇实践中城市更新与历史保护两者间的相互关系，以及运用城市更新与风貌保护的方法搭建政府、开发商、设计师、市民等多方协调平台，以实现共治共赢的城市精细化治理。

精益求精：规划引领下的城市更新

一、背景·缘起

徐汇区地处浦江之滨，跨内、中、外三环。近年来，在"创新驱动、转型发展"的指引下，徐汇区更加突出功能提升的发展方向、睿智增长的发展路径和开放包容的发展精神，积极探索和实施城市更新，城区功能不断完善，城市品质逐步提高。

与此同时，在经济社会转型时期，城区发展也面临不少挑战，比如土地资源越来越紧缺，而公共服务设施需求日益凸显，在上海迈向卓越的全球城市的道路上，城区特色和历史风貌有待进一步强化，开放空间体系有待进一步优化，这都需要更加精细化的规划设计与管理。

二、举措·机制

（一）以精细化理念为指导推进区域城市更新工作

在建设用地"总量锁定"的背景下，城市发展由外延扩张式向内涵提升式转变，城区规划处于从增量发展模式向城市更新模式转型的阶段，必须改变以前大拆大建的惯性思维，通过城市更新谋求突破路径。

1. 以精细化管理理念指导区域评估工作

城市更新，一是要发挥好规划的战略引导作用，优化城区规划结构布局，为城区发展谋篇布局，同时需要开展细致的区域评估工作，从实际情况和现实条件出发分类施策，针对不同街道的不同人口构成特点进行设施布

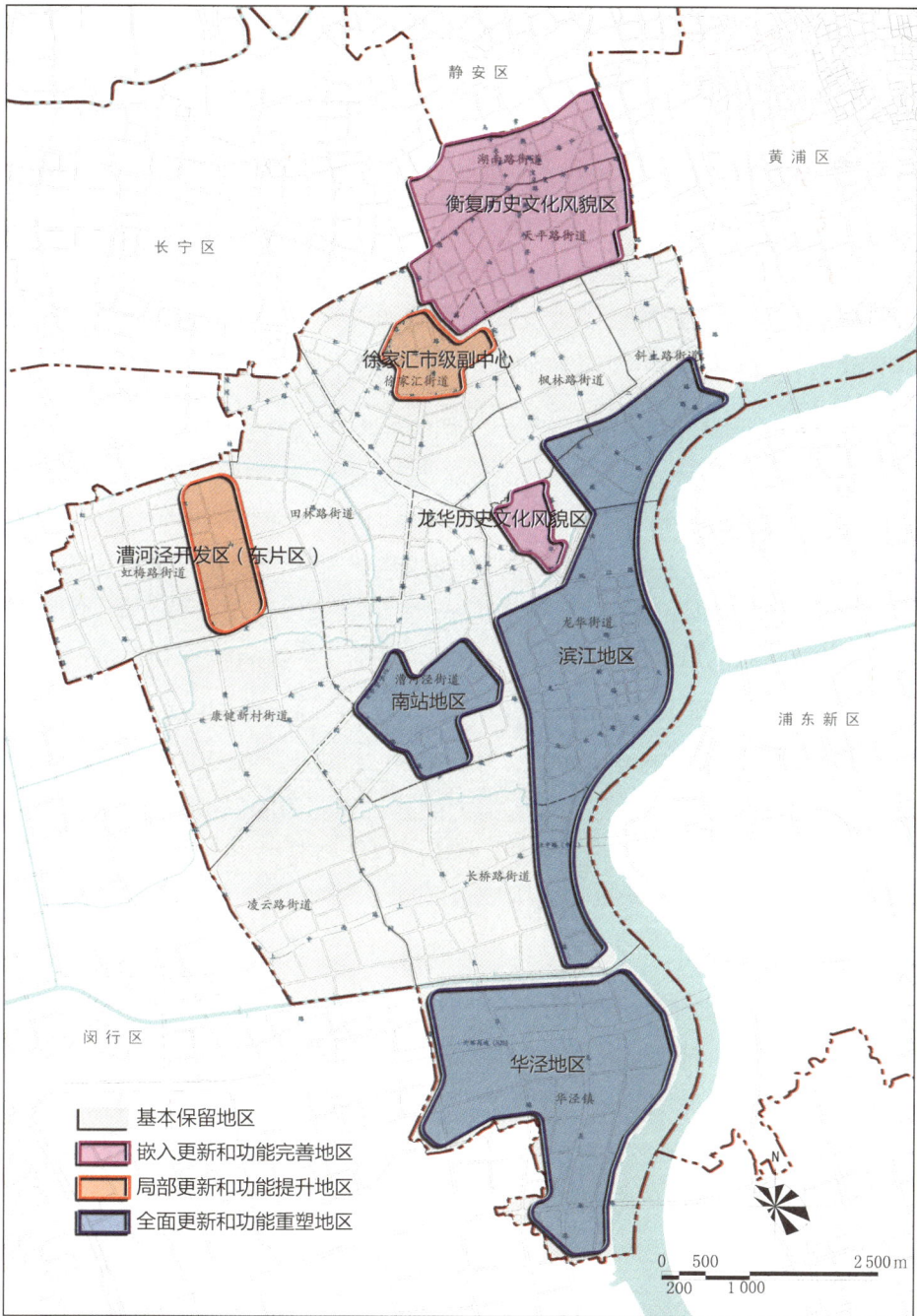

衡复历史文化风貌区

湖南路街道

徐家汇市级副中心

枫林路街道

斜土路街道

龙华历史文化风貌区

田林路街道

漕河泾开发区（东片区）

虹梅路街道

龙华街道

滨江地区

浦东新区

漕河泾街道

南站地区

康健新村街道

长桥路街道

凌云路街道

闵行区

华泾地区

华泾镇

基本保留地区

嵌入更新和功能完善地区

局部更新和功能提升地区

全面更新和功能重塑地区

| 0 | 500 | 2 500 m |
| 200 | 1 000 | |

徐汇城市更新分区策略图

局；二是在项目层面利用城市更新、土地出让前评估等多种手段补设施短板，采用个性化分类管理方法，以适应当今社会多样化需求，优先实施现状较差、民众需求迫切、近期有条件更新的地区，优先保障公共利益，推进公共绿地、公共空间的系统化和网络化；三是优先解决停车配套、市政设施更新、公共服务设施等需求，提高居民生活质量。

2. 针对地区特点采取差异化的更新策略

徐汇北、中、南片城区建设发展的基础和现状不同。徐汇以七大重点功能区作为城市更新的主要工作阵地，综合考虑不同片区现有发展基础和未来发展潜力，强化分类指导，对各区域需解决的重点发展矛盾确定导向性的操作步骤。

徐汇滨江、中城和华泾地区有一定发展空间，有条件通过结构性调整优化实现转型和更新，应实施以地区为单元的、较大规模的全面更新和功能重塑。徐家汇和漕河泾开发区发展较为成熟，应实施以街坊为单元的、中等规模的局部更新和功能提升，重点是加强更新项目之间的联系和片区的整体性。徐家汇面对近年来商业市场模式的变化，亟待从传统的商业商务区转型为多元功能融合的中央活动区；漕河泾开发区作为国内最早建设的高新技术园区，在上海建设具有全球影响力的科技创新中心的大背景下，需要从传统的高新技术园区转型成为知识经济时代的科技商务园区，需要从功能业态调整、环境品质塑造等方面进行更新。

相比较大规模的更新，衡复风貌区则持续不断地实施小规模的嵌入式更新，田林、康健等地区的一些老旧住宅小区则通过美丽家园、微更新等多种方式，针对现有资源充分挖潜，为闲置的建筑、消极的空间甚至是卫生死角寻找合适的利用方式，来满足人口密集地区的公共设施、开放空间和基础设施等需求，通过小区综合环境整治等方式，改善广大市民的居住环境质量。

3. 引导公众参与，提倡自治共治

无论规模大或小的城市更新项目，都是一项社会系统工程。城市更新涉及的相关利益主体众多，政府在加强组织领导的同时，必须充分调动社会力量，通过多方协同和有效组织，实现空间精细规划和综合治理。徐汇区借助社区规划师的力量，从项目调研、方案编制到实施建设的全过程，引导公众参与自治共治,最大限度地争取社会各方的支持,确保更新项目有序推进。

(二) 通过精细化设计控制手段落实规划意图

在项目实施阶段,通过精细化规划设计,建立责权明确的空间管理制度,以"设计控制"手段对建设和开发中的空间、设施等进行全过程式干预,以落实规划意图。

1. 西亚宾馆变身T20大厦

T20大厦位于徐家汇,其原址是老上海人熟悉的西亚宾馆。由于宾馆周边交通停车需求量大,人行、车行交通相对混乱。西亚宾馆城市更新项目结合自身发展需求实施改建,同时对周边交通进行优化。西亚宾馆所在地块面积很小,针对这一情况,改建方案将原有地面停车场移至建筑内,不仅缓解了人车矛盾,同时对建筑底层进行架空,在二层设置人行平台,与徐家汇商圈连廊连通,起到观景和通行的作用。建筑立面通过绿化处理,形成壮观的空中花园景观,与徐家汇公园形成景观连接,成为徐家汇商圈的新地标和景观节点。

2. 滨江文化新地标——西岸传媒港

西岸传媒港位于徐汇滨江,以东方梦工厂为旗舰项目吸引传媒网络、文化创意、商务办公等项目入驻,规划为文化传媒集聚区和城市文化新地标。西岸传媒港项目采用一体化设计和统一运营管理的方式,加强街坊之间的联系,整合地上、地面和地下的空间开发。一体化设计通过立体化分层实现人车分流,形成空间紧凑、联系便捷、使用高效的立体街区,保证城市整体空间秩序的有序和统一。结合立体化设计,西岸传媒港打造了可被称为"第二地面"的二层平台,二层平台在满足人行交通需求的同时,还设置了一定规模的公共广场。二层平台排除了机动车的干扰,塑造了面积舒适宜人、富有趣味性的空间,通过步行天桥与沿江地区联系,同时也是观赏黄浦江美景的眺望台。为确保西岸传媒港按规划实施,徐汇区组织编制具有相当深度的城市设计和控规附加图则,作为出让土地的附加条件,为地区环境的精细化建设管理设定了法律约束,提供了规划管理依据。

以上两个项目的性质、规模和开发模式有很大的不同,为实现对项目空间形态和建设品质的精细化管理,针对项目特点制定附加图则,将街坊尺度、公共通道、广场等空间控制要素纳入法定规划确保落实。

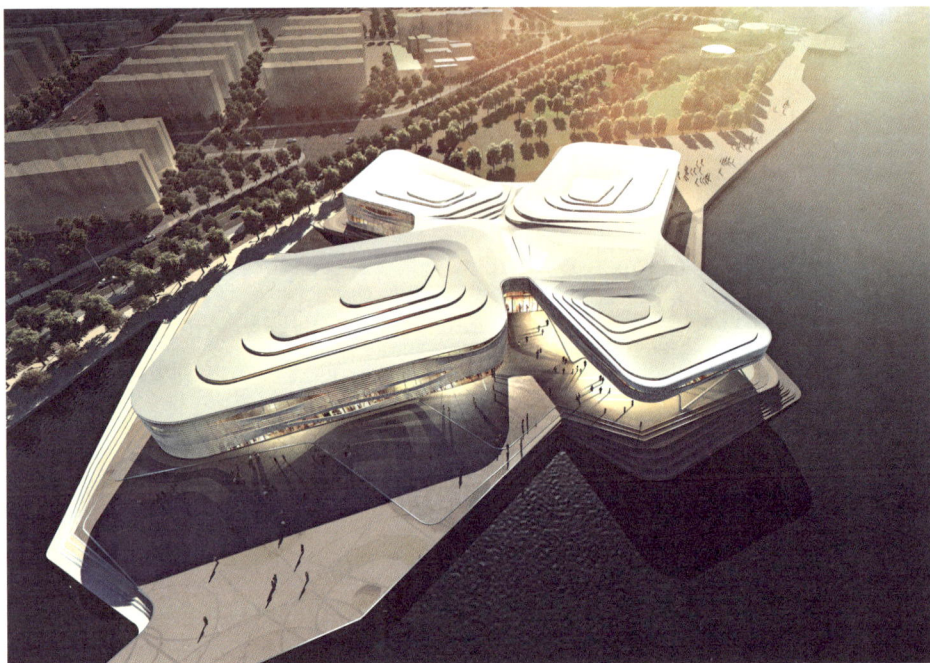

水边剧场设计图

（三）通过道路整治落实风貌区精细化管理

衡山路复兴路历史文化风貌保护区是上海中心城区内规模最大、优秀历史建筑数量最多的区域，总面积7.66平方公里，其中徐汇区域的面积为4.3平方公里。这里代表着优秀的海派文化，也承载着城市历史记忆，具有独特的人文价值和浓郁的文化魅力。随着经济社会发展和城市建设的加快，历史风貌区原有的低密度、高绿化、优质配套的特征逐步弱化，建筑老化、功能老化、人口老化的趋势逐渐增强。延续城市文脉、保存城市记忆、改善环境品质是风貌保护工作的重中之重。坚持整体保护、成片保护、分级分类保护、系统化科学化保护历史街区、风貌道路、历史建筑及整体空间环境是风貌保护工作的主要原则。目前，在风貌区内已形成由"优秀历史建筑—风貌保护道路—历史文化风貌区"共同构成的"点、线、面"相结合的保护体系。

1. 坚持风貌道路整治精细化管理

风貌道路整治精细化管理是整个保护体系的重要抓手，主要分为道路整治、道路修缮和业态调整三项任务，以提升区域的整体环境品质。2017年，

徐汇区的道路整治已逐步做到与道路修缮、业态调整、景观提升等后续实施
工作的无缝衔接;房屋修缮与沿街立面的拆违工作相结合(先拆后修),确
保拆违的后续工作顺利进行。风貌道路整治主要针对擅自"居改非"、无证
照经营、破墙开店等现象,并对有证照但业态低端且影响市容市貌的商户进
行业态调整。道路修缮工作结合整治工作的计划和进度滚动开展,通过现
场调查排摸,针对人行道设施、沿街立面、绿化及整治后的店面等存在较大
改善空间的部位进行综合优化,以成片提升风貌区道路和景观品质。

2. 落实风貌道路整治工作

风貌道路整治工作以《徐汇区风貌道路保护规划》为指导,对风貌道路
进行系统性提升,保持道路的尺度、景观环境和人文气息。重点进行环境景
观提升和业态整治。其中,安静生活型街道以景观提升为主,继续保持幽静
氛围,控制商业设置,开展道路铺装、市政管线整理、店招店牌整治、街巷弄
口美化、绿化景观提升等。商业活动型街道兼顾业态调整和景观提升,对于
严重影响道路风貌和周边环境的业态坚决进行整治拔除;对于基本符合周
边社区功能需求,但形象、环境较差的店面进行升级改造。

3. 推进街区总规划师制度

在风貌道路整治工作中,推进街区总规划师制度,总规划师是社区空间
管理与实施平台的技术协调者。通过机制试点,总结几点经验:首先,全生
命周期长效管控。总规划师受政府委托,按照风貌道路规划要求,协助各方
在街区生长的全过程中采用合理的技术手段和方案开展工作。其次,设计实
施一体化协调。总规划师担任专业控制与总体把握的协调人,在方案设计阶
段和具体实施过程中,协调共同参与的各方,最大限度地实现规划意图与整
体目标。最后,实时指导控制实施过程。总规划师与各方适时召开联合现场
工作会议,共同商讨、形成共识,结合具体困难与现场情况及时调整方案。

4. 结合城市精细化治理的实践

结合岳阳路的风貌道路整治,可以更直观地看到城市精细化治理的实
践。岳阳路位于衡复风貌区南端,属于一类风貌保护道路,是近代上海历
史最久远的城市道路之一,长947米,宽15米。其周边历史建筑约90处,其
中,优秀历史建筑11处,保留历史建筑12处,道路两边行道树高大茂密,排

衡复历史风貌区内道路整治效果前后对比

列整齐，沿线聚集一批国家级科学文化院团，比如上海中国画院、中国科学院上海分院、上海京剧院，等等。在实施过程中，岳阳路规划定位为一条集文化、科技、艺术和生活于一体的风貌道路，实施策略注重微设计、微行动思路，在重要节点上分阶段实施，在管理机制上引导和监管并举。通过对岳阳路历史人文的挖掘、街区风貌的保护、景观环境的提升，以及功能活力的激发，目标是在5年内将岳阳路打造为高品质的慢生活文化艺术街区。

三、创新·成效

实施精细化规划管理的目标是提高服务水平和规划管理效能。这些年来，徐汇区以精细化管理理念为指导，从区域统筹、城市设计、项目管理等多个方面进行实践和探索，取得了良好的实践效果。

一是在区域统筹的指导下，实施不同规模和性质的城市更新项目，促进土地使用效率不断提高、城区功能不断完善。一方面，城市更新盘活了一些存量土地资源，土地集约利用水平提高，比如徐家汇科学教育电影制片厂等一批城市更新项目，既对社区公共要素短板进行了补充，又使公共服务设施与地块功能相辅相成,文体共生,提升区域公共服务水平;另一方面,渐进式、小规模的城市更新不断激发城区活力,比如衡复风貌区内东湖绿地、襄阳公园等更新项目,通过空间、景观的开放共享,获得了良好的社会效益。

二是民生得到改善,环境进一步优化。在各类建设项目的推进上,徐汇区政府从各层面听取部门及公众的意见和诉求,注重规划细节,以服务人民群众生产生活为宗旨,着力完善城市功能,提高服务水平,解决停车配套、市政设施更新、公共服务设施不足等问题,补地区环境和设施的短板,提高居民生活质量,比如实施西亚宾馆城市更新项目,不只是老旧宾馆变身甲级写字楼的业态提升,同时还重点解决了城市公共空间不足、绿化品质较差、步行系统不连贯等问题。

三是城市特色得到进一步塑造与强化。文化和特色是地区发展的核心竞争力之一。衡复风貌区坚持整体保护和文雅利用,衡山坊、武康庭等一批项目,注入商务办公、特色商业等新功能,在建筑体量、风格、材质和色彩等方面与传统风貌保持协调,取得了好的效果。徐汇滨江利用工业遗产建筑改建美术馆等艺术活动设施,构成西岸文化走廊,打造文化品牌;保留一些带有工业文明特征的码头、塔吊、瞭望塔、轨道等遗存,塑造有特色的滨水开放空间。文化和特色让一个地方历久弥新,通过精细化的设计和实施,塑造了一批既有文化意蕴又具鲜明特色的城市空间。

四、启示·展望

当前,徐汇区已经步入了创新驱动发展和经济转型升级的关键时期,注重城市内涵发展、功能区完善和品质提升,精细化治理对城区规划提出新的思路和要求。为应对新时期更加精细化的管理模式,要进一步完善工作方法。

一是搭建精细化规划管理体系。要进一步转变规划思路,按照精确、细致、深入的原则,搭建和完善精细化规划管理体系。

二是建立长期跟踪和长效管理机制。通过精细化设计控制手段落实规划意图,需要对地块提出深入细致的设计要求,这对设计技术力量的储备有很高要求,需要建立对设计团队的长期跟踪和长效管理机制,通过对规划业务跟踪、业务资料积累、年度工作评估和定期沟通等方式,逐步加强对各类设计团队的深入了解。

三是加强全过程技术跟踪服务。在衡复风貌区，探索实践地区的总规划师制度，通过建立稳定的规划师队伍，加强从设计到管理的全过程技术跟踪服务。这一方法可以逐步推广到其他地区，通过长期跟踪服务，在规划编制与管理中建立起桥梁，提高规划管理的精细化水平。

励精图治：打造迈向全球城市的卓越水岸

一、背景·缘起

徐汇滨江地区位于黄浦江核心区南延伸段，土地面积9.4平方公里，岸线长度约11.4公里，是上海市中心城区内唯一可大规模成片开发的滨水区域。这里曾是上海重要的交通运输、物流仓储和工业生产基地，在城市发展进程中，环境面貌亟待改善。

2007年，徐汇区人民政府与上海市浦江办签订《共同推进黄浦江沿岸徐汇区段综合开发合作备忘录》，明确市区联手、以区为主的建设机制以及政府主导、市场运作的开发原则，以土地收储、基础设施建设和公共环境建设为切入点，正式开展滨江区域功能结构的转换与地区活力的复兴，推动城市"棕地"开发的有力实践。

徐汇滨江公共开放空间作为先导实施部分，配合2010年上海世博会已建成面积约30公顷，改造亲水岸线3.6公里，对区域内历史遗存的保护利用卓有成效，延续了城市历史文脉，保护利用的同时，创造适宜多元活动的滨水空间和丰富多样的生态环境，突出海派文化特色，推动黄浦江岸线从生产性功能向生活性功能的转型，获得社会各界和广大市民的高度评价。仅2014年，接待交流考察团队600余批次，1万余人。

作为上海市"十二五"六大重点功能区之一，徐汇滨江突出历史、文化、生态的有机融合，坚持先沿江后腹地、先环境后开发的实施策略，创出了一条特色发展之路。

二、举措·机制

项目由市区两级政府共同出资成立开发公司实施。通过20余项专题、专项研究,召开研讨会、评审会100余次,专家反馈意见近200份,确定了区域整体功能定位和整体规划布局,规划公共绿地200公顷,占区域总面积的21%,占可开发用地的近40%,主要集中在11.4公里沿江区域,通过楔形绿带向腹地渗透。2008年,开放空间专项规划批复,为项目实施提供政策保障,同步做好城市设计导则、区域竖向规划、管线综合规划、岸线利用规划等系统性规划工作,共同支撑区域开发。

(一)注重肌理保护,传承城市历史文脉

徐汇滨江拥有众多具有历史文化价值的优秀工业遗存,让这些记载时代记忆的优秀工业遗存在后工业时代中获得重生,传承历史文化,延续城市文脉,可谓是一种新的探索。项目开发伊始,委托同济大学开展工业历史遗存普查,针对建、构筑物制定"拆、留、改、迁"分类保护保留措施,将工业记忆的典型代表纳入上海市第五批优秀历史建筑名录。土地收储精细化,原样保留码头4万平方米,保留历史建、构筑物33处,系缆桩近100个,铁轨2.5

滨江公共空间景观图

千米，枕木1 200根，石材1 800平方米，吊车4台，为滨江开放空间建设积累了丰富的历史、人文和载体资源，延续城市脉络。

（二）坚持一流规划，打造国际级滨水空间

借鉴德国汉堡港、英国伦敦南岸等"棕地"复兴成功经验，开展国际设计方案征集，优选英国PDR公司"上海CORNICHE"方案理念，分级设置防汛墙，抬高路面，标高打造可以驱车看江景的景观大道，规划贯穿南北的有轨电车、景观步道、休闲自行车道、亲水平台，促进水、绿、城融为一体。建成区以保留铁轨打造谷地花溪、码头改建亲水平台构成主要故事线索，融合南浦站站台、塔吊广场、海事塔、油罐艺术公园等突出保留元素的景观节点，并通过保留轨道道岔、信号灯、蒸汽火车、场地原址石材的再利用、煤炭传送带改造的高架步道、沿岸系缆桩美化等细节强化主题，节点周边形成适宜市民活动的各类广场。

（三）实践低影响开发，注重生态环境修复

美国EDSA景观公司担纲设计的开放空间景观环境秉持可持续开发理念，实践低影响开发。通过土壤检测采用局部换填、隔离控制、植物净化相

西岸滨水空间

结合的方式实现"棕地"利用；通过微地形塑造，实现项目土方平衡；采用透水路面、雨水花园、细分排水区等手段打造海绵城市；通过疏林草地的种植搭配，增加乔木数量，提高区域二氧化碳吸收能力；运用风能发电等技术提供场地照明，减少碳排放，倡导绿色、可持续开发建设理念。

（四）坚持成片综合开发，构建完整建设机制

开放空间建设作为成片综合开发先导项目，通过动迁单位整体收储，开放空间先行腾让、先行实施，各项建设、运营成本在区域综合开发中予以平衡，保障了载体资源和资金来源，既减轻财政负担，又为区域可持续发展探索新路径。项目实施过程中做好各环节的公众参与工作，公示反馈意见，调整设计方案以符合使用需求，根据游客意见和市民信访，优化设计、改造近20项工程。

三、创新·成效

（一）工厂变公园，建成户外活动圣地

徐汇滨江已成为上海市区最受欢迎的休闲活动圣地之一，建成活动场地10余处，总面积达2万平方米，节假日游客数量达到3万人次/天。以传统文化为主题的龙华庙会、体现时尚元素的DAFF创意集市、倡导健康生活理念的摩根大通企业竞跑、上海马拉松等活动每年固定在此举行。群众自发组建的健身、舞蹈、跑步、攀岩、滑板等各类社团活动集聚，更成为宣传新海派文化的代言地，影视、广告、婚纱拍摄络绎不绝，多元文化交融构成了和谐温馨的生活画面。

（二）废墟变艺术，打造精品文化高地

深厚的历史文化积累，优美的沿江开放景观，吸引了龙美术馆、余德耀美术馆、叁美术馆、香格纳画廊、例外、大舍等一批艺术及设计机构，通过"活化"老厂房，落户徐汇滨江。通过选址码头废弃地改建公共绿地、原上海水泥厂旧址利用、改造上飞厂车间，成功打造上海西岸音乐节、西岸建筑与当代艺术双年展和西岸艺术与设计博览会三大系列品牌活动。徐汇滨江热点不断，以文化魅力激发地区活力，每年举办西岸文化艺术季、西岸音乐节等活动，全新推出"春夏""秋冬"文化艺术季。未来，徐汇滨江还

废墟变艺术

上海西岸音乐节场景

将继续发挥文化对地区发展的触媒带动作用,坚持以国际化的文化视野丰富西岸文化活动类型,丰富西岸地区文化载体内涵,全力提升"西岸"文化品牌的知名度和竞争力;进一步挖掘本土文化价值,丰富公共空间文化艺术内涵,塑造融合历史底蕴和创意时尚的现代化滨水魅力岸区,全面提升徐汇区滨江地区文化软实力,成为上海国际文化大都市中的崭新文化地标。

（三）旧区变新城,塑造24小时活力城区

以黄浦江边工业遗址为载体,以历史遗存利用和文化打造为核心,以突出环境品质的组团式开发为手段,有效带动腹地商务区整体开发,打造24小时活力城区,创造宜业宜居开发的新模式。以原上海水泥厂为核心功能区,上海梦中心将打造国际级动画影视娱乐体验中心,并集聚一批知名文化传媒企业打造西岸传媒港。将原龙华机场跑道改造为跑道公园,打造中心城区最优美的林荫大道,构建商务区南北轴线。以铁路南浦站肌理和保留十线仓库打造林荫步道,创造商务区内部功能复合的公共活动空间。上述项目都将在3~5年内建成。在浦江两岸开发面临功能趋同、产业趋同、形态趋同的激烈竞争环境下,徐汇滨江充分依托自身资源,打造汇集文化传媒、创新金融、综合商贸、航空服务于一体的高端现代服务业集聚区,有效推动城市区域更新。

四、启示·展望

一是注重历史的原真性保护,作为人居环境的独特资源。尊重历史脉络和场地印记,在环境建设中保留原样、保护特色要素,提升人居环境的同时,续写场地历史。

二是注重高品质规划建设管理,建立人居环境建设的技术路径。邀请国际一流团队规划方案,同时力邀国内大型专业设计院进行配合,建设过程精细化施工,开放运营精细化管理,呈现高品质沿江公共环境。

三是注重区域成片综合开发,提供人居环境建设的资金保障。通过整体收储、整体开发、资金整体平衡,探索实施建设机制,促进了环境、经济、社会的融合发展。

四是注重环境建设和功能开发联动，体现人居环境提升的价值所在。以公共开放空间为先导，带动腹地组团整体开发，体现特色区域对特色产业的积聚和推动作用。

五是注重艺术人文内涵塑造，形成人居环境的突出亮点。活化工业历史遗存，赋予其新的艺术人文内涵，使得徐汇滨江公共开放空间亮点突出，提升黄浦江西岸整体形象，无疑成为滨水新城区开发的成功典范。

精准施策：打造适合漫步的历史风貌街区

一、背景·缘起

近年来，市委市政府对风貌区保护工作高度重视。2016年5月，时任上海市委书记韩正到徐汇区调研风貌区保护工作时特别指出："历史建筑、历史风貌是城市历史的延续、文化的积淀，做好历史建筑、历史保护工作是上海贯彻落实中央城市工作会议精神的一项重要工作，上海发展到现在的阶段，必须下决心采取最严格的措施，去保护好、延续好这座城市的文脉和记忆。要本着对历史负责、对城市负责的态度，千方百计尽最大努力做好这项工作，这是我们这一代城市管理者的重大责任，为此，我们采取任何严格措施都不为过。"

根据市领导的重要指示精神，徐汇区委、区政府主要领导高度重视，多次召开专题会议研究部署风貌区保护工作，提出了"增公共空间、增绿化面积、增文化功能，减建筑容量、减人口总量、减过度商业"的"三减三增"工作目标。从2016年4月起，结合市区"五违四必"补短板工作要求，区城管执法局会同相关部门及天平、湖南两个街道，迅速行动、重拳出击，以问题为导向，聚焦安全、聚焦民生、聚焦短板，在"三减"上持续用力，针对风貌区内道路上的擅自"居改非"（破墙开店、开门）、无证无照经营、违法搭建等违法违规经营现象开展了大规模环境综合整治，重点加强对擅自"居改非"、违法搭建、无证照经营等现象的处置力度，有效改善噪声和油烟扰民、环境脏乱、破坏建筑或街区风貌等顽症,解决了一大批难点积弊、历史遗留问题和影响风貌保护等问题。

二、举措·机制

(一)条块联手,制定周密计划方案

借助街道平台,由城管、市场监管、房管、公安、徐房集团等相关部门抽调精兵强将,组成联合工作组或专项工作组,落实每条路段联合工作组人员,脱产办公、联合办公,明确工作职责和执法流程;共同商定《综合整治方案》,排定季度、月度、每周工作计划,并张贴上墙;对沿街商户逐一上门摸底,做到不遗漏一家,不放过细节,形成一户一档、一店一档,明确问题清单、违反条款和整改措施、整改期限;坚持每周工作小组例会和每月领导小组例会制度,通报阶段工作推进情况,分析问题和困难并协商解决;如有突出问题和紧急情况,及时召开专题现场会议,确保各项工作稳妥有序。

(二)社区联动,实施精细巡检

根据市委领导关于必须用心维护、依法保护历史建筑的指示要求,街道城管执法中队结合街面巡查、小区巡查、联系社区等工作,加强对优秀建筑及其他建筑在装饰装修行为上的日常监管力度,坚决消除巡查"空白点",发现"盲区",按照制定的《徐汇区优秀历史建筑保护巡查管理办法》规定,发挥街道网格化平台优势,发动辖区居委会、物业企业和社会第三方,切实加大对风貌区内各类问题的巡查发现力度,按照"六必查六报告"的要求,即搭建脚手架和包裹密闭网必须检查、报告;堆积建筑垃圾和施工材料必须检查、报告;设置户外广告和门面装修必

执法部门对建筑的装饰装修行为进行日常巡查

须检查、报告；占用道路施工和敲墙开洞必须检查、报告；涉嫌无照经营和损坏绿化必须检查、报告；居民初次投诉和中介装修必须检查、报告，做到及时发现、及时处置、及时整改。

（三）明确分工，坚持精密协作配合

根据排摸情况，城管会同市场监管、街道共同商定工作原则、整治策略和接待口径，强调要整合和利用好各种行政执法资源和手段，优化快速处置工作机制，突出"拆""关""调"工作环节和工作程序，强调以"拆"为先，以"拆"促"关"、促"调"，明确"拆"以城管为主，对违法搭建、破墙开门和开店、擅自"居改非"现象，坚决拆除违章、封门还原；"关"以市场监管为主，对无证无照经营的，予以取缔和关停店铺；"调"以街道为主，引入社会化、市场化模式，进行业态调整升级；房管办、派出所、居委会、物业也根据各自职责，主动配合，协助做好宣传、摸底、约谈、矛盾化解和慰问托底等工作，稳步推进综合整治工作。

（四）联合约谈，确保精准有序整改

发挥城管执法主力军作用，选派执法骨干加入街道联合整治工作组，提供人员和法制保障，积极会同街道、市场监管、公安等部门，制定并印发《道路综合治理告知书》，主动上门进行联合告知、联合约谈等工作，并将约谈情况记录在案。依靠房管局和徐房集团等产权单位的一手资料和专业知识，做到有理有据，精准施策。此外，还在显要位置张贴联合执法告知书和限期整改通知书，责令问题商家限期自行整改，并做好代为恢复的前期准备工作。在工作组谈妥后，徐房集团及时跟进，根据原始图纸尺寸和外观外貌，快速施工，尽量缩短整改时限，及时恢复原貌，提高了形象展示度，也打消了其他商户观望的侥幸心理，确保整治快速、稳妥、有序推进。

执法部门进行联合约谈

（五）方法灵活，有效开展综合整治

针对逾期未自行整改的违法违规商户，再次商谈无果的情况下，针对不同情况，采取灵活多样的措施，实施多部门联合整治，街道领导靠前指挥，协调"七所八所"形成合力，严格按照区委区政府领导提出的"四个一律""三增三减"的要求，采取一个不漏、一视同仁的态度，对国有性质或主动配合的，率先采取整改措施，树立标杆；对确有困难的，会同街道做好维稳帮困、托底保障工作；对处于观望、摇摆不定的，多次主动上门约谈，告知整改后的形象面貌，争取变对抗为对话，不让矛盾激化；对拒绝配合的，采取高频率联合执法，尽量把前期工作做深、做细、做透。在衡复历史风貌区整治中，城管队员包干到路，用耐心敲开居民门，用真诚走进群众心，通过"5+2""白加黑"坚守，将城管"蓝"化作城区最美丽的保护色。

三、创新·成效

（一）严格整治，让建筑可以阅读

自2016年4月起，根据徐汇区委、区政府的部署，区城管执法局用两年时间，会同天平街道、湖南街道、徐房集团，按照进度提前、压茬实施的原则，对擅自"居改非"、无证无照经营、违法搭建等开展了大规模集中整治。其中，2016年，共整治擅自"居改非"344家，取缔无证无照经营218户；

2017年，总共完成整治擅自"居改非"170家，取缔无证照经营183家。通过整治，让风貌区内原本因违法违规行为"受伤"的历史风貌保护建筑重新焕发光彩，让国内外游客和广大市民能够重新"阅读"这些优美的建筑，重温上海的珍贵历史记忆。

精细化治理后的历史风貌区

（二）强化执法，让道路适合漫步

近两年以来，徐汇城管联合多部门先后对风貌区内的36条道路进行综合整治（其中，2016年15条，2017年21条），这些道路上的擅自"居改非"、破墙开店、违规户外广告设施和店招店牌等违法违规行为被彻底整治。其中，仅2016年就拆除违规户外广告设施和店招店牌219块。原本脏乱不堪的街道变得整洁有序、干净通畅。市民漫步其中，欣赏风貌区道路两侧美景，感受申城的历史沿革，对城管执法在风貌区治理过程中所做的工作无不拍手称快。

（三）群众满意，让辖区更加宜居

2016年，共拆除违法搭建234处，共计4 400余平方米。另外，对17.4万平方米的历史建筑进行了修缮，完成了2.84万平方米的老旧住房安全隐患处置，以及克莱门公寓等28个小区的综合治理。2017年，共封堵破墙开店192家，拆除违法搭建52处。通过这些强有力的整治工作，天平和湖南街道的风貌保护区变得更加宜居，为辖区内百姓提供更好的生活空间，进一步提升市民的生活品质。

四、启示·展望

历史风貌区保护工作是一项有始无终的事业。2017年7月，静安区巨鹿路888号优秀历史保护建筑遭破坏性建设这一事件发生后，给了城市治理非常深刻的警示与启示，实践中需要汲取这一事件的教训，按照绣花一样精细的要求，加强日常巡查监管，提升建筑修缮品质，严格贯彻落实《徐汇区优秀历史建筑（保留建筑）保护日常管理办法》，加快落实精细化管理措施和常态长效机制的建立。在街道牵头协调下，依托街道网格化平台和社区居委会、物业企业，完善日常巡查、监管和执法，杜绝"一边拆、一边建"等现象的发生，带着感情、带着智慧、带着责任，保护好、管理好、建设好老祖宗留给大家的宝贵遗产，使它们重新焕发出新的青春和活力。

（一）落实精细化回头看

制定《风貌区综合治理三年行动计划》，在严格落实执行计划的同时，切实抓好风貌区道路整治各项收尾工作，全面完成重点任务和规定动作。同时制定出台风貌区综合治理精细化标准，以精细化标准严格管控综合治理目标、方式方法和流程进度,从粗放式单向整治向精细化综合管理转变,整合优化风貌区道路两侧周边区域业态,切实保障风貌区道路景观的整洁有序。

(二) 完善巡查发现制度

进一步落实物业服务企业的发现、劝阻、报告责任,同时要求各街镇组织发动辖区居民委员会,加大对优秀建筑装饰装修活动的日常巡查报告监管,并逐步覆盖到风貌区所有房屋和全区所有历史建筑。严格落实"六必查、六报告"机制和责任。街镇城管执法中队结合街面巡查、小区巡查、联系社区等方面,加强对优秀建筑及其他建筑装饰装修行为的监管力度,联合街道网格中心监督员寻找"制高点",开展高空巡查。进一步引入第三方监督和志愿者发现等工作模式,与网格化管理中心进行信息联网,有效处置发现的违法违规行为,堵住日常监管盲区。

(三) 提升执法处置标杆

综合运用法律资源,对风貌区内整治后出现的违法违规行为,按照从严从重的标准予以查处,有效提高依法行政的能力。一旦发现新建违法建筑,第一时间到达现场开展检查和认定工作,对当场认定的,立即启动法律程序,拒不自行拆除的,在4~5天内强制拆除。针对房屋开挖、插层、破墙等损坏房屋结构行为,认定查实后,责令立即整改、恢复原状并处以行政罚款;对于情节特别严重的,则由街道牵头组织相关部门,联合开展保护性施工抢修,费用由违法当事人承担。对损坏房屋结构、擅自改动燃气等可能影响公共安全的行为,经专业机构鉴定,存在重大安全隐患的,需追究刑事责任的,按规定移送公安机关依法查处。

(四) 加大监管工作力度

进一步加强对违法当事人失信行为的惩戒,对损坏房屋结构、违法搭建、破坏房屋外貌等行为,在房产登记中予以记载,未经整改和验收的,不予办理转让和抵押等;做好违法当事人信息纳入公共信用平台的工作,有效提升执法的威慑力。进一步加强对物业服务企业的监管,对不履行义务的物业企业要纳入物业服务企业诚信档案,依法作出行政处罚。进一步加强对装修装饰企业的监管,要求装修装饰企业落实劝阻责任,对当事人提出的违法违规要求予以劝阻和抵制；结合装饰装修行业资质资格管理，将企业及从业人员实施违法违规装饰装修的情况，作为企业资质、个人资格升降的考评依据。

（五）多措并举综合施策

对门窗恢复后仍未停止经营的现象，在加大执法整治力度的基础上，采取备案、关停、调整、回租等多种手段予以解决。完善居民区的治理架构，将行政力量和居民自治结合起来，有效推进自治共治，进一步发挥居委会和居民自治管理的作用，倡导居民关注自身居住安全，监督相邻房屋的装修和使用行为。加强舆论宣传和引导，结合法制宣传和典型案例、重大案件的舆论曝光，积极开展社会宣传教育，特别是在新入住小区和二手房交付及装修环节，引导老百姓懂法、守法。进一步强化城管进社区工作制度，定期走访居委和小区，宣传法律法规，解决百姓诉求，积极发动群众、依靠群众，提升居民群众的获得感和满足感。进一步推进科技创新，提升城市管理的智能化水平，结合智慧城管信息化建设，加强与网格中心和事中事后监管平台的对接，实现基础数据的互通互联，为实时监测、快速处置提供科技保障。

岳阳路"微更新"：永不拓宽道路的华丽转身

一、背景·缘起

作为上海保护规模最大的风貌区，徐汇区衡复历史文化风貌区总面积4.4平方公里。其中，徐汇区域的31条道路都是"永不拓宽"的一类风貌保护道路，占上海市64条风貌保护道路的近一半。在上海风貌区中，徐汇风貌道路的风貌最为完整，景观最为优雅，宽度最为适宜。徐汇区在不断努力和尝试，也做了很多好的样板。徐汇区风貌道路保护在城市的有机更新中，实现了文化元素与城区功能的有机融合，还原了一个有记忆、有故事、有文化气息的历史街区。

位于徐汇衡复历史文化风貌区南端的岳阳路,是近代上海法租界西区内历史最久远的城市道路之一。岳阳路虽不过短短947米,但却有着丰厚的历史和人文底蕴。安墨吉设计团队本着保护优秀历史建筑,恢复传统历史风貌;挖掘街坊人文元素,激活历史人文空间氛围;促进社区自治,完善城市精细化管理的原则,对岳阳路沿线景观要素进行了系统梳理,对存在的问题进行深入研究,在此基础上,对风貌道路的景观品质进行提升。

二、举措·机制

(一) 从街道控制性设计导则的要求入手,结合现状,深化待解决的问题

从成熟的上位风貌区控制规划,即街区街道控制性设计导则的要求入手,结合现状,了解规划中已有的控制要求和必须深化解决的问题。通过对岳阳路沿街立面建筑和围墙、平面道板铺装、重要空间节点、公共设施等方面的整治及品质提升,以及功能活力的激发,从而逐步恢复历史风貌,提升景观品质,营造具有历史人文氛围的整体街道环境,打造优雅、温馨、宜人的慢生活街区。

(二) 深度发掘并展示特色街道的历史文化内涵

岳阳路是徐汇天平街道的历史文化特色街道,不管是历史人物的居住地,还是历史事件的发生地,这些核心的风貌文化景观极具特色,不能只按照传统套路做外在环境的打造,必须要表达其历史文化内涵的实质,对其进行深度挖掘、梳理和展示。以为风貌而设计为思路,以微设计、微行动为方法,通过对三个路口节点(呈现科学人文氛围的肇嘉浜路岳阳路路口,体现文化艺术气息的建国西路至永嘉路分段,呈现街区风貌的普希金广场)以及沿街围墙、建筑立面色彩、广告店招、铺地等版块的设计提升后,减少了部分设施对街道风貌的影响,挖掘并提升了岳阳路内的人文历史空间。同时在管理策略上,也建立了引导和监管并举的实施策略,长远地保证了风貌保护道路的景观品质。

(三) 具体对象细致化分析,风貌道路"微更新",塑造与提升景观环境

对具体实施的对象进行细致化分析,从风貌控制角度恢复传统状态,塑造与提升景观环境。

岳阳路上的枪篱笆

1. 最美围墙——枪篱笆

岳阳路上有着风格各异的围墙。上海交通大学城市更新保护创新国际研究中心和安墨吉设计团队经过研究和梳理后认为，大多数的围墙还是与风貌环境挺协调的，但是在靠近永嘉路口有一段办公地的沿街围墙较为粗糙，与风貌区气质与品质不相符，需要做一些微改造。关于围墙改造的做法，设计团队考虑过很多种，设计团队中的上海人薛总提出了一个老上海的做法——枪篱笆。围墙的改造要因地制宜。在风貌区里，其实很多围墙是封闭的，为了保护围墙内部的隐私并考虑长期的低维护成本，找到好的编"枪篱笆"的手艺人，是恢复历史风貌、还原历史记忆、打造有温度的历史街区最好的做法。

设计团队的尝试取得了成功。很多长期生活和居住在这里的人们特别开心，他们会特地跑到街道办事处来表扬这美丽的"枪篱笆"。正如上海社科院王战院长所说："枪篱笆是独一无二的上海围墙，它具有美学意义；既有遮挡和安全性的作用，又能隐约透露着里面的建筑和生活气息，体现了朦胧美学；形式丰富的竹篱笆设计，既有乡野气息，又有现代城市氛围；上海周围有很多丘陵，小竹子很容易种植，就地取材也可以帮助农民……上海最美的围墙唯岳阳路上的枪篱笆莫属。"

2. 家门口的好德小店

沿街立面的整理也是岳阳路历史风貌保护与品质提升的一项非常重要的工作。在规划研究中，发现问题容易，把理想的立面图画出来也不难，但真的要把美丽的图纸变成现实的店面和街景确实是难上加难。在岳阳路上的好德便利店，因其典型的红白蓝外墙与岳阳路的优雅格格不入，安墨吉设计团队的设计师做了一个优雅的方案，把墙面和店招店牌进行改造，在玻璃窗上增加窗楣等体现历史文化风貌区的品质与特色的方案；做好的改造方案在第一次与商家交流时，就遭到了强烈的反对。在整个设计过程中，社区总规划师组织街道、商家与设计团队多次面对面沟通、交流，好德便利店的业主从起初的完全反对，到后来通过十几轮的方案沟通，就墙体、窗户、店招、雨棚，等等，逐步与设计团队达成一致认识。到了施工阶段，规划师建议施工人员先局部试刷，但施工方认为好德的墙面面积较小，没有必要做样板。待施工人员完工后，虽然都是黄色墙面，但突兀的亮黄色与整体风貌极不协调，总规划师再次联系施工方、街道、商家一起召开现场讨论工作会，在

好德便利店改造前实景

好德便利店施工后实景

现场采用了多个颜色墙面试样的方法，多方案比选才最终实地敲定。

　　规划师也深刻地感受到城市精细化设计与管理的重要性。因此，规划师、设计师在多方案比选、技术把关的同时，也积极协调街道、政府、商家等各参与方的利益。可见，城市更新是不断完善的，城市的景观治理也没有那么简单，城市设计并不是一次性到位的，而是一个可持续的过程。基于城市更新和风貌保护的城市设计不仅是一个方案，也是一个协调平台。为了更好地落实城市设计要求，同时也把城市设计方案翻译成景观导则，提供给管理者、商家以及群众等相关各方，推进街区共治，这是城市有机更新中由城市管理到城市治理的一个重要方法。

　　3. 小方砖铺地停车设计

　　随着上海市中心车流愈发密集，留给居民的活动空间愈发有限，原本就狭窄的人行道上随处可见自行车停车位，尤其是低碳出行的共享单车的出现，越来越多地在人行道上通过简单的白线框定自行车停车区域，这一做法虽然简单直接有效，但是当这种白线简单粗糙地画在精致设计过的人行铺地上的时候，风貌区的精致感就瞬间消失。

　　设计团队进行深入探索，充分考虑风貌区道路的人行道空间较小的特点，认为不应该通过增设设施来设置自行车停车位，安墨吉设计团队大胆采用了这种方砖铺砌的形式设置自行车停车位，实施后发现颇有成效。城市管理的初级阶段是最直接有效的，但又与风貌区精致的景观有出入；对于高品质的衡复风貌区，应该探索精细化管理和精细化景观建设，小方砖铺砌作为自行车停车位的认知，这种形式一旦被广泛采用，人们一定会逐步接受并形成惯例，并随着生活水平的改善、居民素质的逐渐提升，大家会逐渐适应和喜爱这样含蓄优雅的停车标识。将来在历史街区组织开展活动时，空间又是灵活的，从而整体上能够形成既美丽和谐、风貌完整，又充满活力、内容丰富的街区景观。

　　4. 走进社区，为风貌设计

　　风貌区中很多老百姓的居住环境相对较差，尤其是孤寡老人。当安墨吉设计团队了解到，街道一直都有看望孤寡老人的活动，立刻提出积极参与到街道的民生活动中，不但要为风貌设计，更要为民生而设计。2016年中秋节前夕,设计团队精心设计和制作了有风貌特色的月饼,月饼的礼盒是岳阳路店风景设计,月饼也是由上海传统老艺人精心制作的上海传统特色的鲜肉月饼。中秋节当天,设计团队和天平街道的工作人员一同走进社区,为孤寡老人送上"为风貌而设计"的风貌月饼,

为孤寡老人送上具有风貌特色的月饼

让大家感受到了真真切切的街区温度。风貌设计与民生改善完美结合,历史文化与风貌设计在细微处融入家家户户。

天平街道还举办了丰富的文化活动。"闪回1912"海派文化秀,以快闪的形式吸引游客重返岳阳路1912年筑路之初,岳阳路上修复的竹篱笆再度勾起了老上海人对老上海街道风景的无数美好回忆,"老上海"怀旧"穿越"之旅,正是基于风貌设计和艺术文化活动,才更好地融入老百姓的生活之中;也正是因为环境,才产生历史记忆。

三、创新·成效

(一)总规划师运用精细化设计方法搭建多方协调平台,实现城市治理共治共赢

总规划师是社区空间管理与实施平台的技术协调者。道路风貌特色和景观品质的整体塑造,要涉及社会的方方面面,涉及政府十几个部门的管理,而每个部门和实施主体对风貌的理解往往不尽相同,总规划师的作用是作为专业控制与总体把握的专家,协助各方在街区生长的全过程采用合理、恰当的技术手段和方案开展工作,并在具体操作过程中协调共同参与的各方,包括公众。目前,各个建设管理部门都能够遵循尊重历史风貌的原则,但往往角度不同,手段不同,结果也就不同,因此就需要系统专业的梳理和技术把关,以避免认真努力地做未必正确的事。西方国家的地区规划师制度由来已久,中国的城市现在也在做这样的尝试。

（二）对细部细节及时把控，通过精细化设计与风貌"微更新"，营造有温度的历史街区

风貌区街道整治的目的是管理和维护，而非单纯的新增或删减，归根结底是要守住城市发展的底线。应通过精细化设计与人性化管理，注重挖掘历史街巷、建（构）筑物背后的建造智慧和工艺价值，技术和工艺能够帮助城市延续文脉、留住乡愁。本着保护优秀历史建筑，恢复传统历史风貌；挖掘街坊人文元素，激活历史人文空间氛围；促进社区自治，完善城市精细化管理的原则，对道路沿线景观要素进行了系统梳理，原汁原味地保护和更新风貌道路，营造有温度的历史街区。

（三）为民生、为风貌而设计，激活历史人文空间氛围

徐汇区风貌道路保护工作所做的不仅仅是为了美化景观，更重要的是为了生活在这里的人们。"人"才是街区活力的源泉，民生改善则能为风貌区留住最鲜活的元素——人。风貌道路要有人的生活，也就意味着管理要更加细致，像绣花一样精准。感受徐汇风貌保护道路孕育的街巷文化，以及它所蕴含的丰富人文内涵，从民生的角度出发，兼顾保护，为风貌设计，是设计师和管理者一直探索追寻的目标。岳阳路风貌道路保护在城市的有机更新中，实现了文化元素与城区功能的有机融合，还原了一个有记忆、有故事、有文化气息的历史街道。

四、启示·展望

一是基于风貌保护的"微更新"需要不断完善和可持续发展。城市更新是不断完善的，城市的景观治理也没有那么简单，风貌道路"微更新"并不是一次性到位的，而是一个可持续的过程。风貌"微更新"不仅是一个方案，而且是一个协调平台。城市更新与风貌保护的城市设计是一种空间思维方式，通过对整个地区进行系统研究，提出问题、发现问题，并提出解决方案；通过空间思维方式解决城市问题，提出精准、科学的城市更新与风貌保护策略；是城市多方利益群体共同协调的，也是长期可持续的。

二是保护与更新方案应形成风貌区景观导则，制定手册，推进街区共治。为了更好地落实城市设计要求，设计团队把城市设计方案翻译成景观导则,提供给管理者、商家以及群众等相关各方,进一步研究和制定管理者运用手册、使用者引导手册和群众宣传手册,推进街区共治,这是城市有机更新中由城市管理到城市治理的一个重要方法。

天平"风貌百弄":延续城区历史文脉

一、背景·缘起

2016年以来,徐汇区天平街道深入贯彻时任市委书记韩正关于"必须下决心采取最严格的措施,去保护好、延续好这座城市文脉和记忆"的精神,按照区委区政府的要求,以开展住宅小区综合治理为契机,持续改善小区环境面貌。在工作中,街道依托天平辖区特有的历史底蕴和丰富的人文资源,根据部分小区居住人群、地理环境、历史渊源的不同,各自确定一个规划主题,结合"拆""建""管""治"实施景观建设、人文氛围营造和内涵提升项目,因地制宜地打造"风貌百弄"。

二、举措·机制

"风貌百弄"的规划主题虽各有侧重,但并非彼此割裂,其在内涵上具有整体性与一致性,互相连接、互相映射,综合体现出"传承保护历史文脉"和"三增"(增加公共空间、绿化面积和文化功能)的规模效应,实现硬治理和软治理水平的同步提升。

(一)从基础入手,改善小区环境硬件设施

在前期的小区综合治理中,街道通过座谈、走访、听证等途径,深入细致地问计于民、问需于民,在汇总各小区的短板问题和居民诉求后,形成了"一小区一方案"。结合各小区的实际情况,着力开展房屋基础设施、环境配套设施和安全保障设备等硬件建设,包括拆除违法搭建,修补粉刷外墙面、楼道和小区围墙,改造垃圾库房,翻建非机动车停车棚,修剪苗木和花坛补绿等。在硬件建设过程中,街道加强工程质量与施工进度管理,并听取居民

的合理化建议,对局部施工内容进行微调,增强配套设施的便利性与实用性,提升小区整体环境的清洁度和美观度,最大限度地发挥硬件设施的功能效应,既能让人"眼前一亮",又能让实际居住者对环境改善有切身感受,提升"风貌百弄"的宜居水平。

(二)从文化入手,建设"风貌百弄"系列文化景观墙

天平街道位于衡复历史文化风貌区,拥有各类优秀历史建筑和名人故居214处,大小弄堂216条,保留了大量极富上海特色的空间文化元素和时代变迁的生活痕迹。不少弄堂、小区有着独特的资源和特色,实存样本丰富,风貌文化维度宽广。街道以此为源泉,搜集与居民小区相关的老马路、老弄堂、传奇人物、名宅典故等信息,充分挖掘人文历史渊源,通过建设"风貌百弄"系列文化景观墙予以展示。

安亭路43号小区风貌百弄文化景观墙

懿园小区风貌百弄景观文化墙

例如,安亭路43号小区因周边曾有文学家夏衍、翻译家草婴、学者顾毓琇、画家李慕白、科学家张钟俊等名人居住,故建设为"名人故居文化弄堂",版面主题为"文墨飘香",展示上述名人事迹及小区发展历程;岳阳路170弄小区紧邻上海戏曲艺术中心,故在这里建设"京昆艺术文化弄堂",版面主题为"中国的腔调",展示京剧、昆曲的发展历程及相关表演艺术家的人生经历;建国西路506弄懿园小区是上海市优秀历史建筑,有着西班牙风格和英国乡村风格的新式里弄住宅,在这里建设"历史

建筑群落文化弄堂"，版面主题为"颐居风貌"，讲述建筑艺术之美；建国西路581弄小区曾有著名生物学家曹天钦、复旦大学原校长谢希德夫妇等多位中科院院士在这里居住，故在此建设"院士风采文化弄堂"，版面主题为"国之栋梁"，展示院士们的

建国西路581弄小区风貌百弄文化景观墙

人生历程，凸显科技人文理念。通过特有的文化景观引导，展现了各小区的文化底蕴与"颐居"气质，推动历史空间焕发出新的时代风采，进而产生以点带线、以线带面的规模效应。

（三）从联建入手，推动形成居民区"小联勤"和"微治理"机制

在住宅小区综合治理推进中，各居民区都建立了第四级小区综合治理联席会议平台，在居民区党总支的带领下，把这个平台作为进一步夯实基层基础的有力抓手，推动形成居委干部、社区民警、城管队员、房管所管理员、物业经理、居民志愿者、区域单位代表等多元参与的"小联勤"机制，通过及时发现、及时报告和及时处置，以自治方式解决小区管理问题，有力地夯实了小区"微治理"架构。安亭路43号小区居民曾多次反映，该小区沿街面车间的4家无证照经营商户存在扰民情况。街道和居民区依托小联勤机制，协调市场监管、城管执法部门多次上门约谈，送达违法行为告知书和整改通知书，要求其限期整改，形成有力震慑；居委会和物业公司也通过自治渠道，多次上门进行劝导。经过努力，这4家违法商户彻底关闭，恢复了房屋的居住属性，困扰周边居民多年的问题终于得以解决，有力地推动了"风貌百弄"建设。

（四）从管理入手，引入第三方力量深化"风貌百弄"治理

针对部分小区缺少业委会和物业服务企业，管理服务水平存在明显短板的情况，街道于2015年扶持成立了第三方社会组织"惠平物业服务指导中心"，并委托其管理天平弄管协会，协会下现有"弄管会"39个。街道特

别注意发挥惠平中心及其管理的"弄管会"的作用,由其协助开展业委会、"弄管会"和物业管理服务的相关工作。

例如,岳阳路170弄小区属多种性质房屋混合的小区,有部队产房屋、售后公房和商品房。原先部队产房屋和公共区域均存在"失管"现象,环境不佳。街道推动惠平中心与建岳居民区党总支在该小区牵头成立"弄管会",部队产房、售后房、商品房的居民都加入进来,从规范设置停车位、合理收取停车费入手,获得了聘请门卫和保洁人员的资金,且还略有盈余。在弄管协会的指导下,"弄管会"制定了管理办法并常态化运作下去,实现了保安、保洁一体化。又如,建国西路506弄小区曾因物业管理等问题引发矛盾,街道同样是推动惠平中心牵头,通过楼组长会议、党员会议、走访听取诉求等形式,多方征询居民意见,建立小区自治管理制度。在居民一致同意的基础上,小区内重新划设停车线,目前停放的43辆车全部收缴停车费,并将这笔费用用于购买保安、保洁服务,基本改善了以前管理较为混乱的局面,受到居民的肯定,为"风貌百弄"建设和今后的长效管理提供了保障。

三、创新·成效

第一,从硬件建设效果上看,"风貌百弄"展示的系列文化景观,以"天平百弄"为叙事线索,以周边文化艺术地标为辐射带动对象,通过"风貌之窗"展板的贴近宣传,借时空视角的放大与引导,更为丰富地展现出辖区特有的文化底蕴和社会风采,以及新时代背景下辖区的"颐居"气质,增强居民群众的家园自信和自豪感,并激发他们积极参与维护小区环境的主人翁意识,营造和睦向上的社区气象,最终实现小区环境、居民素质、人文氛围的"三提升"。

第二,从软件治理效果上看,街道通过完善党建联建、引入第三方力量等行之有效的做法,一定程度上满足了居民对物业管理水平的提升需求,推动小区自治管理进入良性循环,各项事务井井有条,为创新社会治理、培育社会组织提供了新的实践探索。同时,街道也在逐步推广这些做法,充分发挥党建引领下共治自治的平台优势,充分吸纳和运用区域单位等各方资源力量,特别是注重推动小区当前存在的难题成为党建联建的关注焦点与核心议题,探索与区域单位共建、共赢、共享的项目和机制,化解矛盾问题,巩固治理成效。

第三,从更远的意义上说,随着硬件环境的不断提升和小区治理、居民自治、社区共治等工作的不断深化,今后街道将进一步推行"以点带线""以线带面"的风貌区保护建设联动机制,将"小区"的概念扩大到"空间",在"风貌百弄"的基础上建设"文化专题景观道""慢生活历史文化街区"等更具规模的空间,并鼓励和谋求契合风貌区定位的业态与传承历史文脉联动发展,让风貌区的历史空间与现代生活交相辉映。

四、启示·展望

一是在治理中要聚焦硬件设施提升与人文氛围营造。根据小区的实际情况和居民群众的诉求,街道在硬件建设项目中侧重安排了基础配套设施和安全设施;并根据各小区的不同情况,具体问题具体分析,围绕"历史建筑、文化名人、社会精英"等确定主题,打造"风貌百弄"。这些举措增强了居民的家园自豪感,激发了居民参与治理的主人翁意识,今后的工作中要继续予以坚持,才能有效实现预期的治理目的。

二是在治理中要聚焦"三驾马车"作用的发挥。街道全盘统筹,注重完善党建联建和第四级联席会议平台,完善"小联勤"和"微治理"架构,完善业委会和"弄管会"建设。今后的工作中也要继续予以坚持,确保小区治理有机制、有活力、有成效,确保社区共治和居民区自治有平台、有载体、有支撑。

精诚所至:花园住宅重现"百年风华"

一、背景·缘起

淮海中路,东起西藏南路西至华山路,跨黄浦、徐汇两区,是上海市区最长的东西干道之一。淮海中路常熟路两侧,是上海高档的住宅区域,各式花园洋房、高档别墅遍布其间。每次路过淮海中路华亭路路口,便不由自主地慢下脚步——几座英国乡村式花园住宅矗立于此长达八十多年，红瓦双坡屋面、清水红砖烟囱、细卵石外墙，掩映在茂盛的梧桐树荫下，好似童话世界里的糖果屋。

1999年，淮海中路1276～1292号这几座花园住宅被列为第三批上海优秀历史建筑，但令人遗憾的是，它们已被居住于此的居民悄然改变面貌。2016年，湖南街道决定恢复它们往日的风采。

二、举措·机制

（一）以拆违为手段推动历史建筑改造

东湖居民区党总支书记和居委会主任在社区拥有出了名的好口碑，在她们的指导下，为高龄独居老人提供全方面照护的"金相邻"居民自治工作站享誉沪上，她们也因此深受居民，尤其是老年居民的爱戴。老人们说："看到两位书记主任笑眯眯，心里就开心。"

然而这一天，书记主任却笑不出来了。"街道召集开会，我们被告知，东湖居民区辖区内的淮海中路1276～1292号、延庆路135～147号被列入住宅小区综合治理重点小区，街道领导要求我们，无论面临多大困难，居委会都要协助拆除居民的违法建筑，为衡复历史文化风貌区的更新奠定基础。"会议结束，被任命为东湖居民区专项工作组组长的区党总支书记，与居委会主任一言不发地走出会场，愁眉不展。"据我了解，那些违法建筑的历史有的已长达50年，当时搭建的居民如今也已是80多岁的高龄老人，家庭情况往往相当困难，现在还要把他们搭建的厨房间、卫生间全部拆除，他们将来的日子怎么过？"

拆违倒计时一天天临近，本该由城管队员发给居民的《拆违通知书》一直被东湖居民区党总支书记压在抽屉里，早捏皱了，还是要狠狠心，她带上东湖居民区居委会主任和城管队员、物业工作人员（原小区物业经理退休）敲开了淮海中路1292号某户居民的家门。老人应声开门，勉强地对来客笑了笑。家中灯光昏暗，从家居陈设来看，经济条件有些拮据。老人已八十高龄，嘴里一直念叨："幸好居委干部常常关心我。"此刻听到这句话，东湖居民区党总支书记心里更是五味杂陈，她吞吞吐吐讲明来意，老人似懂非懂地听着,看着工作组递给她的《拆违通知书》,半天不作响。

(二) 建筑改造中兼顾风貌保护与社区服务

第二天一上班,东湖居民区党总支书记越想越不对劲,与城管急匆匆赶到老人家中,一看老人神情恍惚,她急得拉着老人的手,赶紧扶她坐下,在她耳边反复说:"阿婆,侬有啥困难要告诉我,我一定帮到底。"

东湖居民区党总支书记的声声呼唤,终于让老人恢复了神智,她长吁一口气,眼泪划过脸颊滴落在衣襟上。老人慢慢道出一肚子的苦水,她说,50年前单位分给她这套房子,由于面积不足,单位又出资在其屋前搭建了厨房间;2015年,她刚刚把厨房间装修了一下,怎么突然变成"违法搭建"了?一旦拆房,完全打乱了她的生活,别说没有做饭的地方,以后一脚踏出屋子就是一个开放式的环境,让她很难接受。

听着老人絮絮叨叨地讲述,东湖居民区党总支书记也是感同身受,但是风貌区保护的大趋势不容任何人以任何理由阻挠,东湖居民区党总支书记只能一遍遍地解释:"1292号是市级优秀历史建筑,厨房间肯定要拆,但我们会在其他方面想办法解决你的烧饭问题。"

(三) 以服务的态度与居民共建美丽家园

那之后的几天里,东湖居民区党总支书记、城管和物业工作组一行三人多次到1292号查看,最终为老人选定了新的厨房位置,还为其挑选了瓷砖、煤气灶、灶台和吊厨。然而好事多磨,没过几天,老人找来了:"书记,我老是来麻烦侬,勿好意思额。"原来,在厨房的位置上,装修工人只贴了部分新瓷砖,造成灶台墙面左右两边的新旧程度和色泽不一,特别突兀。

东湖居民区党总支书记立即陪老人回家,对工程队长说:"建设'美丽小区·幸福家园',就是要根据居民的要求建好,虽然工程是物业公司监理的,但我们居委会也要为居民把好关,'拆'的时候都说得花好朵朵,如果在'建'的过程中达不到'美丽'的标准,被拆居民的心里会怎么想?"最终,工程队为老人重新铺设了瓷砖。

"老人是个爱干净的人,在建的过程中,她多次向我们求助,我们有求必应,一次次上门帮她把关、改进,直到她满意为止。"东湖居民区居委会主任说,被拆违的居民中,有的是从小与她一起长大的,见到她就说:"你别忽悠

修建后的美丽家园

我们哦！"东湖居民区居委会主任答道："同意拆违，是你们给我们面子，我们很感动，理所应当会尽力为你们把好'建'的质量关。"

在1292号里，还有几户居民自行搭建的独用卫生间被拆除，唯一的出路就是重回"两户合用"。一开始居民都在观望，后来重新装修的合用卫生间竣工后，居民看了很满意，都说"干净整洁多了"。原本邻里之间有些矛盾，平日里唯恐避之不及，但这次他们当着书记、主任的面表态说："这次居委为我们做了这么多事情，我们也忍让一点吧。算了，我就和你家搭用吧。"东湖居民区居委会主任红着眼眶说，在整个拆建过程中，她屡次被居民的善意所感动。

三、创新·成效

（一）优秀历史建筑拆违工作稳步推进

2016年11月15日，淮海中路1276～1292号的拆违工作提前完成，东湖居民区党总支书记当天向居民们表示了感谢。"老百姓真的很好，他们能理解我们。有时候我们和城管队员在与老百姓交谈的时候，我们心里也很替他们难过，城管队员甚至睡觉的时候还说梦话'怎么办怎么办'，作为居委干部，我们将心比心，从感情上理解居民，要帮他们呼吁，在合法合规的情况下尽最大的努力为他们提供帮助。"

在淮海中路1276～1292号拆违工作接近尾声时，同属东湖居民区的延庆路135～147号的综合治理工作也在紧锣密鼓进行。延庆路141号，原是居民自住，后将其出租开了一家理发店，多年来全靠老邻居光顾，生意还算兴隆。仅有的一套房出租后,该居民随即在花园里搭建了75平方米的房子,解决了居住问题。

在此次综合治理中,专项工作组多次上门沟通,建议其申请经适房以改善居住环境。居民也想通了,就当其准备将141号挂牌出售时,才发现他并非该房屋的产权人,也就是说,他只有居住权。更让他意想不到的是,经过街道和房办工作人员的核实,他也不具备经适房申请资格——因一位家属以其名义做了财产抵押,造成其名下有资金流动情况,导致其不符合经适房申请的条件。后来他让该家属作了清退,并准备于2017年再次申请经适房。

(二)历史建筑区居民生活其乐融融

2017年1月,丙申年小年夜,往常繁华的淮海中路上,难得冷冷清清,市民都赶回家中打扫除尘、煎炒烹炸,准备迎接"吉"年到来。但在东湖居委会活动室里,从一大早就听到锅碗瓢盆的响声,还不时传出择洗切烧的动静。

大约上午十点,室外传来自行车清脆的铃声,室内的人赶紧跑出去接应。骑自行车的是东湖居委会主任,她一早与"金相邻"居民自治工作站的两名成员去大卖场采买荤素冻品;留在活动室的,是东湖居民区党总支书记、"金相邻"工作站站长和几名组员,她们负责洗菜配菜。跑外勤的,脸颊被冷风吹得冰冰凉;洗菜切配的,双手也被冷水冻得红彤彤的,可他们都毫不介意,继续埋头忙碌,时不时抬头看一下时钟,互相提醒道:"动作再快一点哦,年夜饭要赶在老阿哥老阿姐吃晚饭前送过去。"

这个小年夜,"金相邻"组员还特意多烧了两份年夜饭,要为居住在淮海中路1276~1292号的两位高龄老人送去。东湖居民区党总支书记说,在2017年住宅小区综合治理推进过程中,

"金相邻"组员的精湛厨艺

"金相邻"组员在小年夜给高龄老人送温暖

居民们深明大义，舍小家为大家，配合街道拆除了搭建在花园里的厨房间，但新建的厨房空间实在狭小，春节期间气温又低，老年人怕冷又怕麻烦，可能还是像平常一样随便烧点吃吃。"也要让他们过个好年，开开心心吃顿年夜饭。"东湖居民区党总支书记和居委会主任一提出想法，组员们便满口答应："在东湖居民区，邻里间亲如一家，1292号的老阿姐烧菜不方便，我们照样让她家飘满饭菜香。"

据了解，作为湖南街道闻名沪上的志愿者团队，东湖居民区"金相邻"居民自治工作站成立已近6年，从最初的9位发起人，不断发展壮大，如今已吸纳200余位志愿者，为生活在同一居民区的1 400余位高龄老人提供多方位的悉心照护。其中，为独居在家的老哥老姐送年夜饭，是居民区书记主任与9位发起人多年来的坚持。

案例评析

在上海迈向卓越的全球城市的道路上，城区特色和历史风貌有待进一步强化，开放空间体系有待进一步优化，这都需要更加精细化的规划设计与管理。以上六个案例展现了徐汇区精细化治理实践的工匠精神，通过精细化城市规划与管理，提升城市品质，改善民生环境，搭建长效管理机制；通过精细化设计，有效利用土地，重点打造全球水岸，营造国际滨水空间；通过风貌道路的精细化治理，注重自治共治，打造以人为核心的街道公共空间；通过精细化景观建设和"微更新"，营造有温度的历史街区和可漫步的风貌街巷；重视风貌保护，延续城市记忆，打造风貌百弄；通过精细化治理，全方面照护与居民自治，建设美丽小区、幸福家园。

城区规划与更新，一直是城市发展不可避免的一部分。随着经济的快速发展，城区更新更是加快了速度，也存在着诸多问题。关于徐汇区更新规划与发展的案例，作为精细化治理中的城区规划实践，在"创新驱动、转型发展"的指引下，以创新的精细化理念为指导，推进区域城市更新工作，强化城区特色和历史风貌；开展细致的区域评估工作，针对地区特点采取差异化的更新策略，强化精准分类指导。在区域统筹的指导下，不同规模和性质的城市更新项目促使土地使用效率得到提高，城区功能也不断完善。同时，徐汇区创新推进街区总规划师制度，引导公众参与自治共治，最大限度地争取社会各方的支持，能结合具体困难与现场商讨，形成共识，真正获得了"多方参与、精细管理、民生改善"的社会效益，也为上海城区规划与更新提供了重要的实践样本。

城市滨水区作为城市重要的组成部分，日益成为现代城市规划设计与更新的热点，滨水区更新、开发与运营管理也成为一大难点。关于西岸滨水区城市更新的案例，开展滨江区域功能结构的转换与地区活力的复兴，对区域内历史遗存的保护利用卓有成效，延续了城市历史文脉，同时创造适宜多元活动的滨水空间和丰富多样的生态环境，是一种创新的探索；并秉持可持续开发创新理念，实践低影响开发，把西岸塑造成最开放、最便捷、最具魅力的公共活动空间。该项目坚持成片综合开发，通过动迁单位整体收储，开放空间先行腾让、先行实施，保障了载体资源和资金来源；在项目实施过程中做好各环节的公众参与，以公示反馈意见，调整设计方案符合使用需求，回应性强、满意度高。徐汇西岸将工厂变身公园，变废墟为艺术，以黄浦江边工业遗址为载体，以历史遗存利用和文化打造为核心，以突出环境品质的组团式开发为手段，能精准识别和科学判断，快速整合相关资源，有效带动腹地商务区整体开发，打造24小时活力城区，创造宜业宜居开发的新模式。徐汇西岸的滨江公共开放空间亮点尤为突出，提升了上海黄浦江西岸的整体形象，也成为滨水新城区开发的成功典范。建议注重开发运营的精细化管理，长效呈现高品质沿江公共环境。

衡复历史文化风貌区作为上海保护规模最大、历史遗存最多的风貌区，徐汇区衡复历史风貌的保护与传承也面临新的挑战和更高的要求。关于打造风貌街区和道路精细化治理的案例，借助街道平台，组成联合工作组，制定周密的计划方案，确保了治理工作的稳妥有序；社区联动、用心维护，依法保护历史建筑，做到实施精细巡检；明确分工，坚持精密协作配合，稳步推进综合整治工作；联合约谈，制定并印发《道路综合治理告知书》，确保整治精准有序；针对不同情况，采取灵活多样的措施，实施多部门联合整治。目前，已持续两年的风貌区道路精细化整治取得了一定成绩，道路品质明显提升，民生问题得以改善，并得到了周边居民的一致好评。这不仅体现了徐汇风貌区道路整治理念的精益求精，而且展现了管理互动的人性化和治理成效的高满意度。历史风貌区保护工作是一项有始无终的事业，因此，未来应着重在风貌区管理的体制机制上下功夫，依托"弄管会""路管会""自治家园"等居民群众参与自治共治的载体，将风貌保护与管理机制有效融合。

关于岳阳路"微更新"的案例，积极探索城市精细化设计与实施，以岳阳路上的"微更新"展开徐汇营造有温度的历史街区的故事。政府的各个管理部门和实施主体对历史风貌保护的理解与具体做法往往不尽相同，角度不同，手段不同，结果也就不同，因此需要精细、系统、专业的梳理和技术把关。一方面，总规划师受政府委托，担负专业控制与总体把握协调人的作用，按照风貌道路规划要求，协助各方在街区生长的全过程采用精准、科学的技术手段和方案开展工作，并在具体实施和操作过程中，对细部细节及时把控，协调共同参与的各方，尽力在复杂和现实环境中，结合现实情况，最大限度地实现规划意图与整体目标。另一方面，设计团队对岳阳路沿线景观要素的系统梳理，思考问题并解决问题，以保护优秀历史建筑，恢复传统历史风貌；挖掘街坊人文元素，激活历史人文空间氛围；促进社区自治，完善城市精细化管理的原则，对风貌道路的景观品质进行提升。该案例的创新在于从规划设计与商家的沟通，到落实施工与施工方的交流等各方利益的协同，凸显了城市精细化设计与管理的重要性，以及规划师、设计师在技术把关的同时，协调街道、政府、商家等各方利益协同的社会治理与多方参与的必要性，更重要的是为民生、为风貌而设计，培育了城市街巷的公共性和居民的社会参与精神，为促进多元共治共享的精细化治理做出了卓有成效的探索。

天平街道"风貌百弄"案例，从基础入手，改善小区环境硬件设施；从文化入手，建设"风貌百弄"系列文化景观墙；从联建入手，推动形成居民区"小联勤"和"微治理"机制；从管理入手，引入第三方力量深化"风貌百弄"治理，成立了第三方社会组织"惠平物业服务指导中心"，并委托其管理天平弄管协会。一方面通过"风貌之窗"展现辖区特有的文化底蕴和社会风采，追本溯源、定位精准，激发百姓积极参与维护小区环境的主人翁意识；另一方面，推动小区自治管理进入良性循环，化解矛盾问题，巩固治理成效，实现硬治理和软治理水平的同步提升，让风貌区的历史空间与现代生活交相辉映。建议根据小区实际情况和居民群众的诉求，继续坚持"历史建筑、文化名人、社会精英"等不同主题打造"风貌百弄"，分类精确，完善"小联勤"和"微治理"架构，完善业委会和"弄管会"建设，让文化要素、群众要素与制度要素有机结合，达成长效精细化治理目标。

治理多元化是城市治理的途径，服务精准化是社区治理的目标，关于淮海中路1292号花园住宅重现"百年风华"的案例，展现了社区治理的多元化与精准化。在保护历史风貌建筑的前提下，区党总支书记带头动员社区资源、关爱高龄老人、帮助困难家庭，这在很大程度上解决了居民的实际困难。在建筑保护的实施工作中，既强调建设"美丽小区·幸福家园"，又关心社区群众，工作公开透明，精心细致，体现了"金相邻"居民自治工作站一丝不苟的工作精神和人性化管理，以及社会事务的高透明度，给风貌保护与社区更新提供了有力保障，也为社区精细化治理的健康发展提供了有益经验。

基于城市更新和风貌保护的城市设计与城市治理是城镇和乡村内在的功能调节、空间变化和环境提升，是迎接城市不断变化的挑战、解决自身不足和精准化、精细化、人性化不断提升的过程。通过对整个地区进行系统研究，提出问题、发现问题，并提出解决方案；通过空间思维方式，针对不同层面、不同规模、不同性质的问题，细致分析，提出精准、科学的城市更新与风貌保护解决方案，城市精细化治理不是一次性达成的，是长期可持续的，是城市多方利益体共同协调的过程。

基于城市更新和风貌保护的城市设计与城市治理的趋势，将更多的是小规模、渐进式，更多的是公共环境改善驱动、针灸式，更多的是自下而上而非政府主导，更多的是公众参与、协商调和。风貌保护是前提，如何完善城市更新运作机制是核心内容，需要创新地将风貌保护与城市更新落实到可操作的范畴。面对城市精细化治理的困境与挑战，重新梳理、引导与制定需要更新的政策，创新思维，探索更优化的风貌保护与城市更新的治理方法与政策。要建立"更新、保护、创新"的精细化城市治理和规划发展的核心理念，面对"城市更新"为主导方向的未来城市建设与发展，更多地通过政府和市场、公众的合作与协商，积极地探索和创新更新与保护的多方政策支撑，实现共治共赢的城市精细化治理。

PART 3
生态环保篇

引　言

　　城市生态环境治理在城市尺度上包括自然生态系统保育修复与构建、环境保护和污染治理、城市公共开放空间（绿地）结构优化与功能提升等。城市生态环境精细化治理是以人居环境改善为目标，以精细化治理为手段，以政府—社会—居民共治共享为组织方式，以城市社区为基本单元，以自然生态系统中主要的生态要素——水体和绿地为空间载体。本篇聚焦上海近年来主要的生态环境问题，选取了黑臭河道治理、生态文化绿地构建、社区生态文化塑造、社区自治组织发展、社区垃圾分类减量五个案例，这五个案例反映了城市人居环境生态系统的主要构成，在治理对策上，较为系统地体现了精细化治理以小见大和以微见真的特点；在治理途径上，五个案例相辅相成，相互作用，如社区生态文化的塑造，极大地促进了政府—社会—居民共治共享模式的形成，社区生态文化意识和社区公共利益意识的提高，对黑臭河道治理、生态文化型绿地构建、垃圾源头分类分流减量都有很大的促进作用，而黑臭河道治理和生态文化型绿地的构建，无论在空间上还是在功能上都紧密相连。

　　上海地处江南水乡地区，河网密布。水系是上海城市的核心生态特征，同时也是维护城市生态安全的主要因素，但城市黑臭河道确实在城市发展过程中，在社会经济文化等多重要素影响下成为城市的顽疾。春深塘黑臭河道治理，通过多部门联动、多阶层参与、区域性空间协同改造以及预警评估和长效管理等精细化手段，形成了健康宜居的城市生活空间和稳定的水体生态系统，达到了人与环境的和谐共生。

　　绿地是城市主要的生态和休闲空间，生态优美的绿地是国际化大都市的标志。徐汇区地处上海的中心区，由于中心城区人口密集，绿化覆盖率和人均公共绿地率均低于全国平均水平，而城市热岛、大气污染、雨洪灾害均较为明显，制约了城市生态化的步伐。徐汇区在基于绿地面积无法大规模提高的前提下,利用精细化管理的模式,挖潜增效,如街道林荫化,打造生态文化林荫道,为居民提供休闲空间;大力推进屋顶绿化和垂直绿化,充分利用三位空间,与商业、教育等单位共建共享绿地资源,充分利用公共基础设施,如高压走廊等空间,形成生态景观,从而形成徐汇区绿化精细化建设和治理模式。

　　社区是现代城市生态环境治理过程中基本而又关键的单元。社区生态治理,首先体现在社区生态文化的构建,社区生态文化就像绿色植物一样,都有生根、发芽、开花、结果等自我成长和自我完善的过程。政府是社区生态文化的倡导者和推动者,是阳光,是肥料;居民的自发参与才是种子。"凌云生态家"的实践,充分体现了二者的结合,形成了政府—社会—居民的良好共建共管模式。

　　以社区垃圾源头分类为代表的公益事业的发展是检验社区成熟的重要表现,是人口急剧流动基础上社区管理的一个重要挑战。构建垃圾源头分类这一精细化体系,其本质是规范人的行为,其理论基础是"产生者责任延伸"。作为一种城市福利,城市垃圾由政府包干收集、转运以及最后处置。这一城市福利持续至今,导致居民对于生活垃圾是怎么方便怎么来,怎么舒服怎么扔。垃圾分类对于居民来说,"既无动力,也无压力"。近十年来,垃圾围城和邻避效应问题此起彼伏,垃圾处理模式的升级也主要是应对过快城市化进程以及居民生活水平提高带来的垃圾激增压力。垃圾源头分类很难完全采用自下而上的自发模式推进,需要从制度设计、组织管理和行为监督等多个角度综合考虑。生活垃圾源头分类减量的实施,政策引导是先决条件,基层的有效组织是落地基础,而市场辅助和社会监督是持续推进的重要保障。有效的政策引导和基层组织,既可以增强居民的重视程度,也可有效调动各级相关部门共同参与。而市场激励机制,可直接吸引市民投入到垃圾分类中。要保证垃圾分类又好又快、可持续推进,必须依靠社会监督,而且必然是来自小区内居民的监督。"惠工新村垃圾分类"和"梅陇三村绿主妇"两个项目的成功实践,是社会源垃圾精细化管理中,"政策、组织、市场和监督"共同作用的结果,是"谁污染、谁负责"在社会源垃圾管理中的有效体现。

精耕细作：打造"会呼吸"的生态城区

一、背景·缘起

徐汇区现有公共绿地近550万平方米，社会绿地近800万平方米，人均公共绿地5.27平方米/人，绿化覆盖率超过30%。近年来，徐汇厚植绿色发展理念，以净化美化环境、保障改善民生为出发点和落脚点，坚持绿化建设和绿化管理两手抓，倡导绿色、低碳、健康的生活方式，促进人与自然更加和谐，不断提升生态建设的内涵品质和市民群众的幸福指数。

二、举措·机制

坚持"以树为基"，把"工匠精神"渗透在行道树管理的每个角落，以最精细的管理和最严格的标准，倍加呵护这个"会呼吸"的生命体。

（一）结合区域特色，提升景观品质

徐汇区行道树以衡复历史文化风貌区数量最多。其中，树龄超过50年的，就有1.3万棵。不仅创造了一条又一条景色宜人的风景线，也为上海留下了鲜活的历史记忆，这既得益于前人栽树，也凝聚着后人的勤劳与智慧。

徐汇区以创建"上海市林荫道"为抓手，在全区范围内筛选出一批树木长势良好、冠大荫浓、立地条件较好的道路，并在绿荫覆盖率、树木品种、树穴规格等方面下功夫，塑造出衡山路、宛平路等15条树木郁郁葱葱、株株相连的"绿色长廊"。在深秋时节，选择武康路、余庆路等7条道路作为"落叶不扫"的景观道路，改变过往对落叶随落随扫的作业方式，用飘落的泛黄法国梧桐树叶为路面铺上一层"金色地毯"，不仅提升了城市观感，也演绎出"快节奏"与"慢生活"的交相辉映。

（二）把握季节特征，提高养护水平

坚持维护性疏枝，严禁"过度修剪""砍头去枝"，针对枯枝、烂头、矛盾

枝等生长不良的情况,在日常巡查中及时发现、及时处置,保持树枝错落有致、枝叶通风透光;针对树枝伸入居民阳台、遮挡楼宇采光等影响居民生活的情况,引导养护人员在不破坏树木本身形态的前提下,对树枝进行"微处理"。做好季节性防护,春季以梳理新芽为主,把长势不佳、丛生的新芽剥去;夏季以防台防汛为主,对中小树进行绑扎加固;冬季以修补树洞为主,更新维护树穴盖板、树桩等设施,将养护工作贯穿一年四季(因上海秋季很短,秋季对行道树只进行常规维护)。加强技术性支持,推广理化诱控、生物农药防治等成熟技术,减少化学药剂使用的比重,倡导以无公害手段防范病虫害滋生;扩大综合养护作业车、登高作业车、深根施肥机等机械设备在日常作业和抢险中的应用,提高养护工作的现代化水平。

(三)加强培训考核,注重科学管理

针对特大行道树建立"一树一档",动态跟踪树木长势、胸径冠幅等情况,并做好树木挂牌标示,既提高了树木的辨识度,又有利于普及绿化知识。注重专业操作,加强对行道树管理人员和上树工的上岗培训,提高业务知识、操作技能和作业规范程度,通过"以老带新",努力培养绿化养护领域的行家里手。注重监督考核,抓好企业诚信建设,通过公开招标方式引进优质绿化从业企业,严格落实行道树养护的合同化契约管理;引入第三方考核机制,聘请市绿化行业协会专家实施每季度专项考核,确保绿化保护工作科学、有序推进。

三、创新·成效

(一)共建共享,让城区更具亲和力

在城市更新的过程中,坚持"以人为本",以市民多元化的需求为导向,构建友好和谐的绿色家园,使绿色让生活更美好。

1. 打开城市围墙,打造可以驻足的街区

在提高存量绿地景观面貌和服务功能的基础上,挖掘城市中大院大所大校大企绿化景观资源和被忽略的"边角料"区域,共享见绿、见缝插绿、"针灸式"打造各式各样的街心花园,让市民"进得了绿地,看得到景色,留下来能动,还愿意再来"。例如,通过拆除东湖宾馆部分别墅,彻底打通花园

围墙,保留欧式围墙立柱,改建成开放而内敛的东湖绿地,使其在寸土寸金的淮海路商圈成为市民和游客放松歇脚的舒适驿站。又如,拆除吴中路废弃铁路路段的违法建筑,将腾出的"羊肠小道"全部用于绿化建设,在绿地两端保留珍贵的铁轨专线元素,使原本环境脏乱、隐患突出的菜市场重获新生,摇身变成周边居民休闲娱乐的首选去处。

吴中路废弃铁路的绿化建设

2. 转变功能形态,打造可以慢跑的公园

在喧嚣拥挤的城市开拓舒适宜人的"绿洲",引领骑行、慢跑成为都市健康生活的新风尚,让市民在健身的同时,与大自然亲密接触。依托徐家汇体育公园建设,着重强调公园绿地体系,突出多层次的立体绿化,通过微地形的山丘、大片的草地、成片的树林,将市民引入公园,体验在树林中奔跑、漫步、玩耍的乐趣。在建的云锦路跑道公园,明确了"城市生活跑道"的功能定位,以原龙华机场跑道为骨架,利用绿化造景将跑道进行分割,形成穿越整个公园的步行绿道和骑行绿道,并通过下凹式绿地、缓坡驳岸和前池湿地等手段,提升雨水的循环使用效能,契合建设海绵城市的绿色发展理念。

3. 融合社会力量,打造可以休憩的园区

探索公共绿地建设与园区建设的有机融合,由漕河泾开发区公司承接全区首个绿化特色街区建设任务,增设园路、座椅及滨水平台等景观休闲设施,推进屋顶绿化、墙面绿化、窗台绿化等立体绿化建设,为园区注入活力,为员工缓解压力,使园区成为都市白领的"新型社区"和"温馨家园"。探索公共绿地建设与商住区域的有机融合,由万科中心对中城绿谷"代建代管",在商住项目建设时,把公共绿地建设一并纳入设计、施工和管理,明确绿地空间融合文化艺术、社区活动、电影欣赏等公共版块,让周边居民、商务人士真正体验到"在花园中购物,在花园中办公"。

(二)打造品牌,让生态更具吸引力

围绕区域发展战略,布局东、南、西三条风格和功能迥异的生态绿带,以绿带环绕城市外围,勾勒出人与自然和谐共生的生动画面。

1. 东看滨江开放空间

把徐汇滨江作为中心城区最为宝贵的"大衣料",结合"规划引领、文化先导、生态优先、创新主导"的发展战略,全力推进滨江贯通工程,努力打造全球城市的卓越水岸。遵循"望得见江、触得到绿、品得到历史、享得到文化"的设计理念,打造可驱车看江景的林荫大道和充满活力的开放空间,由北向南将依次塑造活力示范区、文化核心区、自然体验区、生态休闲区四个区段,以田园、湿地、森林、草原四大版块呈现城市钢筋水泥丛林中的自然意趣,依托8.4公里的景观大道、80公顷的开放空间、5座景观桥梁、10万平方米的亲水平台等新建和改造项目,串联起滨江地区的绿脉、水脉、文脉,建成市民和游客流连驻足的胜地。

2. 西游中环绿廊大道

抓住"五违四必"环境综合整治的窗口期,补齐城区环境短板,推动虹梅路中环沿线高压线下成片违建地块完成空间释放,兴建大型公共绿廊,在还绿于民的同时,也起到为市区减弱噪声、调节温度的作用。在绿廊中铺设绵延3公里的樱花大道,与顾村公园形成"南北相望"的格局;栽种白玉兰、桂花、海棠等有色植物,呈现高低错落、色彩斑斓的视觉盛宴;配备大量篮球场、羽毛球场、多功能草地活动场等设施,营造全民健身的良好氛围。通过文、体、旅一体化发展,使中环高压沿线不再是人们避而远之的城市安全隐患,让市民享受到环境综合整治带来的生态红利。

桂江路绿地樱花广场

3. 南赏华泾外环生态

以打造"国际大城市的稀缺生态绿地"为定位，发挥南部华泾地区103公顷外环生态的"绿岛效应"，为产业发展和生活居住提供良好环境。遵循"低碳环保"的建设理念，保留原有的轴线、水环境、防汛墙、高桩码头，增加瞭望塔、生态湿地和休闲活动区域，引导北杨、东湾、关港等成片沿江沿河土

外环生态七标绿地

地进行景观和功能再开发,将亲近自然、回归田园的文化休闲项目融入景观绿带中,极大地满足市民群众在闲暇之余郊游踏青、亲近自然的需求,更好地发挥外环生态的社会效益、生态效益、经济效益。

四、启示·展望

徐汇区作为上海的中心城区,人口密集,区内可用于绿化建设的土地越来越少。因此,在致力于推进绿化精细化建设和管理的同时,也大力倡导见缝插绿和立体增绿。

就产业发展来看,目前中国的立体绿化建设方式还比较单一。以阳台花园这一家庭园艺形态为例,相比国外成熟的家庭园艺,上海的家庭园艺也只是刚刚起步。目前,全市专业从事小型家庭园艺设计的企业屈指可数,而每家企业的年服务能力也有限。此外,市场上还缺乏阳台绿化、露台花园建成后的养护咨询服务。这就使得一些市民即使有心美化阳台,也缺乏相应的技术指导。

生态修复:河长制下的中小河道精细化治理

一、背景·缘起

碧波水影,烟雨长廊,配一壶新上的碧螺春,贯一耳咿咿呀呀的吴侬软语,悠闲惬意的时光,就在满目婉转的流水中悄然流淌。曾几何时,这样的上海水乡印象已然在人们的脑海中永远沉睡,取而代之的是脏乱不堪的河道和让人难以驻足的臭味。往昔水景不复,浓浓乡愁无以寄托,徒留老上海人一声声叹息。

为了解决河道黑臭问题,恢复上海水乡的美好印象,让上海成为望得见、摸得到的乡愁,上海市水务局从2016年开始,开展中小河道水环境综合整治,全市河道总共1 864条,分为三批进行整治。时任上海市委书记韩正曾在调研中小河道综合整治工作时强调:中小河道综合整治是一场攻坚战,全市必须齐心协力紧盯目标,全覆盖、水岸同治、动真格、铁腕治水、依法管、行刑衔接、重基层、群众成主体,确保到2017年底全市中小河道基本消除黑臭,水域面积只增不减,向全市人民交出满意的答卷。

在首批全市河道整治名单中,徐汇区共有8条,春申港就是其中之一。春申港位于徐汇区南部,属区管河道,全长2 187米,上游经北杨河与淀浦河相接,下游与黄浦江连通,河道面宽19～31米,常水位2.5米。整治前,河道两岸违章建筑占用防汛通道的情况较为普遍,直立式驳岸标高较高,形式生硬。沿河环境脏乱,存在垃圾乱弃乱倒、生活污水直排入河等现象。底泥富营养严重,不断向水体释放富营养物质,造成水体黑臭,其中黑臭段河道长1 970米,沿线居民饱受其苦。因此,春申港被纳入全市第一批黑臭河道整治范围,徐汇区建交委将其列入先行先试范畴,于2016年启动实施河道治理。

二、举措·机制

徐汇区建交委按照“水岸联动、截污治污,沟通水系、调活水体,改善水质、修复生态”的治水思路,以河长制为“总引领”,统筹河流上下游、左右岸,实行“一河一策”,坚持工程整治、长效管理,全力推进黑臭中小河道整治。

(一) 责任到人、层层压实,贯彻落实河长制

按照分级管理、属地负责的原则,建立区、街道(镇)两级河长体系,由区委书记担任第一总河长,区长担任总河长,分管副区长担任副总河长。区委办、区府办联合印发《全面推行河长制实施方案》,推进贯彻落实河长制,明确由区委书记鲍炳章担任第一总河长,区长方世忠担任总河长,6位副区长担任区管河道的一级河长,区建交委、环保局领导担任一级副河长,河道流经各街道(镇)的主要领导担任辖区内分段的二级河长。共落实河长21名,覆盖全区42条河道。

同时,成立了河长制办公室,办公室设在区建交委,由区建交委和区环保局共同负责。区发改委、商务委、公安分局、财政局、规土局、房管局、绿化市容局、城管执法局等部门以及相关街道(镇)为成员单位。向社会公布了24小时监督电话,建立了微信工作联络群,开通了“徐汇河长”微信公众

号,规范竖立河长公示牌54块,制定并印发河长会议制度、信息报送制度、工作督察制度、考核问责制度四套配套工作制度,每月编印一期工作简报。

在春申港,区建交委负责实行最严格的水资源管理制度,严格控制污染面积,推进水污染防治行动计

春申港河长公示牌

划的实施,开展河道综合整治和长效管理。同时,建交委还加强同春申港流经区域长桥街道开展业务培训、交流协作,开展截污纳管与雨污混接调查改造,严格查处河道排水违法行为,确保责任到人、层层压实。2016年,区建交委组织开展了沿河污染源排摸,锁定目标任务,做到"五个摸清",即摸清排污口放江情况、摸清市政道路雨污混接情况、摸清老小区雨污混接情况、摸清城中村排污情况、摸清企事业雨污混接情况。

(二)分步实施、生态治理,循序渐进出成效。

机制有了保证,关键还在落实。针对春申港河道的实际情况,在调查摸底的基础上,徐汇区建交委委托专业单位编制了有针对性的综合治理"一河一策"方案,因河施策,采取"清淤疏浚+控源截污+环境提升+生态修复"四步走的方式,开展综合施治。

1. 清淤疏浚

春申港底泥污染严重,有机污染物在河床底部淤积富集,超过水体自净能力,导致富营养化,造成河道常年黑臭。区建交委通过水利专项工程,河道疏浚土方38 194.75立方米,显著提高槽蓄容量和引排能力,并通过增氧曝气等方法增强河道水体自净能力。

2. 控源截污

控源截污是河湖治理管理的治本之策。区建交委在着力做好春申港河道疏浚清淤的同时,不断加大岸上截污治污工作的力度。将春申港河道管

理纳入城市网格化管理平台,盯水治岸,加大巡查力度,完善河道巡查监督机制,实行河道动态监管。清理防汛通道及水域岸线,实施排口封堵与改造专项,对违规排水、设置排污口的,按照"发现一处、封堵一处"的原则,发现一个、整改一个、严处一个、曝光一个,累计封堵改造沿河遗留排污口21处,根治污泥浊水,严禁其排入河道。

3. 环境提升

通过落低驳岸标高、建设亲水岸线、布置陆域绿化、搭建生态浮床,完成春申港护岸绿化工程1.117千米。在"五违四必"整治中,区城管执法局、市政水务中心将防汛通道上的违章搭建物纳入整治范围,全部予以拆除,坚决对河道违建物说"不"。

4. 生态修复

经过清淤、截污、拆违,河道整治有了初步成效,而要想长久保持,生态修复环节是必不可少的。在春申港的治理过程中,徐汇区在全市率先尝试以"一虫一草一系统"为核心,并以此形成了独特的"食藻虫引导的水体生态修复技术",生态治理水域面积18 500平方米,并在全国各地推广使用。

首先对河道底泥进行消毒并对活性淤泥加以活化处理、降低水位,再转移原有的野杂鱼类,然后引入经过改良的沉水植物,主要是四季常绿矮型苦草,构建终年常绿的水下森林,此类水草净化能力较强,根茎比较发达,耐受污染水体,适合底泥营养较为丰富的水域。再逐步回水,投入"食藻虫",大小约4～6毫米,吞食河道里那些肉眼可见的蓝、绿色漂浮物,也就是各种藻

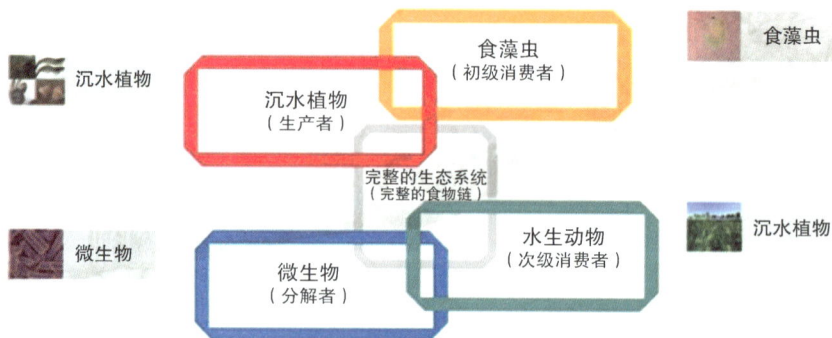

河道生态系统示意图

类,提高水体透明度,而沉水植物需要水体有较高的透明度才能生长。一般来说,沉水植物覆盖率达到60%的时候,水体净化能力会大大提升。最后一步,引入鱼虾螺贝类水生物平衡水生植物的生产力,这样一套生态系统有了生产者、消费者和分解者,有益菌也会随着这套生态系统慢慢产生。这套由人工构建的生态系统,在2～3个月时间形成稳定的循环后,一方面,水体的透明度会大大提高;另一方面,水体的指标也会得到提升。不但如此,这套生态系统能够消纳雨水及少量污水,具有自我修复的功能。

（三）市区联动、区区对接,上下形成一盘棋

在春申港等河道的整治过程中,区建交委还积极加强同市水务局、市发改委等条线主管部门的沟通协调,配合推进市管排水设施的改造。组织实施龙漕路污水管新建工程二期项目,解决区域截污纳管、雨污混接改造污水出路,改善龙华港水系水环境质量;推进康健、漕溪、桂平、长桥、石龙及二客6个分流制排水系统市政管网雨污分流调查与改造。

除了同市级部门的协调,徐汇区还主动跨前,同河道上游的闵行区河长办、水务局进行了沟通对接,建立了闵行、徐汇两区河长办对接机制,互通整治计划,形成"上下游一盘棋"的治水格局。

为有效防范、科学应对、及时控制突发水环境事件造成的危害,最大限度地减少突发水环境事件造成的损失,增强河道水体的韧性,制订了《徐汇区河道水体环境突发事件应急预案》,区建交委、环保局联合成立徐汇区河道水体环境突发事件应急指挥工作组,参照河长办和水污染防治工作运作方式,对区政府负责。工作组成立评估咨询组、应急监测组、安全保障组、应急处置组、信息报送组五个专业小组。对由于污染物排放或自然灾害、生产安全事故等因素,导致污染物进入河道水体,突然造成或可能造成环境质量下降,造成生态环境破坏,或造成重大社会影响等非常事件,采取紧急措施予以应对。

（四）宣传引导、社区共治,爱水护水保常态

在采取各项技术实践外,区建交委还重视社区参与、共治共管,主动走访听取社区居民意见,宣传引导广大市民增强爱水护水意识。

在春申港整治过程中,为改善水体溶解氧指标,设置了曝气装置,在听取罗秀新村居委意见后,合理安排开启时间,避免噪声扰民。与区市政水

务中心成立党员讲师团，会同凌云街道、"梦之蓝"华理社工团队共同开展
"河你一起大闯关"活动，通过图文并茂、深入浅出地介绍水环境保护、水污
染治理、节水减排等相关知识，倡导争当水环境保护小卫士。与区教育局、
区青少年活动中心联合实施"小河长"365——青少年水资源教育课堂，通
过小区河道、生态池塘参观及相关水科技小实验的体验，引导青少年关心水
环境、关爱水资源，共同参与保护水生态活动。此外，长桥街道作为河道流
经区域，还在沿线居委积极发动居民参加巡查志愿者服务活动，形成人人参
与、从我做起的爱水护水的良好氛围。

三、创新·成效

春申港于2016年完成整治。通过整治，春申港已彻底"换颜"，实现华
丽转身，水质持续稳定，水体清澈透明，河岸干净整洁，河道水体稳定在Ⅳ
类，最佳时达到Ⅱ类水的效果。上海市旭中公司于2016年9月20日到9月
21日对春申港河道进行了河道整治效果公众评议调查，共收集到100份有
效问卷，问卷调查情况详见表3-1。

表3-1　公众调查评议样本统计

区县	河道名称	河道长度（米）	检测点个数	合计样本量	居民居委样本量	商户企业样本量
徐汇	春申港	1 530	3	100	80	20

其中，居民居委访问对象要求如下：年龄在16岁以上、70岁以下的上海
常住居民；并且在春申港河道周边500米范围内，生活居住满一年以上。商
户、企事业单位访问对象要求如下：在春申港河道周边500米范围内的企事
业单位工作满一年的店主、员工或负责人。

在"对于河道水体环境整治状况的整体满意程度"一题中，数据显示，
有52%的受访者对于河道水体环境整治状况感到"非常满意"，有39%的受
访者对于河道水体环境整治状况感到"满意"，选择"非常满意"或"满意"
的受访者共计达到91%，高于90%，说明此次春申港河道整治效果明显，河
道水质有明显改善，已达到整治目标。

春申港整治前

春申港整治后

在2017年8月"上海发布""上海水务海洋"公众号组织的河道整治成果评选活动中，春申港获得"最佳河道治理奖"。岸美、水清、鱼游、虾戏，赢得了周边居民的点赞。在2017年底，徐汇区内首批8条骨干河道将陆续完成水环境整治，重构生态环境，重现河道活力。

四、启示·展望

春申港的成功整治，为徐汇区在黑臭河道精细化治理方面积累了丰富的经验，具体有四点启示。

（一）坚决贯彻落实河长制全覆盖

全面推行河长制是落实生态文明建设责任制、实施水污染防治行动计划的一项重要举措，必须确保全区所有河道河长全覆盖，直接负责"一河一策"的综合整治，协调落实各项工作任务和措施。按照"五违四必"的要求，条块协作，共同开展河道周边环境专项整治，整治各类违章搭建、违规排放污染物等行为，恢复河湖水域岸线良好的生态功能。建立健全河长制考核问责机制，制定考核办法，重点对河道治理、水污染防治、基础设施建设等方面进行考核。将河长制实行情况纳入各级部门的考核范围，考核结果作为各级党政领导干部综合考核评价的重要依据。

（二）区区对接，市区联动共同推进

徐汇区河道大部分与闵行区相连，属于闵行区下游河道，特别是截污工作互相交叉，需要加强协调、跨区治理，在建立了两区河长办对话对接机制的基础上，下一步还将探索建立区区共治、联动治水模式，对标整治计划，加强沟通衔接。

加强与市管排水设施、污水处理厂的联动，加强优化泵站调度运行方案，加大污水处理力度与效率，加快启动龙华污水处理厂和长桥污水厂的功能调整，加大对泵站旱流放江问题的处置，会同市排水公司，启动康健、田林、漕溪3个市管泵站排放口污染治理试点，减缓污水直排河道的压力。进一步优化淀北片、淀南片两个水利分片的水资源调度方案，加大区域局部水体小循环生态补水力度，改善水质、水环境。目前，徐汇区建交委已与市排水公司签约，共同推进东上澳塘康健泵站污染物削减试点工程，降低放江污

染物负荷。

此外,还要协调推进小区雨污混接改造,将小区雨污混接逐步纳入小区综合治理硬件改造整体安排,明确小区范围内污水改造的规划安排、实施主体与经费落实,结合旧住房改造和大修,有序分步实施改造工程。

(三) 建立科学监测体系实现长效管理

逐步构建覆盖全区42条河道的水质动态监测体系,深化固化水务—环保—城管三方联合执法,建立河道排放口登记—巡查—处置监管机制,落实水质动态监测、微生物指标监测、环境及违法违规排放口监管、河道巡查管理养护、水环境宣传护河志愿者等管理措施,掌握水质变动情况,综合评估治理成效,实现精细化管理,防止水质出现反复。2017年,完成一期20条重污染河道监测站点选址布点、采样分析方案,整合建立区域水质在线监测系统,数据由区建交委、环保局、行政服务中心共享,充分发挥监测预报功能。

以河长制为抓手,探索建立河道日常养护与水体生态维护相结合的考核养护新模式,推动水利养护工作从单一设施养护向水环境综合改善的方向转变。为有效减少河道水体内源污染物含量,对河道底泥沉积采取生态清淤;突出考虑保护、创造良好的生态系统,促进水体净化、水质提升;加强生态河堤建设,根据河道功能定位,河堤建设在考虑具有一定强度、安全性和耐久性的同时,展现自然景观。

不断完善河道水体环境突发事件应急处置体系,建立突发水环境污染事件应急队伍,提高应对突发水污染的能力,充分掌握应对各类突发水污染事件处置措施,保证在重大突发水污染事件发生后,能迅速参与并完成监测、处理等现场处置工作,进一步推进水环境质量持续改善。

(四) 持续加大宣传引导社区共治共管

水环境整治不是一蹴而就的,而是一项长期工程,要将水环境保护的宣传作为一项长期任务常抓不懈,做好居民的日常宣传教育活动。

同河道流经街镇居委签订共治协议,充分发挥社区共治共管的作用。落实河道巡查志愿者队伍,加强对河道水体、水生植物、水域岸线的日常巡视检查,发现问题及时处置;水环境宣传进社区,通过环保讲座、趣味活动、生态治理现场体验等措施,持续加大对水环境整治工作的宣传力度,创新宣传方式,增强市民爱护河道、保护水环境的意识。

同区教育局、区青少年活动中心加强联系,在区内部分小学、初中定期开展"小河长"365——青少年水资源教育课堂。通过小区河道、生态池塘参观及相关水科技小实验的体验,引导青少年关心水环境,从而带动学生家长增强爱水护水的理念,努力营造全民参与爱水护水工作的氛围。

瞄准到2020年消除区域劣Ⅴ类水的工作目标,由"灭黑臭、提水质"的阶段性任务向"增水面、绿河岸、造景观、养生态"的目标转变,结合"四个徐汇"建设,着力打造一批"有颜值、有内涵、有故事"的示范河道,实现河道水质、生态环境"双提升",实现人民满意度、群众获得感"双提高"。

凌云生态家:共建绿色宜居家园

一、背景·缘起

凌云街道位于徐汇区西南部,与闵行区梅陇镇相邻,面积3.58平方公里,现有居民10.4万人,以动迁居民和老梅陇镇部分原住村民为主。辖区共有28个居委会,56个住宅小区,是一个典型的人口导入型社区。特殊的地域环境、复杂的人口构成和平民化的经济条件,给社区的社会管理带来了挑战。基于此,凌云街道提出了以建设"宜居凌云"为目标的社区发展规划,旨在通过营造安全文明、低碳环保、便捷有活力的社区生态环境,形成邻里互助、祥和共生、自治管理的生态文明氛围,从而改善社区的生活环境和市民生活质量,创设自然、人文与社会和谐的"宜居凌云"社区。在寻找社区治理的着力点时,街道分析发现"生态"是一个很好的切入点,因为"生态"不仅是指人与自然的和谐共存,同时也是社区内人与人、人与环境、人与社会的和谐相处。于是,凌云街道于2011年开始,精心设计"凌云生态家"实践项目。项目选择梅陇三村居民区和社区学校作为基点,通过生活垃圾分类回收处理、绿色能源使用、低碳创新屋、种植体验基地、生态多样性校园等建设,进行"凌云生态家"的实践探索。

二、举措·机制

(一) 创设生态环境,从概念生态到体验生态

如何让"凌云生态家"成为看得见、摸得着并能去体验的平台? 街道从硬件环境的创设做起,为居民营造一个身临其境、生动有趣的生态学习氛围,从感官层面对居民科普"生态"。如社区学校的"低碳创新屋"集中展

示了十多种家庭低碳节能技术;中心展厅介绍了中国民居中的生态智慧和英国零碳建筑,以及生活垃圾微生物处理技术和节水科普展示。面积达500平方米的梅陇三村种植基地绿意盎然,光伏庭院灯、LED路灯在社区里随处可见。

低碳创新屋

(二) 设计活动项目,从认识生态到践行生态

为了使居民对"生态"概念从认识层面上升到行为层面,达到外化于行、内化于心,街道精心设计了各种生态教育实践活动,让居民在亲身体验中提高环保意识,践行环保理念。一是垃圾减量行动。包括厨余垃圾制酵素、零废弃卡积分换植物、利乐包装换菜种、废物利用制作工艺品、闲置物品交换等。二是爱心编织行动。组建凌云社区爱心编织社,通过旧毛衣回收重新编织,捐赠给边远地区的孩子和老人。居民们围坐在一起编织的不仅是邻里情、社区情,更是编织友善、编织爱心。三是家庭菜园行动。包括土培、水培、芽菜种植活动及梅园中学"微生态·常对话,小空间·大循环"社校联手活动等。

(三) 开发生态课程,从玩转生态到传播生态

由凌云社区学校开发的"家庭一平米小菜园"活动课程一经推出,就受到社区居民的热烈欢迎。该课程突破了"你教我学"的传统学习模式,学习的课堂不仅在教室里,还拓展到社区学校的生态园区和户外科普种植

专家在云教室给居民授课

基地，更延伸到居民家中，使社区教育的课堂在特定的环境中变得生动有趣。从最初种植萝卜白菜到水培植物种植主题实践；从菌类系列的栽培到芳香植物的种植和应用；从苔藓植物造景到苔藓对小区生态环境的警示，等等。一盆盆泥土、一粒粒种子、一棵棵秧苗、一摞摞果实，共同的种植体验增强了居民之间的沟通交流，促进了邻里之间的互帮互学。"家庭一平米小菜园"种植活动宛如一阵和煦的春风，不仅吹绿了社区的环境，也吹暖了居民的内心，一些"鸡毛蒜皮"的邻里矛盾也在种植的互动交流中不经意地化解了。

（四）培育学习团队，从生态行动到家园自治

项目实施之初，梅陇三村10位热心的家庭主妇自愿组成"绿主妇、我当家"的环保小组，之后成立的民间非政府组织"绿主妇环境保护指导中心"，已发展成为以梅陇三村骨干团队为核心、覆盖18个居委的"绿主妇联盟"。三村居委党组织因势利导，将"绿主妇"学习团队融入自治家园活动中。"绿主妇"议事会产生的正能量，营造了"社区事务大家议，社区事务大家管"的良好氛围。"凌云社区的自治家园建设"成为社会各方关注的热点。2014年7月，时任市委书记韩正到凌云街道进行专题调研时，对此给予了充分肯定。

（五）凌云生态·家文化，从"生活美"走向"生态美"

凌云生态家，从项目设计之初就定位培育社区生态美。追溯历史，梅陇

本是插花之乡。在凌云这方水土上，"家庭一平米小菜园"在水门汀上种出了绿色，演绎出生动的生活美和生态美，"凌云生态·家文化"培育项目在四个小区先行先试。

梅陇三村将低碳小区硬件建设与生态文化小区软件建设相结合，社区环境营造"从门做起"。嘉川路南大门是梅陇三村人车出入的主通道，过去人车混道很不安全。在小区综合改造过程中，多方选比修缮方案，反复征询居民意见，多次民主决策方才拍板定案。如今的三村南大门中式典雅设计，体现小区特色。红李树映衬的月亮门人行道平稳舒适，人车分行、车流通视、安全美观，受到社区居民的称赞。小区内的"生态文化墙"在被填没的"迤逦港"边围墙上重新布置展出，雨巷花伞的格调、三村姓氏文化的呈现、一封家书体现了基层党建与文化的交融。在居民区党总支的带领下，"绿主妇"们通过"走出小家到大家，带着情趣回小家"的行动，提出"梅陇姓氏传文化，迤逦港前种草花，简朴生活美如画，至诚情感连万家"。

梅陇六村将家文化融入"生态梅六"的建设中，根据地域及居民特点，居委会倡导和培育"社区活力，和美奉献"的"梅花鹿"精神。通过原住居民对居住地"老井"的珍爱感情，关注水土生态文化根。从花田、花房到花楼的设计和实践，从苍兰苑、梅花弄、桂花塘等小区小地名的孕育，梅花鹿精神在社区环境营造中得以体现。

华理苑居委通过生态种植活动聚集社区老少一家亲，"夕阳书社"除开展自种蔬菜瓜果慰问孤老的活动外，还学《论语》，修身齐家，寄国学于其中。通过改造居民区活动场所，将原来厌水、远水的环境设成亲水平台，"春华、朝华、兴华"路牌的命名，路路通往华理"后花园"。

梅陇九村的创意"梅园"，更是将小区里一处僵硬而封闭的空间场所，改造成居民尤其是孩子们的世外桃源，盲人和坐轮椅的居民有了自己专属的"秘密花园"。居委充分调动志愿者尤其是小小志愿者的力量，提高小区综合治理水平，通过"植物社交"的光合作用，轻松解决邻里纠纷、高空抛物、环境脏乱等小区问题。

"凌云生态家"通过文化寻根，家道诠释，营造生活和美、身心和悦、家庭和爱、人际和睦、万物和鸣、生态和谐之景象。

三、创新·成效

（一）"凌云生态家"的创新实践，促进了社会管理创新和社区自治

街道积极落实上海市委"一号课题"——"创新社会治理、加强基层建设"的相关精神，积极推进"三社"联动，特别是通过引入外部社会组织和培育内部社会组织两种路径大力推进社区建设。在社区自治方面，发展出了"绿主妇"这一代表性品牌；在社区共治方面，则通过引入上海长三角人类生态科技发展中心等社会组织，与社区学校合作，培育和发展了"凌云生态家"这一以环境营造为切入点的多元共治项目。

以梅陇三村为例。小区以"拆违"治顽症，"实"字当头赢得民心。拆除主干道违章建筑8处，居民天井违章4处，内天井违章6处，盘踞三村小区南大门长达十余年的无证"小店"被拆除。以"建"促民生，旧貌换新颜。综合改造共惠及38幢楼，10.8万平方米，完成"平改坡"，改造36个内天井，惠及居民444户。在目前正进行的生活垃圾分类回收"梅三模式"的实践探索中，"绿主妇"携手上海长三角人类生态科技发展中心、上海睦邦环保科技公司、中国天楹股份有限公司、天宁电机等一些致力于垃圾分类减量的企业和社会组织，建立起梅陇三村垃圾分类"全品回收联盟"。从旧垃圾库房改造到智能垃圾分类桶安装；从可回收物定点定时专人回收到环保便民服务站的建立；从宣传引导居民干湿分类到家庭厨余源头分类回收的实践探索。三村联动企业和社会组织，以"互联网＋源头分类回收"的运作模式，打通生活垃圾回收利用回路，建立分类、回收、分拣至再利用的新体系。上海长三角人类生态科技发展中心在小区33～36号居民楼前设置的垃圾回收站，开展了家庭厨余废弃物的源头分类回收试点。2017年7月到9月，不论酷暑风雨，每天上午7—8点、下午5—6点，由长三角人类生态科技发展中心的老教授与中学生、大学生志愿者、睦邦企业员工轮流值班，百户居民共计正确投放1 500余次，还吸引了其他楼道和小区居民的积极参与。通过将厨余废弃物喷洒有益菌液防腐臭、破碎加工、装桶封存，再把初步加工的"厨余宝"送到"场社对接"的跃进农场肥料厂制作高级生物有机肥菌肥，农场再用它作为蔬菜大棚的"专属肥料"种植有机菜。这个过程使家庭厨

余变成了宝，真正打通了家庭厨余再利用的回路。当先行支部党员和社区学员代表到蔬菜大棚亲自采收施用"厨余宝"菌肥种出来的绿色健康菜的时候，感慨万千。这一实践真正实现了变废为宝，居民回收厨余资源的习惯在逐步养成。梅陇三村垃圾分类"全品回收联盟"从2017年5月建立以来，覆盖2 369户人家，涉及38栋楼，参与分类注册的有1 038户，平均注册率为44%，目前活跃投放率最高的楼栋达到48%，平均活跃投放率达到27%。

（二）"凌云生态家"孕育了"绿主妇"

"绿主妇"的成功实践，不仅重塑了社区的"绿色文化"，更是提供了在社区中开展环境营造的经验，聚集了各种资源。梅陇三村的"绿主妇"影响和带动了整个凌云社区，街道20个居委成立了"绿主妇"分队，建立了"绿主妇联盟"。作为联盟成员的"绿主妇"分队，分散在社区各个居委有组织地开展活动。目前，20个"绿主妇"分队领袖在培育产生，5 000多户居民领取了垃圾减量"零废弃卡"，坚持常年进行垃圾分类。据不完全统计，2017年1—9月"绿主妇"分队进行的"利乐包及杂塑"两类回收物累计20 400公斤、旧衣物回收累计13 299公斤。8个"绿主妇"分队成立了"爱心编织"社，参与多项公益慈善活动。"绿主妇议事会""绿色循环超市""废旧物品创意制作小组""芽菜种植公益服务队""环保酵素坊""一米绿阳台"等多个项目在社区自治中发挥了积极作用。

"绿主妇"的成功实践主要基于三个方面：一是有一支以家庭主妇群体为核心的团队；二是把握了社区环保的核心需求；三是科学的项目设计，保证了活动的可持续性。

（三）"凌云生态家"培育出多个"社区一平米小菜园"生态社区营造项目

目前，凌云街道的14个居民小区都有一个"社区一平米小菜园"，利用居民区边边角角的微空间，诸如梅陇三村居委的"种植体验园"、梅陇七村居委的"生态园"、华理苑居委的"汇萃苑"、梅苑一居的"种植园"、梅陇十一（1）居的"百草园"以及和平居委的"青少年绿植科普园"，等等。虽然它们的名称各不相同，但都是社区治理的土壤中生长出来的绿茵，它们也源于凌云生态家的"家庭一平米小菜园"生态社区营造项目。它是以社区居民喜爱的蔬菜种植为基础，一边设计、一边实践、一边建立的社区家庭微空间种植的课

"一平米菜园"种植活动

程。其内容包括：家庭阳台和社区微空间蔬菜及相关植物的科学种植及应用、蔬菜科学烹饪、蔬果艺术插花与创意、家庭与社区空间微更新等。依托上大美院和上海农科院的专业指导团队，学习的课堂在社区学校的生态教室和各居委的"社区一平米小菜园"。与此同时，街道建立了凌云"菜园坊"（www.green100.cn）网络学习平台，将社区居民自己写的"种植日志"在互联网中得以保存，将社区居民对种植的热爱以及从种植获得的成就感和幸福感通过互联网与更多的人分享。

（四）有效吸引社区居民参与社会治理，让居民"走出小家到大家"

"凌云生态家"通过在社区中开展一系列契合社区特点的自治项目，有效地吸引了社区居民参与到社区治理中来，实现了让居民"走出小家到大家"。

2015年4月，街道提出"凌云生态·家文化"培育项目。该项目以生态为切入点，以建立家园共同体为目标，在凌云这方水土上，探寻家的渊源，融合家的温暖，培育家的文化。梅陇三村的"家谱寻根活动"让许多居民把"家"找了回来；梅陇六村的"二十四节气活动"融合了东西两厢居民，建立了社区"大家庭"；华理苑的"小老人帮老老人"活动让社区亲如"一家人"；梅陇九村的创意"梅园"，通过"植物社交"的光合作用，轻松解决邻里关系；"爱予绘本屋亲子活动"聚集了年轻的"一家门"；社区学校"艺术家庭日"活动，让社区年轻的爸爸妈妈带着孩子参与到社区艺术生态建设中来。

以"爱予绘本屋"为例。"爱予绘本屋"是梅陇三村居民"爱予妈妈"为凌云社区0～10岁儿童创办的儿童绘本馆。2014年6月向周边家庭开放，目前有80多户家庭成为常年会员。绘本屋每月定期举办故事会和亲子活动，常邀请童书作者、编辑和阅读推广人来社区举办亲子阅读指导讲座。过去三年,绘本屋累计举办公益故事会500余场,大型亲子故事活动100余场,涵盖传统文化节庆、自然环保、生命教育、情商亲情教育;也举办过各种科普参观、崇明农场生态游、为大别山儿童筹集图书、智慧妈妈动起来等主题活动,惠及社区200多个家庭。"爱予绘本屋"立足凌云社区,带领年轻阅读家庭走进社区大家庭,参与"绿主妇"、"凌云生态家"、社区学校以及青少年活动中心举办的公益活动,阅读家庭成为社区公益的支持者和参与者。绘本屋逐渐成为年轻家庭融入社区生活的一扇窗口。

四、启示·展望

在"凌云生态家"的基础上,街道提出"凌云生态·家文化"培育项目。社区可持续发展的趋势是文化可持续,关键是适一方水土,按特色定位。

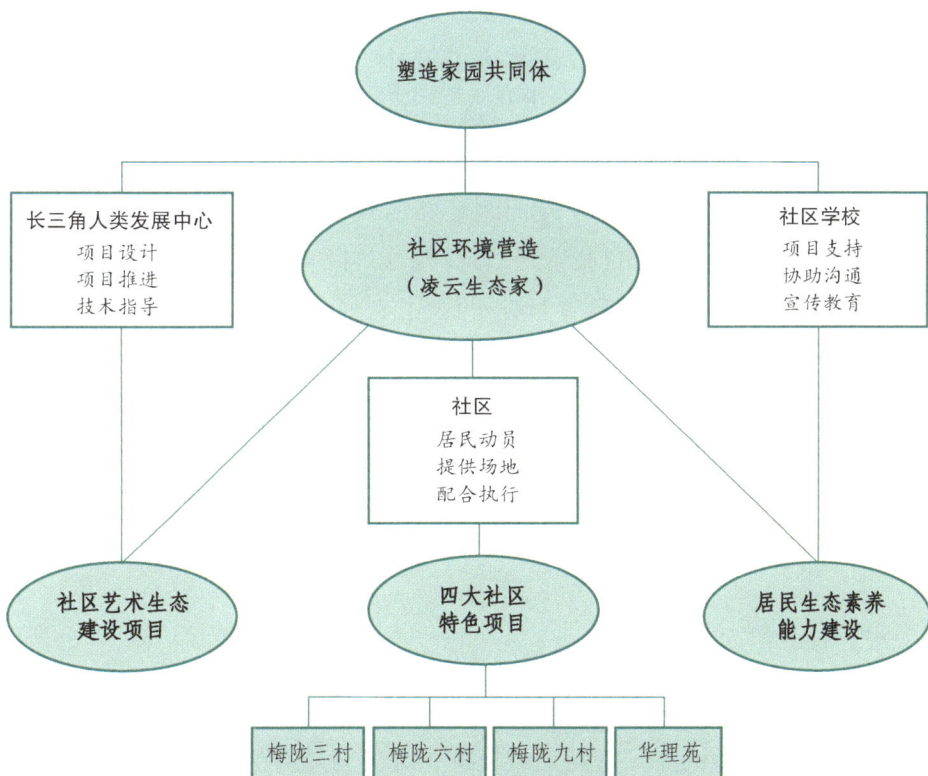

凌云生态家共治框架

"凌云生态·家文化"培育项目，正是契合了政府通过提升社区文化以满足居民自治的需求，也满足了社区居民对历史文化寻根的需求。

社区环境营造是"凌云生态家"的切入点，但是并不意味着这个项目在各个居民区都是标准化的。共治项目要得到社区居民的支持和欢迎，必须与社区的特点相契合。为此，在梅陇三村、梅陇六村、梅陇九村和华理苑四个居民区乃至更多的居民区，根据不同人文特点开展的各具特色的项目就是一种新的实践探索。

旧貌换新颜：小区垃圾源头分类治理

一、背景·缘起

虹梅街道惠工新村小区（下称惠工新村）建于1994年，共有184户，原为上海惠工缝纫机厂支内回沪人员宿舍，由于多种历史原因，无法办理房屋产证，导致小区无产权、无物业、无业委会。惠工新村家属委员会从1996年起暂时负责管理小区。2013年，组建新一届自治管理小组（下称自管小组），希望依靠居民，实行自我管理、自我教育、自我服务、自我监督。自管小组的成员主要由热心公益事业且在小区内有一定的影响力、退休前曾是单位骨干的人员组成。基于2015年8月起在惠工新村推行的"绿色账户"工作推进良好，在街道和居民区党组织的引导支持下，惠工新村和自管小组借此契机，通过小区综合治理，利用垃圾源头分类、库房定时开放等措施，创建了"垃圾源头分类示范小区"。同时也形成小区自治管理特色，通过自我管理提升了小区新貌。

二、举措·机制

"垃圾源头分类示范小区"的荣誉获得不容易，主要在于垃圾分类本身存在非常多的不确定性，特别是垃圾源头分类与现有的垃圾收运体系存在不可调和的矛盾。为方便居民及时投递垃圾，减少高空抛物，目前普遍的做法是居民楼前配置垃圾桶,由小区垃圾收集保洁工统一收运到垃圾房。而垃圾分类一方面需要根据垃圾分类情况配备合适的、多样的垃圾收纳桶;另一方面则需要保证垃圾分类小区全覆盖。简单来说就是要设计垃圾分类标准,监督居民及时准确投掷垃圾。这样一来,需要科学设计垃圾分类,变分散布置垃圾收集桶为次集中收集,实现垃圾投掷的定时监督。而虹梅街道惠工新村小区在实施过程中,自下而上摸索出与理论基本一致的方法和措施,有力保障了垃圾分类的持续推进。

（一）抓住"五违四必"契机,顺势推动小区综合治理

2016年开展的小区综合治理工作以违章拆除、环境整治为重点,自管小组通过广泛征求意见,认真梳理小区亟须解决的治理难点,并与街道积极开展协商,共同制定了综合治理实施方案,后又广泛与居民沟通,做好宣传解释工作,并发起自觉遵守《上海市文明居住行为规范》,养成文明居住习惯,按时足额缴纳物业费,积极参加小区公益服务活动,共建"美好家园"的承诺活动,得到居民们的广泛响应,并在承诺墙上签名承诺。通过努力,拆除了22处违章天井,清退外来违章建筑借住人员2人,整修了小区绿化和活动室,完成了垃圾库房的规范化建设,使居民直接获得环境质量提升带来的好处。随后,在街道和居民区党组织的提议下,结合小区综合治理工作,推进垃圾分类试点,打造出具有自治管理特色的小区。

（二）积极部署垃圾分类、广泛宣传发动居民参与

2016年9月底,党支部召开全体居民大会进行宣传动员,组织志愿者参观徐浦垃圾转运基地,深入了解垃圾收运、中转过程。同时,组织垃圾源头分类志愿者入户宣传,向居民们发放分类手册和入户小礼品,解释垃圾四分类及干湿垃圾简单分法。通过发放《告居民书》,获得居民

小区垃圾源头分类活动宣讲会

小区垃圾分类知识宣传墙和居民交流箱

支持。而垃圾源头分类启动仪式的举行，又从仪式上督促居民参与到垃圾分类中，通过手把手指导垃圾如何正确分类、实施垃圾库房定时开放（7：00—10：00，17：00—20：00），以及利用绿色账户等措施，激励和提高居民垃圾分类的自觉性。

（三）加强核心团队建设，定时监督指导居民分类实践

组建了包括36人的"绿荫社"志愿者自治组织，通过轮流排班值守，定时做好库房管理和引导居民投放垃圾等工作，特别是库房关闭期间的劝导。针对个别外来租户流动性大，不了解分类规则等问题，有针对性地调整值班时间，使得居民们逐步适应了垃圾库房定时开放模式，引导居民自发进行破袋和细化分类，逐步养成规定时间段投放垃圾的习惯。

（四）借助低值垃圾回收补贴公益，构建双向沟通自治管理组织

为加强垃圾分类成效，"绿荫社"的志愿团队推进实施低价值回收试点，将塑料、玻璃、铝管、纸箱等低价而可回收利用的垃圾回收，且每次回收量均上墙公示，回收金额全部贴补小区自管自治资金，这样既达到了分流垃圾，又解决了部分居民的垃圾出路问题。

问需于民，才能找到痛点；问计于民，方能找准发力点。惠工新村通过设置小小"交流箱"，收集来自小区住户的心声，除当面沟通、电话联系等方式之外，增加了一个居民反映诉求、提出意见建议的途径。为了做好来信必有回，惠工新

"绿荫社"志愿团队实施低值垃圾回收活动

村自管小组成立信件收集组，每天定时收集来信，并根据来信反映的内容进行分类和跟进。对于感谢信和肯定成绩的信件，会在当天及时联系居民，对居民的关心和支持表示感谢；对于提出意见或建议的来信，居委两委班子和自管小组开会研究后，尽量在三天内给居民回复，并进行跟进回访。通过快速发现、及时研究、件件回复的反馈机制，切实提升居民的参与感和满意度，形成一种双向互动的良性循环，不断提升惠工新村小区的治理水平。

三、创新·成效

（一）居民自治意识得到提升，凝聚力逐渐增强

小区管理短板的直接原因是小区产权问题的悬而未决，而多次上访问题未解是造成前期混乱的主要原因。但从家属委员会的建立，到自管小组的成立，再到小区综合治理和垃圾分类等一系列问题的解决和实践的创新，使得居民们有了很好的获得感，对于历史遗留问题的解决也更有信心。实践证明，正是由于党员带头、骨干示范、群众参与，才能顺利推进小区自我管理的各项重大工作，只有自我管理的工作做到位，才能争取政府相关部门的更多支持和帮助，从而更有能力提高小区的居住环境。

（二）居民自治的模式得到固化，形式多样为人羡慕

惠工新村内的大小管理事务均由自管小组牵头解决，自管小组事实上履行了业委会的职责。在物业托管前，居民志愿者承担了物业管理的工作，这一模式是惠工新村开展自治管理的基础。随着物业托管的实施以及自治管理的项目化，惠工新村"三驾马车"的基层治理框架已经构建完善，社区动员能力和自治团队的力量也不断提升和完善。在小区自治管理中，居委和自管小组积极推进21号和22号两个特色楼组建设：在21号居民楼内，居民赵根来用自己的字画布置楼道，形成"画意楼"；而在22号居民楼内，喜欢养花种草的楼组长在楼道内摆放了很多绿色植物，构成了"绿意楼"。两个楼组各自组建志愿者队伍，主动给字画擦灰、给植物浇水，认真做好维护管理工作，整个楼道其乐融融。经过居民们的一番布置，整洁、靓丽的楼道引来小区其他楼栋居民的羡慕和称赞，其他楼道的环境整治工作也变得容易起来了。

（三）环保和公益理念深入人心，绿化环境逐步展示

通过实行垃圾分类及相应的公益讲座，使得居民们明白垃圾分类可以减少垃圾中有害成分污染环境；可以充分利用现有物资，减少对自然资源的索取，避免对自然生态平衡的破坏；可以创造优美的社区环境，让生活越来越美好。垃圾的科学处理，关系到广大居民的切身利益，也关系到人类社会的未来发展，从而有效地激发了居民们爱护环境、保护生态的积极性和主动性，从而更好地推动小区公益环保理念和文明风尚的营造和宣扬，形成良性循环，推动小区环境的不断优化。

四、启示·展望

（一）熟人社区是开展自治管理的基础

惠工新村小区的居民，基本都是原惠工三厂的职工，有着相似的工作和生活经历，彼此之间有着更深层次的感情，且小区户数不多，居民变化不大，文化层次也普遍不低，属于典型意义上较成熟的熟人社区。这是垃圾分类实施的重要基础，也是社区垃圾分类推行前需要完成的社区熟悉文化建设的重要一步。自管小组成员，多是原惠工三厂的骨干人员，在号召力和威望方面也有着扎实的基础，使得惠工新村自管小组在居民动员、民意汇总、矛盾协调等各方面的小区管理事务中，都体现了较强的协调和处置能力，居民自治管理的各项工作得以顺利实施。增强居民小区邻里乡情，是推进自治管理的基础。

（二）意见和问题的及时处置是开展自治管理的保障

对于小区管理事务，居民总会有不同的意见或建议，如何消除矛盾和冲突是关键的一环。在这方面，除了街道和居委积极开展工作外，自管小组组长也尽心尽责，通过设立意见信箱和意见信件收集组等方式，广泛听取居民意见和建议，并能以民主公开的方式及时妥善处置，从而赢得居民的信任和尊重。

总的说来，小区的垃圾分类处理紧紧抓住小区为熟人社区的特点，构建了有威信、有技巧的强有力组织，抓住"五违四必"的契机，结合小区综合治理，重点推进垃圾分类试点。分类目标明确、使用方法得当，以定时开放垃圾库房为核心，围绕垃圾投掷过程做动员和宣传，定时监督，推进过程有细

节、有动员、有仪式,工作细心、管理得当,且能够抓住需求,接管部分居民不愿意做或者没有积极性的工作,对低值垃圾进行集中回收,用于公益事业,处理了居民的闲杂物,使得居民能够以点带面,看到小区的进步;同时,逐步完善了基层治理框架,保持渠道畅通,兼顾各方利益,使得居民有依靠,有合适的途径来反映诉求。组织工作扎实有效,没有花架子,能够充分发挥小区特点,从垃圾分类推进到特色楼组建设,步步推进,工作有提升,强化了居民的获得感。

"绿主妇":环保"小"组织的"大"能量

一、背景·缘起

凌云街道梅陇三村位于徐汇区西南部,是20世纪90年代初建成的老公房小区,共有居民2 355户,常住人口6 500多人,以动迁户为主,人员结构复杂,利益诉求多样,素质参差不齐,环保意识欠缺,是远近闻名的"垃圾村"。为有效扭转小区混乱的局面,提升基层居民自治组织能力,居民区党总支以2010年世博会为契机,以推进共同关注、人人皆可参与的"绿色、健康、低碳、环保"生活为目标,逐步引导、培育、扶持"绿主妇"居民自治组织的不断成长,使之成为社区自治工作的中坚力量。在此过程中,小区也从"垃圾三村"蜕变成名副其实的"花园村"。

二、举措·机制

"绿主妇"居民自治组织的孵化和发展,起始于环保问题,后延展至小区的多样需求上,借助于专业的外界力量和规范化议事方法,有序引导小区自治意识的提升、服务内容的扩展和组织架构的完善,最终实现"绿主妇"组织的规范化和品牌化。

(一) 抓住环保契机,培育自治意识

2010年,上海市世博会的顺利举办,环保理念也顺势传递到普通社区和

"绿主妇"垃圾减量回收日活动现场

居民身边。梅陇三村几位家庭主妇看到了世博椅等相关绿色环保作品后，也希望能够身体力行地推动绿色环保理念的传递和实施。经过一段时间的酝酿，在党总支的推介和组织下，2011年初，由10多名家庭主妇组成的"绿主妇、我当家"低碳环保自治行动小组应运而生。党总支、居委会一方面通过提供活动场地、资金等物质支持，并邀请环保专家向"绿主妇"传授生活中的低碳技术和理念，带领"绿主妇"走进上海植物园、环境科普教育基地等地参观学习，与多个公益环保组织沟通交流；另一方面发动"绿主妇"们，用回收来的废旧塑料和利乐包装设计制作成手提袋、围裙、遮阳帽等生活物品，以此宣传、影响和带动更多居民的参与。在时间上，也逐渐将每月最后一个周四固化为梅陇三村垃圾减量回收活动日，"绿主妇"们纷纷上阵，利用智能终端"零废弃回收卡"对每户家庭的回收量进行记录、跟踪和管理；居民们则可利用回收卡中的积分，换取环保再生品。这种环保行动的实施，使绿色低碳成为共同话题，也进一步增强了邻里亲情。

（二）凝聚邻里亲情，丰富自治项目

垃圾减量回收活动初见成效后，2012年初，党总支把握住市妇联筹划开展的"家庭阳台一平米小菜园"（以下简称"一平米小菜园"）种植活动的契机，将种植活动落户三村，先由"绿主妇"和小区花卉小组成员组成核心团队进行试种。"绿主妇"工作室正式注册为"上海徐汇区凌云绿主妇环境保护指导中心"民间公益组织。

"一平米小菜园"种植活动开展后，一些"鸡毛蒜皮"的邻里矛盾在种植的互动交流和无限乐趣中也被不经意间化解，特别是通过"一平米小菜园"活动，居委有意识地引导居住底楼的老人们加入种植行列，"绿主妇"们再跟进指导，从而扭转了以往常在公共绿地上种植小葱和大蒜等行为，解决了侵占公共绿地且因种植引来的蚊蝇问题，老人们转而喜滋滋地看管好自家既可观赏、又可食用的"小菜园"，有效解决了邻里矛盾。

"绿主妇"们不仅传授种菜技术要领，还有意识地劝导居民共同爱护小区的公共环境。针对宠物随地便溺问题，"绿主妇"在与党总支、居委会商量之后，牵头组织了"宠物沙龙"，与华东理工大学的志愿者们携手举办宠物饲养知识讲座和方法交流会，得到小区居民的积极响应。通过开展文明养宠标语评选、文明饲养约定活动，小区环境逐步改善。

随着"一平米小菜园"项目成效逐步显现，以"绿色环保"为主题的"绿主妇家庭微绿地""绿主妇家庭有机芽菜种植"等活动也逐步推广。"绿主妇编结聊吧"则为主妇们边织边聊提供了好去处，先后向小区的独居老人们赠送了200多件过冬衣物。2012年秋冬

向大别山贫困孩子捐赠仪式

时节，"编结聊吧"升级成为"绿主妇爱心编结社"，人数增加到70多位，开始向贫困地区儿童捐毛衣。爱心妈妈的善举引来了社会各界的关注。

（三）完善组织架构，助推小区自治

项目的落地推出，使得居民有很大的获得感，也看到了成效，"小区是我家，建设靠大家"的自治理念逐渐深入人心。在此基础上，党总支和居委会顺势成立了"绿主妇"议事会，通过"绿主妇、我当家"行动小组以及"绿主妇"工作室旗下的团队和组织，引导居民融入小区"大家庭"：参加居代会、小区事务联席会、听证

"绿主妇"议事会

会、妇女代表会等自治会议，让居民在社情民意交流平台、小区需求受理平台、小区矛盾调解平台、小区问题处理平台等自治载体上发挥重要作用。

作为党总支、居委会的左膀右臂，"绿主妇"议事会先后解决了涉及小区管理、维稳、硬件建设等多方面的老大难问题。比如，针对小区居民晾晒衣物影响环境问题，"绿主妇"们不仅参与征集意见，还提出了晒衣架布局的优化方案。目前，小区内修建了两处晒衣场，安装了140多个统一的晒衣架，既解决了底楼居民晾晒衣物的困难，又改善了小区的环境。此外，在小区太阳能照明系统的布局、分类垃圾桶的设置、绿化护栏的建设、环保宣传牌的设立等方面，"绿主妇"们也都发挥了聪明才智。

截至2016年底，徐汇区"绿主妇"志愿者人数有5 000余名，仅梅陇三村就有80%的家庭不同程度地参与了自治家园的各种活动，先后举办、承办了"药箱进万家——上海社区示范宣传活动""绿色消费我先行——垃圾减量在行动"等各类活动380余次。在党总支、居委会的引导下，"绿主妇"们还将关注点延伸到更多的公益项目上，与凌云社区学校联手开展青少年绿色环保教育，举办了"凌云生态家——青少年·社区家庭半日营"等一系列活动，共吸引了4 500余名青少年参与。面对小区内的老年弱势群体和智障青年、伤残疾病患者家属，"绿主妇"们也及时帮助他们解决家庭纠纷和经济补助事宜。

徐汇区创建全国文明城区活动也得到了"绿主妇"们的积极响应，以"文明楼道"创建为载体，利用"邻家阿姨"身份，与居委干部们分组对违章安装铁门的居民做思想工作，以真诚和耐心赢得居民们的理解、配合与支持。2015年，梅陇三村不仅清理了85扇违章搭建的铁门，"绿主妇"还通过评议的方式，创建了"尊老爱幼""科普楼组""生态楼组""温馨楼组"四个"特色楼道"。

三、创新·成效

（一）政府组织架构方面，提供了基层党组织领导下社区自治组织构建方式

通过坚持党建引领和社会组织发展有机结合，逐步形成了以居委会为

支撑、"绿主妇"议事会为主导、居民自我教育、民主管理、互助前行的良好自治格局,形成了基层党组织领导下的社区自治工作。而这个过程起步于环保行动,并扩展到小区自治工作的方方面面,注重党组织的引领作用和党员的表率作用,不仅满足了居民对个体价值的追求,而且实现了居民区党建、管理服务网络与居民自助互助体系的有效衔接,使自治资源得以充实和整合,自治功能得以深化和拓展。

(二)社会影响方面,有效发挥了"绿主妇"的品牌效益,扩大了民众参与力度,弘扬了公益精神

现代社会的绿色环保、随手公益等主题,契合和提升了居民参与的荣誉感和自豪感,得到了居民群众的积极响应。"绿主妇"环保活动已有41个"绿主妇"联盟成员单位,影响辐射到闵行区、静安区等多个区域。"绿主妇"们通过参与丰富多彩的自治项目,不仅增添了生活情趣、美化了生态环境,也提升了文明素养、奉献了无私大爱,更拉近了人们心灵的距离,升华了邻里守望的真情,有效地推动了生态文明建设,促进"熟人社会"的形成和邻里关系的和谐。2012年至今,参与垃圾减量回收活动的居民超过19 270户次,实现生活源头垃圾减量超过300吨,参与"一平米小菜园"的居民超过11 000户,"绿主妇"们编织的爱心衣物有10 000多件(套),形成了女性为主导、激活一个家、扩散到楼组、联动全小区的辐射效应。2015年,凌云"绿主妇"志愿者团队先后获评中宣部"全国十个最美人物之节约之星"荣誉称号以及第四届"感动上海年度十大人物",得到了社会各界的充分肯定。

四、启示·展望

(一)项目推陈出新是"绿主妇"受欢迎的关键因素

"绿主妇"积极跟踪社会组织的前沿发展,根据梅陇三村的实际情况,持续推出一批受群众欢迎的环保公益项目。围绕创建上海市低碳社区目标,在家庭个人堆肥和集体堆肥的基础上,探索了全小区厨余垃圾生化处理方法;针对社区老年人群多的特点,延伸"绿主妇"活动项目,建设小区10分钟养老服务圈,为80岁以上、行动方便的独居老人提供吃、住、娱乐等日间照料服务;结合"爱心"编织和"变废为宝"环保手工制作社区公益项目，鼓励引导更多居民参与爱心编织和环保制作，也有意识地扶持培育一些公益类社会组织，放大品牌效应。

（二）内生型的组织属性使"绿主妇"无缝对接居民需求

居民区书记尚艳华兼任"绿主妇"环境保护指导中心理事长，核心成员兼任居委会干部，招聘的人员也来自凌云社区，对居民区的情况、项目设计、群众发动和社区领袖培养路径熟悉。积极把握环保的紧迫形势和梅陇地区种植的渊源，锁定生态环保的主题，极大地激发了社区参与的活力，成为撬动居民参与的重要模式。

（三）品牌社会组织的支持提升了"绿主妇"的影响力

"绿主妇"坚持社会多元参与、社会共治与居民自治良性互动的工作理念，引入北京地球村环境教育中心、万通基金会等社会资源以及社区学校等力量，得到小额资金和项目指导等支持，实现了从"绿主妇·我当家"低碳环保行动小组到"绿主妇"工作室，从工作室到"凌云绿主妇环境保护指导中心"，再发展到"绿主妇"议事会，"绿主妇"群体如滚雪球般不断扩大。

（四）坚持规范化建设促进了"绿主妇"健康持续发展

一是加强"绿主妇"活动运作的制度化建设。改变"绿主妇"活动的"阿姨妈妈们"模式，加大与大华医院等志愿者团队甚至港澳台公益组织的交流力度，推动"绿主妇"活动逐步规范化、制度化。二是加强社区公约等制度化建设。将"绿主妇"自治中好的做法逐步制度化，在更大范围内引导、推动社区形成更多居民共同遵守的居规民约。三是加强"尚艳华工作法"制度化建设。不断对尚艳华工作法进行总结提炼，形成书面经验制度，进而加以推广。

总的来说，梅陇三村"绿主妇"居民自治工作的顺利推进，关键在于能够找准问题，将问题既落到具体事宜上，又用具体事宜凝聚邻里亲情，使群众有获得感；而组织的积极介入，又将自发行为逐步规范化和制度化；居民自治组织立足于环保，又延展到其他居民急需的事务上，如关心老人、公共照明等，通过推进多姿多彩的生活，更加凝聚人心，成为一个小区及周边地区的品牌，从而又融入更多的内涵，成为居民可以依靠的品牌；适时引入外界力量,提升组织能力,积极主动规范"绿主妇"发展,使得该组织的功能性和目的性得以加强。因此,内生型组织的发展,关键在于用好有闲而有能力的人,想人所想,建立平台,推动发展,居民获益,凝聚人心,做成事情。

案例评析

生态文明、生态城市、宜居城市、生态园林城市等是中国城市发展的理论依据和主要目标。城市生态环境精细化治理是城市发展的主要途径,城市生态化治理包括政府政策法规的制定、治理技术的综合优化、社会各阶层的积极参与,从生态文化、生态政策、生态技术、生态管理、生态社会等几个方面综合治理。

"精耕细作:打造'会呼吸'的生态城区"案例,是针对特大城市中心城区公共绿地率普遍较低的现实,通过推广林荫道、立体绿化、共建共享绿地等手段,优化了绿地空间布局,提升了绿地生态效益,满足了居民休闲需求,提升了城区文化品质,形成以下模式和特色:第一,林荫道精细化养管模式。在林荫道规划和建设上,形成建设和管理的精细化方案,成为上海市林荫道示范地,形成生态文化型林荫道、生活型林荫道、商业文化型林荫道等模式,建立树木档案,形成综合性养管技术体系,并在全国推广,成为上海市林荫道的示范名片。第二,绿地共享模式。与城区内商业、教育等单位的绿地共建共治共享,形成共享绿地的建设模式,针灸式打造形式多样的街心花园,提升了绿地的有效供给,优化了绿地的生态功能,方便了居民使用。第三,多维绿化模式。与产业园区密切合作,推进屋顶绿化、墙面绿化、窗台绿化等立体绿化建设,形成"工作型新型社区"和"温馨家园"。探索园区与社区生态融合、屋顶绿化和地面绿化多维共生。探索特大城市人口密集中心城区绿化空间有效供给和生态文化价值系统提升的新路径和新模式。

对于"生态修复:河长制下的中小河道精细化治理"案例,上海市区中小河道黑臭问题往往是多因素多时段积累导致的,以往也进行过中小河道黑臭治理，但根治的不多，常常造成反复。为彻底解决此问题，2016年，上海市开展中小河道水环境综合整治，春申港由于存在沿河环境脏乱、垃圾乱弃乱倒、生活污水直排入河等现象，底泥富营养严重，黑臭段河道长1 970米，沿线居民饱受其苦。因此，春申港被作为典型案例进行综合治理。经过一年多的治理后，在2017年8月"上海发布""上海水务海洋"公众号组织的河道整治成果评选活动中，春申港获得"最佳河道治理奖"，水体稳定在Ⅳ类。春申港在治理过程中形成以下创新管理模式：第一，组织管理创新模式。① 落实河长制，建立健全河长考核问责机制，将河长制实行情况纳入各级部门考核范围；② 与上下游河长办互联互通，形成有效的沟通对接机制，形成"上下游一盘棋"的治水格局；③ 加大区域水环境的协调力度，如生态补水、市政排水、污水处理、泵站调度、小区雨污等协调管理力度，以水环境优化为目标，统筹科学治理；④ 鼓励公众参与，推出"徐汇河长"微信公众号，与"梦之蓝"华理社工团队共同开展"河你一起大闯关"活动，与区教育局、区青少年活动中心联合实施"小河长"365——青少年水资源教育课堂，引导青少年关心水环境，关爱水资源，共同参与保护水生态活动。第二，技术综合集成创新模式。建立了"源头减量—过程治理—末端修复"三位一体的综合治理模式，具体采取"水岸联动+清淤疏浚+控源截污+生态修复+环境提升"相关技术，通过水岸联动、控源截污根除污染来源，清淤疏浚是清理河道内生污染源、链接循环通路，环境提升有效联通水陆生态系统，通过生态修复建立河道水生生态系统，达到水体生态系统平衡和自我调节、自我修复的治理目标。第三，长效管理创新模式。建立长效管理机制是河道治理的根本，建立科学监测体系，深化、固化水务—环保—城管三方联合执法；建立河道排放口登记—巡查—处置监管机制，落实水质动态监测、环境及违法违规排放口监管、河道巡查管理养护、水环境宣传护河志愿者等管理措施；建立河道设施养护与水体生态维护相结合的考核养护新模式，推动水利养护工作从单一设施养护向水环境综合改善方向转变；建立河道水体环境突发事件应急处置体系,实现长效管理。

　　"凌云生态家:共建绿色宜居家园"案例,针对城市中普通大型社区人口复杂、社区设施一般等状况,如何提升此类社区的文明文化氛围、安全健康环境、互助协作组织,是我国此类社区目前精细化治理的难点。凌云街道通过"凌云生态家"实践项目,选择梅陇三村居民区和社区学校为基点,通过生活垃圾分类回收处理、绿色能源使用、低碳创新屋、种植体验基地、生态多样性校园等建设,进行"凌云生态家"的实践探索。形成社区自治的"三社联动"新模式:引入外部社会组织和培育内部社会组织两种路径大力推进社区建设。在社区自治方面,培育发展出"绿主妇"这一代表性品牌,建立了"绿主妇联盟",从社区"一平米小菜园",到凌云"菜园坊",从厨余垃圾肥料制作到"低碳创新屋",从垃圾减量"零废弃卡"到垃圾分类管理,充分发挥了"绿主妇联盟"的自治作用;在社区共治方面,则通过引入上海长三角人类生态科技发展中心等社会组织,与社区学校合作,培育和发展了"凌云生态家"这一以环境营造为切入点的多元共治项目。该项目以生态为切入点,以建立家园共同体为目标,探寻家的渊源,融合家的温暖,培育家的文化,契合了社区政府通过提升社区文化达到社区自治的目标,也满足了社区居民对历史文化寻根的需求。

　　"旧貌换新颜:小区垃圾源头分类治理"案例中,不仅有前期关于垃圾分类治理的舆论教育,更有法律规章制度的依靠和指导。环境问题通常采用由上而下的"命令—执行"形式,因存在利益诉求和有力的监管,这种形式对于工业源垃圾的控制和管理具有重要作用,而对于社会源垃圾,则影响相对较小。但自上而下的形式又是垃圾分类治理中不可或缺的切入点。只有将政府重视垃圾治理的理念,传递并转变到重视公众、企业的垃圾减量化行为上来,才能将垃圾分类落到实处。而且要牢记垃圾分类的个性化和差异化,在贯彻垃圾分类问题中,需要"问需于民,问计于民",实事求是,通过寻找痛点、找到出路等,形成双向互动的良性循环,提升小区治理水平。在该案例中,以2016年小区综合治理工作的推进为切入点，使这一良性循环在垃圾分类中得到良好的体现。同时，在垃圾分类设计过程中从基层、第一线获得分类的基础数据，循序渐进，最终获得可喜的分类结果。

在法律框架的基础上，发展和依靠强有力的基层组织，是实施精细化治理的重要一步。比如"'绿主妇'：环保'小'组织的'大'能量"案例中的"绿主妇"议事会和"惠工新村垃圾分类"案例中的"绿荫社"志愿团队等，通过这些团队和组织的工作，将"环境问题的外部性"逐渐向"责任主体的内部化"转变。在垃圾分类治理的过程中，依靠居民从内心深处激励自发的参与，而非靠行政命令，比如在"旧貌换新颜：小区垃圾源头分类治理"案例中，从宣传开始，看到落到实处的好处，产生信任感，通过团队建设，利用"绿荫社"志愿者自治组织，能够长期轮流值守，定时开放垃圾桶，既有监督，又有宣传，更有明确的实施方案，使得整个过程中无一遗漏，做到全覆盖。对于公共事务，必须做到全员无一例外，才能产生正效应，否则坏榜样会破坏前期的投入和进展。利用定时开放垃圾房、破袋并仔细分类，从而形成良好的投放习惯。而低价值回收试点工作，既将居民家中有限的空间进行有效的腾空，又解决了末端垃圾的组分复杂性，从而形成双赢局面。

PART 4

服务优化篇

引　言

在社会主义市场经济条件下，做好公共服务，是全面正确履行政府职能的一项重要内容。党的十八届三中全会提出，政府要加强各类公共服务提供，加大政府购买公共服务力度。党的十九大报告指出："要抓住人民最关心最直接最现实的利益问题，既尽力而为，又量力而行，一件事情接着一件事情办，一年接着一年干。坚持人人尽责、人人享有、坚守底线、突出重点、完善制度、引导预期，完善公共服务体系，保障群众基本生活，不断满足人民日益增长的美好生活需要，不断促进社会公平正义，形成有效的社会治理、良好的社会秩序，使人民获得感、幸福感、安全感更加充实、更有保障、更可持续。"

长期以来，公共服务的提供过程中存在以下几个主要问题：第一，公共服务的供需不平衡。① 总量的不平衡，也就是公共服务总供给相较于总需求的不足；② 结构的不平衡，民众需要的公共服务供给不足。有些公共服务的水平太低，达不到民众的期望，所以利用不足；还有些公共服务随着时代的进步，已经彻底没有需求。第二，公共服务的非均等提供，公共服务没有实现全覆盖，有些群体享受不到公共服务；有些群体享受的多，有些少，而往往是弱势群体、困难群体享受的少。第三，公共服务的分散提供与民众对公共服务整体性需求的矛盾。第四，公共服务提供缺乏多元参与，最后导致政府压力过大且提供不足的结果。第五，公共服务的提供过程中缺乏有效的激励和监督，导致公共服务的质量难以保证，难以改进。

要改变这些问题，大致可以从以下几个方面入手：第一，公共服务的数量和质量优化。如果公共服务总量是绝对不足、不充分的，必须要逐步增加供给，在增加中要充分处理好政府、市场与社会的关系，调动多元社会主体的有效参与，形成供给的合力。在此过程中尤其是要保证新增公共服务的质量，宁缺毋滥。如果公共服务只是结构性的矛盾，就要进行存量优化，这也是当前改革的重点和抓手。要改变之前粗放提供中存在的不平衡、非均等、低质量、不集中,对公共服务需求进行精准识别、精准分类,并以此为目标,综合使用各种手段尤其是智能化的手段对现有公共服务进行精简、整合、优化、细化、人性化,使供给和需求能够精准匹配,实现公共服务资源利用和公民满意度的双提升;在此基础上,动态调整,通过更加充分和均衡的公共服务提供,持续满足人民日益增长的美好生活需要。第二,理念和角色的改变。公共服务要从满足民众的需要出发,"以人为本",以人民为中心,以覆盖全民为目标。按照"小政府,大社会"的行政理念,对政府角色进行再设计。虽然政府依然是公共服务的主要提供者(provider),但它的角色更应该是购买者,而不是生产者(producer);政府更应该是规则和制度的制定者和执行的监管者,而不是直接的执行者。

　　徐汇区在这些方面都进行了很好的探索。以下的八个案例都从一个或者多个方面体现出了徐汇区在公共服务的数量和质量优化以及公共服务理念方面的提升。徐汇区行政服务中心、徐汇社区事务受理服务中心和"邻里汇"项目,集中体现了区、街道和社区层面公共服务的优化,主要解决了公共服务的多头提供,把多头变成一头,极大地满足了民众对公共服务的集中需求。此外,还同步对所提供的公共服务进行精简、整合、优化,提高了公共服务提供的效率,提高了民众对公共服务的满意度。老年照护则以需求评估为基础,以老人身体状况评估结果为服务匹配标准,重塑了现有的养老服务供给体系,将有限的养老服务资源提供给最需要的老人,实现了政府"保基本、兜底线"的职能。徐汇区家庭医生的实践,则以民众的健康需求为中心,通过提升公共服务的水平,不断完善家庭医生签约服务的内涵,不断细化服务内容,提升了民众对家庭医生服务的认可度和使用度。滨江建设者之家的实践,则为之前没有很好地享受公共服务的建设者群体提供了非常有针对性的公共服务,逐步引导他们提升文明素质、融入城市社区生活、解决他们出门在外的后顾之忧。政府购买服务工作的目标就是为了转变政府职能,改变以往政府"大包大揽""无所不为"的现象,解决政府职能"越位""缺位"和"错位"的问题;而为了使得政府能够转变职能,并购买到合适的公共服务,则离不开充分发展的社会组织,"三联"运行模式就是针对社会组织发展中的困境，通过精准的帮扶，实现了社会组织的培育和孵化。

公共服务不是一次性的服务，而是一个长期的过程。为了保证公共服务的响应性和效果，还需要激励和规范的监督机制，上述案例中也都有所体现。此外，在当前"互联网+"时代，注重公共服务提供中智慧化的应用也成为更好地提供公共服务的有力促进，徐汇区的上述实践也提供了很多鲜活的经验。

化繁为简："互联网+"提升政务服务整体效能

一、背景·缘起

为深入推进政府职能改革，规范行政权力运行，深入推进"放管服"一体化战略，进一步提升政府效能，徐汇区政府主动在行政审批制度改革、"放管服"改革领域进行实践探索，大致可分为三个阶段：第一阶段是物理整合，将分布在18个地方的26个政府审批服务部门"动迁"到徐汇区的行政服务中心，集中提供政务服务，在物理空间上实现集聚；第二阶段是项目突破，着重抓住"1234"四个项目，即"一条热线""两张清单""三张网络""四位一体"；第三阶段是系统集成，着力加强改革创新集成，深化政府职能再转变。

2017年2月，国家发改委正式发布了"互联网+政务服务"示范工程拟支持项目名单（全国共16家），徐汇区人民政府是全国唯一一家入围的区级政府。以此建设为契机，徐汇区聚焦数据共享难、业务协同难、群众办事难等问题，积极探索互联网与政务服务的深度融合，努力打造"家门口、指尖上、一体化的政务服务"，提高政府现代化治理能力和服务水平。

二、举措·机制

（一）推进"一号"申请服务体系

行政服务中心正推行群众办事相关证件、证照、证明等电子化，循序推动证照信息互认共享,让企业办事避免重复提交材料和循环证明。

1. 在上海市率先建立电子证照的分类等级

按照证照的可信程度建立A、B、C、D四个由高到低的等级,便于证照的复用和推广。A级为部门签发,可信程度最高;B级为中心在发证环节采集,可信程度次之;C级为用户办事过程中提交,并经过部门网上审核;D级为用户自行网上提交的各类文档材料。

2. 在上海市率先形成互认共享的电子证照目录

对入驻中心的440项审批服务事项办理所需提交证照的复用规则进行梳理,已初步形成可互认共享的电子证照目录,涵盖69种证照,其中"劳动能力鉴定结论书"等无条件互认证照16种,"居民身份证"等有效期内互认证照48种,"上海市特种行业许可证"等有条件互认证照5种。

3. 在上海市率先试运行电子证照库系统

借助图像识别技术自动识别和采集照面信息,并通过人工核对方式实现证照信息入库,实现基础证照信息的多元采集、互通共享、多方利用。正逐步推进制证系统、业务办理系统与电子证照库对接联通,做到电子证照与纸质证照同步签发。以电子证照库支撑各部门办事过程中相关信息"一次生成、多方复用,一库管理、互认共享"。目前,中心已采集近2万张电子证照信息。

(二) 强化"一窗"受理服务模式

行政服务中心初步试行"综合窗口"模式,采取"前台综合受理、后台分类审批、统一窗口出件"的服务流程。在不增加窗口的前提下,将企业注册与服务大厅后岛业务量较少的事项归并至6个"综合窗口"受理,共涉及13个部门的105项事项,实现一站式服务。通过建立健全首问负责、一次性告知、并联办理、限时办结等制度,促进政务服务规范化、标准化、便捷化。

徐汇区行政服务中心大厅综合受理窗口

1. 新建设"受审一体化"信息平台

中心标准化受办理系统已完成升级改造,提供"一口咨询、综合受理、统一发证"等功能,实现"受审分离、即时互动、无缝衔接",可提高窗口办事效率,为下一步在企业注册与服务、用工管理和人才服务等领域整合构建综合服务窗口做好了技术支撑准备。

2. 新入驻一批法人事项

按照"应进必进"的原则,对尚未入驻中心的对外服务法人事项,通过多次走访调研相关部门,排摸事项办理要素、流程等信息,对事项进行分析归类,确认75项法人事项入驻中心窗口,其中54项事项共涉及12个部门入驻企业注册与服务大厅后岛受理,21项事项共涉及4个部门入驻投资与建设工程大厅。

3. 新建成一批"单一窗口"

分别在商事登记、人才服务、信用信息三个领域建成"单一窗口"。其中,商事登记窗口实现从设立阶段到变更登记,内外资一体化运行;公共信用信息服务窗口实现公共信用信息的依申请查询、异议受理等综合服务;海外人才服务窗口实现外国人、海外人才的就业和居住业务综合受理。

"互联网＋政务服务"企业服务窗口

(三)打造"一网"通办服务渠道

徐汇区政府门户网站按照上海市统一要求,大力推进网上政务大厅建设。目前已实现事项上网695项,其中审批事项395项,服务事项300项。行政服务中心全面打通网上与网下资源,促进线上办理与线下窗口服务的有机融合。

1. 全面推进事项网上办理

在入驻中心的440项审批服务事项中,全部实现事项上网、表格下载、网上填报、网上预约、网上预审、网上反馈、网上查询、网上支付、网上物流九个100%的基础上,聚焦企业和市民普遍关心、量大面广的服务事项,对标浦东、黄浦、普陀三区全程网上办理事项情况,推进网络互联互通、数据共享共用,将市工商、房管、税务等12条专网,71个区区联动系统,2个区自建系统接入数据中心,进一步压缩环节、精简材料、优化流程,不断提高网上全程办理的覆盖面和办理量。

2. 全面深化"一口咨询"知识库建设

整合现场、电话、网站、微信等渠道,健全中心"一口咨询"机制,并对市民常见的咨询问题进行动态更新,建立政务服务知识库系统,据此分门别类推出企业注册、档案查询、人才服务、就业服务、居住证积分等专题答疑,为设立主题服务窗口奠定基础。

3. 全面拓展多渠道延伸服务

开设徐汇"一站通"网站、微信公众号、APP和自助服务机等多种延伸服务渠道,通过智能搜索、服务导航、办事图解等栏目,为企业、群众提供多样化、个性化的政务服务。开通3D实景大厅服务,在网上连接起区行政服务中心和各街道镇社区事务受理服务中心。

三、创新·成效

(一) 一号申请,减材料

统一用公民身份证号码或企业社会信用代码作为连接政务服务的纽带,实现"连接一生、服务一生、追随一生"。在上海市率先试运行电子证照库系统,支撑各部门办事过程中相关信息"一次生成、多方复用,一库管理、互认共享",减少"循环证明、奇葩证明"。目前,已采集近2万张电子证照信息,初步建立电子证照互认共享机制,同时以企业注册与服务大厅为试点,对电子证照基础模板进行采集,已完成区市场监管局模板采集工作,同时在发证窗口启动证照录入,已录入营业执照近2 000张。

(二) 一窗受理,省时间

通过流程优化和数据共享,以徐汇区行政服务中心、13个街道镇社区事务受理中心和居民区延伸办理点为载体,形成"政务服务集中办理、民生服务下沉社区"的格局,变"群众跑腿"为"数据跑腿",变"企业四处找"为"部门协同办"。比如,在过去,企业办理营业执照,要跑市场监管、税务、公安等多部门,办成事至少要跑9次,最快要1个月;而现在,企业可先网上填表,填完后只需跑两趟,即送材料和取证,最快4天即可办成。

（三）一网通办,少跑腿

大力推进徐汇区网上政务大厅建设,实现"进一张网、办全区事"。建立网上预审机制,行政审批事项"开通网上预审为原则,不开通网上预审为例外",不断扩大"足不出户"的全程网上办理事项。在入驻中心的440项审批服务事项中,全部实现事项上网、表格下载、网上填报、网上预约、网上预审、网上反馈、网上查询、网上支付、网上物流9个100%的基础上,全程网办事项已达到107项,办理量近47万件。通过网上办理,现场等候时间减少了三分之一,现场办事人次减少了30%,网上服务量增长了10倍。同样是办理营业执照,企业如果选择物流快递,最多跑一次区行政服务中心办事窗口即可。

四、启示·展望

（一）陈旧观念不转变将阻碍改革向纵深推进

改革必定涉及打破现有权力和利益格局,只有牢固树立为民服务的宗旨,认识改革是必然趋势,积极参与改革,不断创新思路理念、创制方法路径,才能真正促进政府部门的供给侧改革,增强企业群众的需求侧感受,使其成为一个长期的动态优化过程。比如"互联网+政务服务"是提高政府服务效率和透明度,用政府自身"繁"换企业百姓"简"的惠民工程,但又是需要多方施力的全新系统工程,需要触动既有利益格局,摒弃部门本位思想。比如徐汇区事中事后综合监管平台运行过程中存在各部门事中事后监管信息"归集不全、更新不快、核实不准、部门不用"等问题,监管数据仅占审批数据的10%左右,反差非常明显,"重审批,轻监管"的观念依然存在。接下来,将完善工作机制、加强部门协作、明确任务清单、深化数据共享,推动条线部门转变观念,积极主动参与政府自身改革。

（二）法律法规调整滞后不适应改革要求

行政审批制度改革需要符合市场经济的规律和发展特点,从而配合市场主体采取相应的行动。但是，目前我国相关法律法规尚不健全。一是与行政审批相关的法律法规中，存在部分内容已经不适应当前社会的发展需要，并且没有进行同步改革。换而言之，相关法律法规的调整，滞后于行政审批制度改革，这将影响行政审批改革的进度和成效，也会贻误市场主体对商机的把握。二是部分领域存在立法空白，如环保领域的土壤环境保护、核安全、环境监测、区域限批等方面缺少系统的法律法规。接下来，将通过人大、政协、领导调研等各方面渠道，积极反映相关问题，呼吁国家层面完善法律法规建设，深化行政审批制度改革。

（三）对大数据的分析和应用能力有待提升

大数据应用能极大地提升政府整体数据分析能力和决策能力，而从目前状况来看，数据即资源，数据即权力，政府怀抱海量数据却难以着手运用，究其原因是层级间、部门间数据不融不通，各子系统内的单一化数据碎片无法勾勒描绘出对象或事项的完整面貌，各部门"用数据说话、用数据决策、用数据管理、用数据创新"的力度还不够。下一步，将就城市运行相关工作进行调研，持续优化和改进城市精细化管理工作，形成徐汇特色的城市运行管理机制，推进建设安全风险预警机制，以现有的信息化数据模块为基础，开发具有汇总、叠加、分析、管理、运用功能的城市管理数据平台，由各相关部门定期将最新的数据汇总至该平台，推动实现城市运行部门数据的汇聚、研判和应用。

三 "一"两"全"：提升社区事务受理服务效能

一、背景·缘起

社区事务受理服务中心是在街镇领导下承接社区居民政务事项办理的事业单位，是与居民生活工作关系密切的重要服务窗口。徐汇区社区事务受理服务中心是在徐汇区委、区政府的直接领导下，由区民政局牵头，负责该中心的标准化和规范化建设，街道办事处（镇政府）作为建设与管理的责任主体，具体负责相关管理和日常化工作，徐汇区相关职能部门负责对应各自条线业务的具体业务指导，为社区居民提供各类政务、民生服务的综合办事与服务机构。从2006年上海市政府将受理中心建设列入政府实事项目以来，徐汇区委、区政府高度重视，出台了一系列相关政策文件，持续加大财力投入，通过完善社区事务受理服务中心的功能和流程，实现政府机构管理和服务职能面向居民群众需求的跨界整合，在提升服务质量、完善运行机制、优化服务管理、拓展服务功能等方面积极探索和实践，有效地推动了徐汇政务和民生服务的均衡化、优质化发展，进一步夯实了城市社会管理的基层基础平台，促进了服务型政府的建设，有效提升政府的办事效率和服务能力。

　　以前，上海的社区政务、民生服务是由各街道办事处（镇政府）领导下的各科室所属劳动保障事务所、社会救助事务所、粮籍所、房地办等各类事业单位来提供政务服务的，涉及居民工作和日常生活的事务共计150余项。这些办事机构不仅所在地和业务分散、各自为政，而且要接受上级条线部门的指导，在人员管理和经费使用等方面，街道（镇）难以统筹安排。一方面，造成物力、财力和人力资源的浪费，政府办事和服务效率不高；另一方面，对居民而言，办件事情往往要跑好几个部门，走好多趟路，还经常遭遇"门难进、脸难看、事难办"等诸多不便，办事效率十分低下。随着城市经济社会的发展和居民生活水平的快速提高，居民对政府办事服务质量和效率的期待越来越高，如何建设服务型政府，如何提高政府机构办事效率和服务质量，如何更好地为居民群众提供便捷、透明、优质的政务服务，成为区政府社会治理创新中的一个重要课题，关系着徐汇区能否实现建设国际化大都市一流中心城区的重要目标。

二、举措·机制

　　针对过去的社区基层政府部门政出多头、居民办事不便的问题，徐汇区加快了对社区政务服务工作的思考和调研，多年以前即开始启动了街道办事处（镇政府）社区事务受理服务中心的建设工作。由区长牵头、分管副区长直接协调负责，从中心选址、办公场所格局、工作模式、管理机制、制度创新等多方面入手,经过反复研究、多方协调、逐步整合,于2006年底在全区统一建立起13个街(镇)社区事务受理服务中心。近十年以来,徐汇区按照市民政局的要求,坚持受理服务中心的标准化和规范化建设,分步骤、分阶段对受理中心的服务模式进行升级。

(一) 全面落实"六统一"①,率先在全市范围内实现了"三一两全"②,有力提升了受理中心的服务效能

1. 硬件建设实现从"多门"到"一门"的转变,不断夯实标准化服务基础

徐汇在全市首批完成13个社区事务受理服务中心全覆盖,实现了社区公共服务从"多门"(多个办公场所)到"一门"(一个办公场所集中办理)的转变,真正实现了"让群众少跑一趟路、少走一道门",让居民切实感受到了办事的便利性、舒适性和高质量、高效率。办公环境也逐步改善,目前13个受理服务中心平均面积为1 400平方米,且办事大厅内配置有茶水、等候椅凳,便于居民等候;同时,受理中心都选址在居民集中、社区较成熟的地段,方便居民办事,体现了中心服务的透明、便捷。

2. 前台服务实现从"多口"向"一口"的转变,不断提升服务效能和水平

徐汇区在2009年全面完成"一口受理"办公软件更新,即在一个窗口实现劳动、民政、计生、医保和社保等190多项业务的综合受理服务,解决了前台分类受理时窗口之间忙闲不均的老大难问题。目前,全区"一口受理"窗口数占比达到75%,远远高于全市2014年底达到50%的目标。真正实现了居民办事"少问几个人、少找几个窗",体现了办事的高效性和规范性。

3. 内部管理实现"多头"向"一头"的转变,不断加强管理机制建设

2008年,徐汇区制定了《加强和推进社区事务受理服务中心建设的实施意见》,充分发挥街道(镇)综合协调、统筹管理的作用,进一步理顺了内部管理机制,实现了对工作人员的统一考核、调配、培训和管理,形成

---

① "六统一",即"服务事项、办事流程、建设规范、标识标牌、管理软件和评估体系"六方面的统一。

② "三一两全",即"一门办理、一口受理、一头管理,全年无休和部分事项的全区通办"。

了良好的"一头管理"机制，真正实现了政务服务工作"少一些推诿、少一些扯皮"，提升了政府政务、民生服务资源调配以及信息利用的合理性和有效性。

4. 首批实行"全年无休"，率先试点实施"全区通办"

在"一口受理"的基础上，徐汇区在2008年就全面推行实施了受理服务中心"5+2"工作制，推行"全年无休"，比全市2013年要求统一实现"全年无休"早了近五年。同时，为切实解决"人户分离"、跨区域办事难的问题，徐汇区于2011年探索实施了51项"全区通办"的服务事项，使徐汇户籍居民可以突破户籍限制，就近办理各种便民服务事项，为上海进一步实现"全市通办"提供了借鉴经验。

（二）积极探索智能化服务，进一步推进受理中心服务的便捷、人性、透明化

现代社区公共服务不仅要注重均衡和普惠，还要体现公正、公开、人性化与个性化，满足城市居民的多元化需求，体现政府服务与居民需求的对接和互动。2011年以来，徐汇区利用信息化技术的发展和信息服务网络的不断普及，加大了政社互动和跨界合作，在受理服务中心智能化服务方面进行了不懈的探索，着力构建"未来政务云"服务模式，取得了阶段性的成效，获得国家民政部领导和相关专家的肯定。

1. 试点智能查询服务，通过自助分享，让居民"办理事项早知道"

在市民政局的牵头指导下，与"上海一门式政务研发中心"合作，研究推出"智能社工"查询机，居民不仅可以查询到办事指南，还可输入个人基本信息，倒过来查询可办理的事项，以及通过"政策解读专家系统"和"住房保障咨询系统"智能查询到与办理事项相匹配的政策。

2. 试点政务全程公开，通过政务互动，让居民"办理过程可查询"

结合全国电子政务公开和政务服务试点工作，徐汇区于2012年率先探索实施"受理事项全程公开"，使居民能在互联网和受理服务中心现场的查询机上对办理事项进行全程跟踪，让受理中心的工作真正做到便捷、公开和透明。目前，政务全程公开事项已达到41项，全区各受理服务中心全覆盖实施"政务服务全程公开事项"。

3. 试点政务延伸服务,通过主动推送,让居民"办理方式可选择"

徐汇在全市率先试点社区事务延伸服务标准化模式,2013年首批5个社区居委会试点设立了社区事务延伸服务点,为居民提供政策咨询、事务查询,为本区户籍老年人、行动不便、生活困难或有其他特殊情况的居民提供13项社区事务代理服务。同时,与沪上知名公益民生广播节目——上海人民广播电台"直通990"节目组合作,开设"徐汇直通990"APP手机应用软件,让社区居民可以随时随地查询和获得服务。

三、创新·成效

徐汇区社区事务受理服务中心经过近十年来的建设实践,已日益成为基层政府完善社区服务、满足居民需求的重要载体和窗口,也是社区治理改革和政府公共服务创新的重要实践。2012年,全区13家受理中心共接待、服务160余万人次,全年受理量超过122万件。2013年,民政部在上海召开"全国社区公共服务综合信息平台建设推进会",现场观摩了徐汇区徐家汇街道社区事务受理服务中心和凌云街道梅陇三村社区居委会延伸服务点。

康健街道受理中心大厅宣传布置

(一) 有效打破条线和行业壁垒,政府的公共资源得到充分整合,服务效能得到极大提升

受理服务中心的建设,突破了传统的政府工作模式,不仅将分散的条线资源有效整

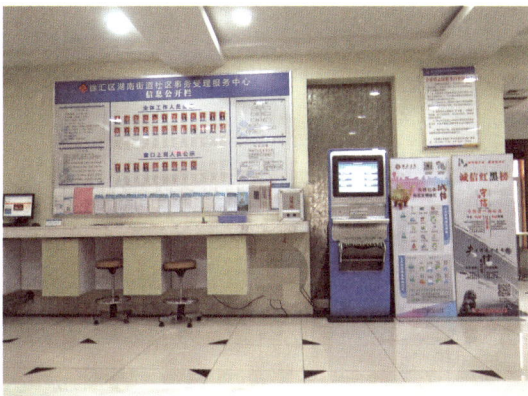

湖南街道受理中心大厅信息公开栏

合起来，还改变了政府提供服务的理念和方式，从"在管理中体现服务"，转变为"在服务中做好管理"，一切以居民的需求为出发点，居民怎么方便政府怎么做。从"多门"到"一门"，从"多口"到"一口"，从"多头"到"一头"，每一步都是对政府提升工作效率的有效促进，确保了10多个部门近200项的业务能全年无休地在一个中心内得到办理。2013年，徐汇成立联席会议，将为更多的居民个人事务进驻中心办理提供管理体制和协调机制上的保证。

（二）着力应对民生所呼和存在的问题，群众的服务需求得到有效满足，居民满意度得到极大提高

　　受理中心的建立，从根本上改变了居民办事的方式和政府机构服务的态度。目前，中心办理的一般事务，能当场办结的一定当场办结，需要法定办理时限的，一般居民最多跑两趟（办理和回复）。徐汇区民政局从2012年开始在所有中心窗口开展了行业文化建设和"微笑服务"主题活动，要求服务人员在办理过程中做到"站相迎、笑相问、双手接、细解答、高效办"，中心连续三年在区政风行风公众满意度测评中名列第一，赢得了社会和居民的高度认可。

（三）有力探索政社联动和跨界合作，政府的社区治理模式得到重新构建，社区和谐得到进一步促进

　　在信息技术的支撑下，通过政府与社会机构的合作，市民政统一研发了市标软件，使不同行业的业务在一个平台上综合办理成为可能。根据民政部标准化建设的要求，受理中心的标准体系已成为上海的地方标准，社区事务办理员已新列入国家职业大类。徐汇区在全市的受理中心建设中担当了先行者和探索者，积极主动试点一口受理、全区通办、全程公开、智能社工、延伸服务等，带动了整个社区服务和社区治理模式的转变，引领了全区社区治理模式的重构，在社区管理和建设中促成了一场大的变革。徐汇区以"打造社区治理服务云平台"为主题，成功申报全国社区治理和服务创新实验区，正是基于以社区事务受理服务中心为基础的政务服务云的构建。下一步，社区生活服务云和社区治理服务云将在未来三年内逐步建设实施，使受理服务中心进一步推动社区治理创新，促进社区事务服务更加智慧化和人性化，让居民生活更加美好和谐。

四、启示·展望

社区事务受理服务中心是在街镇领导下的承接社区居民政务事项办理的事业单位,是与居民生活工作关系密切的重要服务窗口。徐汇区社区事务受理服务中心是在徐汇区委、区政府的直接领导下,由区民政局牵头,负责该中心的标准化和规范化建设,街道办事处(镇政府)作为建设与管理的责任主体,具体负责相关管理和日常化工作,徐汇区相关职能部门负责对应各自条线业务的具体业务指导,为社区居民提供各类政务、民生服务的综合办事与服务机构。徐汇区社区事务受理服务中心的经验启示主要有以下两方面:

一方面,徐汇社区事务受理服务中心的网络化、标准化、智能化查询服务和办事流程,让居民通过"智能社工"查询机,配套"办事指南""政策解读专家系统""住房保障咨询系统"和自助打印服务,按步骤进行网络操作,办理个人相关事项,这种智能化服务方式既公开、透明,又便捷、高效,深受居民青睐。

另一方面,在智能化服务之外,徐汇社区事务受理服务中心还提供人性化的延伸服务,以居民的实际需求为出发点,居民怎么方便怎么做。社区事务受理服务中心通过主动推送措施,深入社区和居民家庭,针对不同居民的实际情况和办事方便程度,让居民"选择办理方式"。针对年龄大和行动不太方便的居民,还提供上门服务;在社区受理服务中心现场提供微笑、搀扶、帮办服务,让社区居民在人性化的温馨服务中倍感温暖。

展望未来,徐汇区将按照十九大精神要求,以进一步提高社区服务的智能化、精准化、个性化为目标,努力将社区事务受理服务中心打造成为民、利民、便民的综合服务点。一是继续优化完善新版受理系统。2017年以来,徐汇区按照市联席办工作部署,对"社区事务受理信息系统"进行架构大改造,新版受理系统于2017年4月在全区13个街镇顺利投入使用,为"互联网+政务服务"和"全市通办、一证通办、网上通办"打下基础。二是继续做好"刷证办事"和"网上预约",不断提升居民群众办事的便捷度和安全性。三是全力做好"全市通办"实施工作,积极与市联席办做好沟通联系工作,做好"全市通办"各项准备工作；同时搭建好相关职能部门与各受理中心的沟通联系平台，及时协调解决"全市通办"过程中出现的各类问题，通过资源交叉整合、优化工作流程，让信息多跑路，让百姓少跑路，确保群众"就近办事"的迫切愿望得到落实，用"绣花针"的精神绣出服务群众的城市温度。

"邻里汇"汇邻里：培育有温度的社区

一、背景·缘起

为了进一步满足居民多元化的公共服务需求，提供社区共享空间，激发基层社区的治理活力，提升"幸福徐汇"的感受度，徐汇区决定在全区试点推广以"邻里汇、汇邻里"为主题的"邻里汇"项目。

"邻里汇"是由政府主办，以街镇为依托，多元主体参与的社区服务和社区治理共享空间。这既是多功能合一实体场所，有"物"的自然空间概念，也是利用现代网络进行信息查询和发布的网络和社会服务的"空间"概念。

徐汇区致力于将"邻里汇"打造成为社区坚持党建引领、开展自治共治、提供法律保障的平台，成为营造社区文化、荟萃社区精神、增进邻里和睦的共享"客厅"，成为汇聚生活服务、为老服务、健康服务以及其他服务的集合体，形成"一汇多点、一体多元、一网覆盖、全时响应、全区联动"的徐汇社区服务新模式。

康健街道寿昌坊"邻里汇"

二、举措·机制

（一）坚持四个原则，以居民需求为导向，多元主体参与，服务至上，增进居民福祉和幸福感

"邻里汇"坚持党建引领和资源共享的原则，突出基层党组织在"邻里汇"建设中的领导核心作用，充分发挥区域化党建平台资源共建共享的功能优势，引导社区党员群众积极参与"邻里汇"志愿者服务项目，增强社区内各类资源的整合力度；坚持需求导向、因地制宜的原则，把社区居民对社区服务和社区活动的需求作为"邻里汇"建设和运行的立足点和出发点，坚持问需于民、问计于民、问效于民，因地制宜地开展实体建设、服务项目的运行管理，提高服务的精准度和持续性；坚持服务至上、增进福祉的原则，把服务居民、服务家庭、服务社区作为"邻里汇"建设的根本和宗旨，树立以服务惠及社区居民、以活动汇聚社区人气、以公益提升社区温度的理念，通过设计面向不同人群的多元化需求服务项目，提高社区居民的满意度和获得感；坚持自治共治、社会参与的原则，加强"邻里汇"作为开展居民自治和社区共治的平台建设，鼓励各类社区治理主体参与服务和管理，充分发挥专业社会组织的特长和优势，推动社区、社会组织和社会工作在"邻里汇"融合发展，激发基层社区的活力。

（二）拓展服务辐射的广度和幅度，以美好家庭生活、友好和睦邻里为追求，构建社会治理生态圈和信息互联共享的智慧服务圈

"邻里汇"致力于构建家庭生活的服务圈，"邻里汇"建设将融合社区生活服务、为老服务、健康服务、文化服务、托幼服务、法律服务等各项内容，按照步行15分钟的原则，打破街镇界域，规划布局"邻里汇"服务辐射广度和幅度，打造方便居民家庭就近获取社区服务的"便利店"；建设友好和睦的邻里圈，开放"邻里汇"服务空间，搭建民诉对接、民愿反馈、民事调解平台，提升居民群众的文化共识，打造社区成员开展文化艺术交流、公共事务商议、社区事宜讨论、发展愿景共商、邻里关系协调、法律服务对接的"公共客厅"；塑造社区治理的生态圈，依托"邻里汇"平台，引导鼓励社区单位、社会团体、社会服务机构、社区基金会、社区志愿者团队等多元主体参与社

区治理，打造友好和谐、共生发展、相互促进的社区家园"生态基地"；形成信息互联的智慧圈，建设"邻里汇"信息服务平台，汇聚区域多种信息，互联部门服务数据，建立快捷互通机制，将服务对象、服务提供商、服务项目、服务数据等纳入平台进行管理，依托"962899"全时响应居民服务需求，建设"互联网+'邻里汇'"，打造"线上定制、线下服务"的社区服务"电商"。

（三）以政府"多元主体"为主导，建立立体化、社会化、专业化、规范化的治理系列程序，确保"邻里汇"服务扎根基层，落到实处

"邻里汇"的实体管理，鼓励采取社会化运作，引入专业社会组织承接实体项目运行，建立四项机制确保"邻里汇"运行高效、运作有力。建立立体化多层管理机制，一是建立联席会议制度，成立街镇"邻里汇"建设联席会议，成员单位由社区相关部门组成，定期研究"邻里汇"建设及发展事宜；二是形成集约化管理模式，设立街镇"邻里汇"运营管理中心（多点可设立），受街道委托负责辖区内各个"邻里汇"的运行管理，协调推进各点工作事务，形成整体联动；三是搭建民主决策议事平台，成立"邻里汇"理事会，由区域单位党组织负责人、群众性团队、社会组织等各方代表组成，负责"邻里汇"重大事项的决策、服务质量的评议与监督等工作。建立社会化需求遴选机制，"邻里汇"服务项目从居民和社区单位的需求中遴选产生，"邻里汇"理事会每年可开展服务项目需求遴选活动，通过向社区居民、社区单位发放需求问卷调查或需求征询等方式，形成需求遴选清单，从而设计服务活动项目，并通过一定方式向服务对象公开。建立专业化项目运行机制，"邻里汇"内提供的公共服务、便民利民服务和志愿者服务以公益性为主，可采取项目化运作方式，按照政府购买社会工作服务模式，由社会组织或市场企业竞争获标，服务项目可以向服务对象收取合理费用，具体方案由提供服务方另行制定。建立规范化监督评估机制，每年区民政局委托第三方专业机构对"邻里汇"运行效果和居民满意度进行评价，街镇负责"邻里汇"建设情况和日常服务监督检查，对相关服务设施落实维护保养和评估督导职责，纳入"邻里汇"的服务组织，按照服务供给类型，分别按行业规范由相关部门进行年度业务评估，实行"以奖代补"，考核结果与各类奖励补贴挂钩，逐步探索服务供应商的分类分级管理。

三、创新·成效

在"邻里汇"里,全年龄的融合互动比比皆是:爷爷陪着孙子听故事,全职妈妈将亲手制作的饼干送到二楼的"长者照护之家",大学生们为眼力渐弱的老人录制有声读物,志愿者为从未涂过指甲油的老人美甲,幼儿园的孩子在结对长者的辅导下写下植物生长日记……老少妇孺,其乐融融。美好和谐的邻里情谊在"邻里汇"空间中重新凝结。

(一)汇聚人气,其乐融融

徐汇区康健街道寿昌坊是徐汇区建设完成的第一家"邻里汇"。寿昌山居民区党总支书记坦言,自己所在的居民区曾经在街道里"排名倒数第一"。过去,居民"为了鸡毛蒜皮的小事都能吵上半天,给人的最大印象就是这里的居民'自顾自、不团结'"。"邻里汇"选址在居民小区里时,也曾遭遇过部分居民的强烈反对,仅仅是大门朝哪个方向开才能不影响到自己的日常生活和出行,居民们内部就吵翻了天。

"既然是一个欢迎所有人都来参与活动的公共服务'大客厅',那就索性把围墙拆了,把门打开。"[1]在"邻里汇"首届理事会的集思广益下,这里原本封闭的围墙被改成了围栏,栽上树、种上草,并形成绿化带,不再存在围墙封闭式的"门禁"的概念,看起来完全与小区日常生活空间融为一体。支部书记说:"围墙一拆,居民们心理上的排斥感就淡了许多,很多居民路过这里,就会试探性地走进来问问'我们可以来吗',逐渐地,人就越聚越多了。"[2]

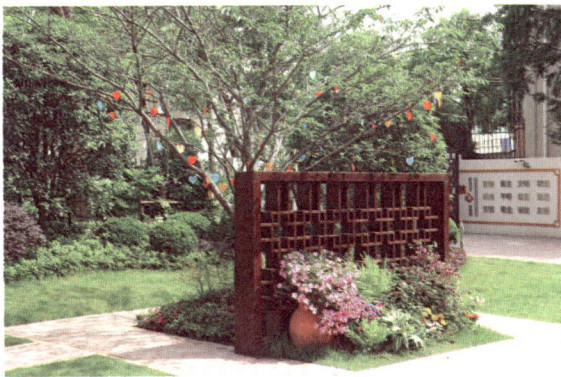

"邻里汇"里的花园心愿树

---

① 吴汝琴.公共客厅里重叙邻里情谊[J].上海老年报,2017-08-26.
② 吴汝琴.公共客厅里重叙邻里情谊[J].上海老年报,2017-08-26.

但是，能吸引居民"走进"这片公共服务空间，并不代表能吸引他们"坐下来"共建共享。为了增加"邻里汇"的服务内容，街道向大小公益团体、民间非政府组织伸出了橄榄枝，邀请他们设计出合适的服务或活动项目，最终从中筛选并引进了包括"亲子绘本阅读""听林爷爷讲红色革命故事""记忆课堂"等23个项目，覆盖了从学龄前儿童直到老年人的各种居民群体。

（二）汇聚服务，老有所依

寿昌坊"邻里汇"的定位是以"长者照护之家"为依托，主要目标是为老服务、生活服务、健康服务，为周边居民区开展各项活动提供场地支持；设置有多功能厅、老少乐屋、全科诊室、便民屋、康复理疗室、助浴室、茶水间、长者照护之家、空中花园、图书漂流瓶等功能。居民可以在"邻里汇"里召开"邻里汇"理事会会议、党建结对活动、亲子填色活动、手工制作活动、慢病管理活动、失智老人预防活动、剪纸活动等；通过购买社会组织服务，开展西点烘焙及中式点心制作、亲子绘本阅读、育儿讲座等各项亲子活动；与社区卫生服务中心合作，由长兴坊卫生站派驻医生每周三下午进驻全科诊室，为周边居民提供医疗全科接待服务；与社区图书馆联动，定期更换书籍，免费向周边居民开放，提供借阅等服务。

上海人很喜欢"养老+托幼"的组合，常让小朋友和老年人玩到一起，有的社区养老服务机构到了暑假就变成半个托儿所。"邻里汇"把一楼空间转换成全社区共享的"大客厅"，被改造成透明墙体的围墙消除了原来的距离感，小朋友带来的笑闹声最让老人愉快，楼内设有一处"老少乐"空间，把老人的沙发躺椅和幼儿的爬行垫、玩具安排在一起。隔壁幼儿园的小朋友们会在老师带领下到"邻里汇"参加活动，听老人讲故事，和老人做游戏。

"感觉又回到了从前住在老弄堂、老房子的时候，你在厨艺课堂做些点心分给大家吃，我有空了就帮你照看着孙子孙女……大家发自内心地把这里当成自己家的客厅，重新学会了如何与邻里相处，相互尊重，懂得付出。"居民老刘说，这里的居民大多是征地和动拆迁来的，原来已逐渐被淡忘的邻里情谊在"邻里汇"这里重新凝结。老刘笑着说，小区居民都约好了，今后要共同努力争创"文明小区"，让其他小区的居民都来羡慕羡慕。

（三）汇聚文化，服务居民

走进另一家"邻里汇"——斜土街道江南新村，扑面而来的是浓浓的海洋文化气息。接待处的船型大招牌，走廊、楼梯间上随处可见的救生圈、铁锚、热带风情的小装饰品，无不显示着这家"邻里汇"的鲜明特色——船舶文化。原来，江南新村是一个有着70多年历史的老小区，这里的居民大多是江南造船厂的退休职工。他们对船舶有着很深的热爱和不同于一般人的情结，因此，这家"邻里汇"就将船舶文化融入硬件环境之中，让居民一踏进大门就能勾起曾经工作时的美好回忆。

江南新村"邻里汇"的不同楼层有不同的主题服务功能：一楼的主题功能是生活服务与医疗健康，包括健康管理驿站、聊天吧、老年助餐点、休闲阅览、事务咨询代办、自助式生活服务查询、社区卫生站等；二楼的主题功能是养老服务与休闲活动，包括长者照护、日托照料、居家养老服务、老年助浴、日托活动、康复健身、阳光休闲区等；三楼的主题功能是公共托育与共乐天地，包括幼托、晚托、亲子服务、老少书吧、屋顶菜园、多功能培训室。

老小区居民家庭普遍存在客厅较小的问题，往往客人一多便会显得拥挤不堪。遇到这种情况，只需提前预约一下，便可以把客人请到"邻里汇"来喝茶聊天。正因如此，"邻里汇"的人气越来越旺，汇聚于此的居民也越来越多，口口相传的好评让斜土街道"邻里汇"的知名度越来越高。以江南新村为中心，周边的小区居民也纷纷前来一探究竟，大家也因为这是家门口的"邻里汇"而倍感自豪。在"邻里汇"建设和服务过程中，居民充分发挥主观能动性，群策群力，积极参与，对社区居民来说，他们更自豪的是自己的人生价值在这里得到了体现。有的居民

斜土街道江南新村"邻里汇"绘国画活动

曾是工程师，从"邻里汇"建设伊始，就对整栋楼的环境布局等提出了不少颇有见地的建议，并被施工方采纳；有的居民写得一手好字，工作人员就邀请他书写每周"邻里汇"的活动排片表；绘画、编织等兴趣小组的老师，大多由有一技之长的居民来担任；法律咨询等公益活动，则有退休的法律界人士自告奋勇作奉献。

"'邻里汇'的全职工作人员并不多，但每天来这里活动的老人、孩子等，多达上百人次，如果仅靠工作人员显然是不够的。很多热心的居民得知后，自发成立了志愿者队伍，排好班来这里执勤。"斜土街道相关负责人表示，居民爱"邻里汇"，不仅仅是因为"能得到"，还因为"能付出"。他们不仅能够得到服务体验，还能够在共建共享过程中得到一种深层次的价值体现。

四、启示·展望

"邻里汇"是营造社区文化、荟萃社区精神、增进邻里和睦的客厅。居民意识到"邻里汇"是"我自己的"，更是"我们大家的"。居民们在"大客厅"议着自家小区的二三事，在思想碰撞中形成共识，为小区的建设出谋划策，邻里互动从"建起来"到"亲起来"，亲邻共融，感情逐步升温，各个年龄段的居民在社区里相互交流，分享生活的情趣与人情的温暖，让彼此从原先"熟悉的陌生人"而转变为"熟悉的好邻居"，真正实现"邻里汇、汇邻里"。

统一需求评估：实现养老资源精准匹配

一、背景·缘起

根据上海市人民政府关于加快推进涵盖养老服务供给体系、保障体系、政策支撑体系、需求评估体系、行业监管体系"五位一体"的总体要求，2014年下半年，市委、市政府决定在徐汇区全区进行老年照护统一需求评估试点。经过前期准备，老年照护统一需求评估试点工作自2015年3月正式运行。

徐汇区是上海人口老龄化程度较高的中心城区,具有老年人口基数大、比例高、纯老、高龄化突出的特点。为了积极应对徐汇区老龄化、高龄化的人口快速增长的趋势,满足日益增长的养老服务需求,吸纳更多的市场与社会力量参与养老供给,迫切需要进行养老方面的政策创新。更为紧迫的是,如何将有限的养老服务资源提供给最需要的老人,实现有限资源的精准匹配,这既是解决养老服务供给难题的根本,也是充分体现政府"保基本、兜底线"职能的保障。

徐汇区老年照护统一需求评估试点项目的目标是以需求评估为基础,重塑现有的养老服务供给体系;以老人身体状况评估结果为服务匹配标准,整合社区居家养老、社区医疗护理、养老机构、老年护理院等为老服务资源,形成梯度化、可转介的服务供给序列;广泛吸纳企业和社会组织参与养老服务,积极构建多元化的社会养老服务体系;着眼未来,形成服务供给的倒逼机制,以需求引导养老资源配置,进一步预测评估高峰期养老需求,为长期护理保险政策奠定坚实的基础。

二、举措·机制

徐汇老年照护统一需求评估试点是在没有任何模式可参考、没有成功经验可借鉴的情况下,积极探索实践,以服务创新、智慧管理、机制建设为改革理念,遵循便捷、灵活和高效的工作思路。在服务申请和服务受理过程中,一切以老人为本,形成"老人'不动'机制动",在培育和引导社会实施过程中,形成"政府'不动'市场动"的创新性服务供给格局。

(一) 建立统一的管理信息系统和管理平台

整合区民政、卫生、医保等信息资源,与社区窗口服务系统互通,衔接社会化的为老服务组织、机构等服务实体和服务平台,建成统一的"徐汇区老年照护统一需求评估管理信息系统",实现养老服务提供的信息化与传统民政工作的现代化。

(二) 搭建三个层次的服务平台

区平台、街镇平台和服务运行平台构成了服务信息的管理平台。区平台以区民政局为管理主体,委托区居家养老服务指导中心运行,主要负责协调与统筹区域资源，整合与平衡区域服务政策，具体负责申请人信息复核，委托第三方评估组织开展评估，得出评估结论；街镇平台是以街道、镇为管理主体，委托街道、镇居家养老服务中心运行，主要负责服务申请的受理、老人信息的核准、服务需求的整合、服务过程的监督与服务投诉的处置；服务运行平台，委托为老服务社会组织，进行合格供应商管理和服务需求对接，以老人自选和就近原则派送服务机构或服务组织，实施服务项目，并进行服务跟踪和反馈。

（三）形成规范的服务供给流程

形成了从服务申请→统一评估→服务受理→信息复核→服务结论→服务公示与轮候→服务分派→服务派送→服务实施→服务监督→服务反馈→服务转介等一整套规范的服务供给流程。每个环节都将原有碎片化的服务资源进行有效整合，形成了多渠道受理、统一评估标准、梯度化的照护资源、信息化的服务派送、第三方服务监管等规范、可持续、灵活便捷的服务供给流程。

1. 服务申请

申请对象根据自身服务需求，可通过社区事务受理服务中心、社区为老服务中心、社区居委会管理系统、"962899"为老服务热线、上海民政—徐汇民政网等渠道提出服务申请。

2. 统一评估

第三方评估机构在接收到有需要评估的个人信息后，与老人约定上门评估的时间；评估前，核对老人的证件是否与系统申请的基本情况相一致，告知评估内容和评估费用；评估时，按照统一的评估量表，逐条询问、观察、检查，完成对老人的综合评估调查，并将数据上传至评估系统得出评估结论，并将身体状况评估结论与服务建议反馈至"区平台"。

3. 服务受理

街镇平台收到申请对象提出的服务申请后，对申请对象的住址、年龄、身份证号等基本信息进行比对。基本信息吻合的申请表将交换至区医保中心查询医保状况，或是将信息依次交换至街镇救助所或区社保事务管理中心查询经济状况，再根据反馈的实际情况进行审核。"街镇平台"将核准后的基本情况上传至"区平台"。

4. 信息复核

"区平台"收到"街镇平台"提交的评估对象的信息后,对"街镇平台"提交的信息进行汇总,并对提供的信息要素进行复核,并将信息不符合的反馈至"街镇平台"。

5. 服务结论

根据评估结论,"区平台"将按照相应的服务政策,确定最终的服务结论并反馈至"街镇平台"进行公示和轮候。

6. 服务公示和轮候

收到"区平台"的服务结论后,按照相关规定进行网上公示。对需要入住养老机构或护理院的老人,将老人信息转至机构轮候系统,进行轮候。

7. 服务分派

收到网上公示规定时间无异议信息或者机构轮候结果后,进行服务分派。一是将服务老人的信息提交"服务运行平台";二是将享受高龄居家医疗护理计划的老人信息提交区医保中心;三是将老人需求服务的结果告知老人所在居委会。"街镇平台"将服务信息分派至"服务运行平台",由"服务运行平台"对服务进行派送。

8. 服务派送

服务运行平台收到服务对象的信息后,对申请机构养老照护的老人,在与其联系后,与轮候结果的养老机构对接,并对服务进行跟踪;对居家护理照护的老人,在取得老人对服务组织的选择后或征得老人同意匹配就近的服务组织。

9. 服务实施

根据申请对象的服务需求,由相关服务组织提供对应的为老服务。

10. 服务监督

内部监督,通过制定平台层级管理制度使不同平台之间相互牵制,每季度对服务老人生存状态和服务开展情况进行核查比对。

系统监督,通过系统程序将各平台的受理情况、服务状况用短信等方式及时反馈给申请人;服务对象也可以按申请受理号或身份证号码,主动查询受理所处环节及结果。

社会监督，通过"智慧管理"手段，监管服务人员的上门服务时间、服务点位、服务过程、服务结果和服务结算；社区居民可以通过管理系统，对服务进行建议与投诉。

11. 服务反馈

"区平台""街镇平台""服务运行平台"定期将服务的相关信息汇总生成统计报表，报送至相关负责单位，各平台工作人员和相关负责单位也可以从系统导出汇总统计报表，为下一步政策制定、质量监控、费用结算等决策提供信息支撑。

12. 服务转介

服务对象需要实现在现有的服务领域或服务项目上退出、改变、升级等转介，可以在信息管理系统申请渠道申请，也可以请当前所住的养老机构、护理机构代理申请。

三、创新·成效

本项目将需求评估化、服务精准化与治理多元化有效地结合起来，在养老中实现了"分工明确、梯度衔接、相互转介、公平轮候、能进能出"的目标，其亮点在于有效地发挥了资源整合、多元参与与善治效应。

（一）资源整合

整合原有分散的养老服务资源，纳入统一规范的、跨部门的为老服务信息管理系统，实现了服务资源的优化；整合形成统一的评估标准，作为一把标尺评估社区老人的养老服务需求，客观、公正、有执行力。

（二）多元参与

从政府公共部门层面来看，养老问题的解决牵扯到各个条线，迫切需要整合各类服务政策，形成多元参与、条线协同的工作格局；从社会与市场的力量的介入来看，复杂的养老需求需要积极发挥市场与社会的力量，形成多元供给格局。需求评估机制是解决上述两个层面问题的出发点，它一方面盘活了公共部门现有的养老资源，实现需求与供给的有效对接，将养老政策落到实处；另一方面为市场和社会提供养老服务让渡合理的空间，避免长期以来因为政府规制而形成的非公平性市场竞争，引导形成多元的服务供应商系统。

（三）善治效应

以需求评估引导社会组织、多元化的服务机构来提供服务，充分体现了治理的精髓，打造了政府与社会组织积极合作的善治模式。依赖市场与社会力量创造多元供给满足多样化需求，从基本服务到照护，再到康复护理，形成多元一体化的供给体系。大胆引入社会组织，并发挥其核心作用，从第三方的身体等级评估，到服务的对接与派送，再到服务实施过程的跟踪，有效地依托社会组织力量，发挥了多元善治效应。

徐汇老年照护统一需求评估试点工作实施后，有效地解决了公办养老机构原有的老人无序排队现象，以及有限养老资源的拥挤、滥用与浪费等并存难题。截至2017年11月底，已有10 162人次提出申请，完成评估9 081人；已派送服务6 584人（其中，居家养老4 338人，高龄老人居家医疗护理681人，机构养老1 479人，护理院86人）；已服务3 165人（其中，居家养老1 264人，高龄老人居家医疗护理460人，机构养老1 378人，护理院63人）。

以老人的身体状况为出发点，努力做到政府养老的"保基本、兜底线"，有序、规范、公正、合理地提供基本养老服务，将有限的政府养老服务资源提供给最需要的老人，为市场与社会力量提供多元化养老服务让渡空间，进一步为构建社会化养老服务体系，以及2017年徐汇区开展的长期护理保险试点工作奠定了坚实的基础。

四、启示·展望

项目从试点到正式运行以来，得到了居民群众的普遍好评。任何为老服务项目的开展，都要以如下几个原则为出发点并秉承初心：一是要以人为本。以满足老年人享受"方便、匹配"的服务为目标，整合医疗、康复、生活照料等服务，实行统一管理。二是要公正透明。相关信息要在尽可能大的范围内进行公开，保障养老服务资源公平配置。三是政策支撑要梯度化。坚持以社区居家照护为主导和基础，以社区服务为支撑和依托，以机构照护为补充和托底，逐步优化照护资源的结构比例，不断完善梯度化保障制度和政策支撑体系。四是要规范管理、明确责任。通过管理系统的流程控制、不同平台间相互牵制和投诉、查询、公示机制的建立，使对象准入、补贴标准、需求匹配、服务质量、运作状况阳光透明。五是需求服务社会化。通过规范程序和购买服务，发挥市场在养老资源配置中的决定作用，培育社会多元服务组织主体，形成多样、有效的服务对接。

通过近一年来开展老年照护统一需求评估的试点探索，基本形成了民政、卫生、医保及各服务平台围绕老年人需求运转的工作机制，倒逼服务资源的不断优化和调整，促进了养老服务政府补贴的精准透明，推动了社会化养老服务的竞争态势，搭建了集内部制约、系统控制和社会监督于一体的监管网络。结合长期护理保险试点工作的开展，接下来将进一步完善系统、优化流程，切实发挥老年照护统一需求评估是长期护理保险"守门人"的作用，构建与老年人实际需求相适应、与养老基本公共服务供给能力相匹配、与长期护理保险制度相衔接的需求评估体系，继续为推进上海养老服务体系建设作出努力和贡献。

"医"步到家：提供居民满意的社区卫生服务

一、背景·缘起

徐汇区在全市率先探索家庭医生签约服务工作，有其深刻的背景和现实的需求。第一，徐汇区已进入深度老龄化。2010年，徐汇区常住人口106.3万人，户籍人口90.5万人，60岁及以上人口22.0万人，占户籍人口的比例为24.3%（其中65岁及以上人口占户籍人口的17.3%）。2016年，60岁及以上人口已占户籍人口的31.3%。其中，65岁及以上人口占户籍人口的比例为21.06%（见表4-1）。老龄化带来的就医难问题日益凸显。第二，较强的社区卫生服务能力。徐汇区卫生资源非常丰富，社区卫生发展均衡、综合实力较强，有全国示范性社区卫生服务中心3家，上海示范性社区卫生服务中心7家。2017年，徐汇区每万人口拥有家庭医生4.5名，远远超过国家要求。

表4-1　徐汇区老年人口及老龄化比例

年份	60岁及以上人口数	占比	65岁及以上人口数	占比
2010	22.0万	24.3%	15.6万	17.3%
2011	22.9万	25.1%	16.1万	17.7%
2012	23.9万	26.1%	16.6万	18.2%
2013	24.9万	27.2%	17.2万	18.8%
2014	26.2万	28.6%	17.8万	19.53%
2015	27.6万	30.0%	18.6万	20.3%
2016	28.8万	31.3%	19.3万	21.06%

注：户籍人口。

徐汇区自2011年开始探索家庭医生签约服务以来，首先明确了家庭医生的条件：① 签约医生一般应该具备全科中级及以上职称；② 至少有3年的社区卫生工作经验；③ 掌握大多数常见病、慢性病、多发病的诊疗技术；④ 具备健康管理的基本知识；⑤ 具有良好的协作精神、沟通能力和团队意识。

明确了与家庭医生签约后的优惠服务举措：① 诊断明确的稳定期慢性病患者一次就诊可以开具延伸处方；② 多种形式的健康咨询服务，有条件的可以探索24小时咨询服务；③ 每1～2年开展一次家庭健康评估；④ 预约时段门诊服务优先；⑤ 优先安排家庭病床或上门服务；⑥ 根据需要转诊至上级医院；⑦ 每月赠阅《徐汇健康快报》1份；⑧ 其他优惠服务，视具体情况而定。这是家庭医生签约服务1.0版本。

从2016年开始，家庭医生签约服务又升级为"1+1+1"组合签约服务，即自愿选择1家社区卫生服务中心、1家二级医院、1家三级医院进行签约，并享受慢病长处方、延伸处方、预约转诊等优惠措施。这是家庭医生签约服务2.0版本。

二、举措·机制

（一）加强家庭医生签约服务团队建设

1. 加大吸引优秀人才

对社区卫生服务中心引进人才给予5万～30万元奖励，对获得上海市住院医生规范化培养合格证书的人员给予5万元的奖励，具有硕士学位的给予7.5万元奖励和3万元科研启动经费；对非本市户籍人员及郊区人员，对有住房困难的，提供人才公寓，协助解决其临时住宿问题；对社区紧缺人才放宽进编条件，缩短考核时限。2017年，社区引进人才89人，其中硕士研究生14人，本科生71人。

2. 选优配强服务团队

在全科医生中，优先选拔热爱社区工作，具有中级以上技术职称、有丰富工作经验的人担任家庭医生。现有230名家庭医生，以家庭医生为核心，依托社区卫生中心的工作平台，组建由全科医生、中医康复、社区护理、公共卫生等人员组成的家庭医生服务核心团队，并为签约居民提供全面的健康照护和健康管理。同时，辅助家庭医生团队配备了心理咨询师、营养师、健康管理师等。

3. 着力培养提升服务能力

建立全科医生实训评估中心，提高实操能力。为提高家庭医生服务能力和水平，2011年徐汇区率先建立了"全科医生实训评估中心"，并成为"上海市全科医师实训评估基地"。该基地的核心功能是开展家庭医生能力培训与评估，旨在提高全科医生的整体素质能力，使全科医生掌握社区常见病的理论知识、诊疗技能。此外，徐汇区有4家社区卫生服务中心成为复旦大学附属社区卫生服务中心，2家社区卫生服务中心成为上海交通大学公共卫生学院实习基地。

实施"2015—2017年度徐汇区卫生计生系统三级人才发展计划"，单设全科类，公卫、护理、中医三类均向社区倾斜，社区共22人入选系统人才，28人入选青年人才。积极选送全科医师参加"上海青年医师培养资助计划"，其中11人入选资助计划。同时加强继续教育，开办"三师"（健康管理师、心理咨询师、营养师）的培训班，提升家庭医生的综合健康管理能力。

（二）加强家庭医生签约服务支持平台建设

1. 强化专业技术支撑

依托两个紧密型医疗联合体和若干项目性医疗联合体，加大专科医生对家庭医生服务团队的支持力度，探索"全科专科结合"的新模式，增强签约服务的依从性,也让家庭医生更有依靠。

2. 提升临床辅检质量

强化"三大中心"(影像诊断中心、远程心电诊断中心和区域临检中心)的应用和管理,为家庭医生提供优质的辅助检查信息,让家庭医生更有底气。2017年度,影像诊断中心共出具报告35 352份,心电诊断中心共出具报告34 054份,临床检验中心检验样品1 325 029份。

3. 优化健康管理平台

家庭医生工作站是徐汇区家庭医生开展健康管理的有效工具。借助信息化手段,家庭医生可以通过健康数据共享,整合签约对象的各类健康服务信息,形成健康评估,开展分类健康指导和全程健康管理。例如通过大数据分析,家庭医生在工作平台上可以直接筛选脑卒中高危人群,从而动员患者开展同型半胱氨酸检测和颈动脉B超检查,从而做到"早发现、早干预"。

(三)加强家庭医生签约服务内涵建设

一方面,积极落实慢病长处方和延伸处方。徐汇区是较早开展社区慢病长处方试点区域,为稳定期的慢病患者一次开足8周的药量,降低了复诊率,避免慢病患者为配药而多次往返;同时积极开具延伸处方,引导患者下沉。截至2017年10月,开具延伸处方13.8万张,累计金额达2 524.85万元;开具慢病长处方42.5万张。另一方面,不断优化双向转诊机制。借助徐汇区丰富的医疗卫生资源,依托信息化手段,注重与区域优质资源的双向联动,畅通双向转诊渠道。① 畅通上转通道。即借助信息化手段,打通社区卫生服务中心与区域内中山医院、上海市第六人民医院、龙华医院、国际妇幼保健院等医院的上转通道,由家庭医生通过预约转诊平台直接为有需要的患者转诊至上级医院。截至2017年10月,由家庭医生预约转诊至上级医院9 836人次。② 探索下转渠道。2014年,徐汇区创新性开展"出院病人随访管理",整合二三级医院与社区卫生服务中心的卫生信息资源,完善双向转诊中的"下转"机制,为患者提供连续性医疗卫生服务,形成"大病上医院,康复在社区"的良性循环。该项目荣获"2015年度医院协会信息化优秀应用奖"。截至2017年10月,出院随访3.8万人次。

（四）不断丰富健康管理内涵

1. 加强防治融合

结合"国家慢性非传染性疾病综合防控示范区"工作的推进，建立完善脑卒中、糖尿病防治体系，开展脑卒中高危筛查和糖尿病慢性并发症的筛选，真正建立起"预防、治疗、康复"的防治网络。目前，脑卒中已经筛查40 162人，筛查出高危患者7 749人，对高危人群开展同型半胱氨酸实验室检查3 710人，颈动脉超声检查1 277人；已经完成糖尿病三大慢性并发症（视网膜病变、周围神经病变、肾脏病变）筛查的有15 067人。

2. 推广中医药服务

组建由龙华医院牵头的中医服务联合体，社区可网上预约龙华医院专家门诊，解决社区居民疑难杂症看名中医、名专家难的问题。2017年，已预约转诊102人次。联合开展师带徒培养计划，通过一对一导师带教的培养方式，对27名社区中医医生进行培养。联合推广特色适宜技术项目，龙华医院专家定期到社区开展适宜技术培训指导工作，让90%的全科医生掌握1～2项中医药适宜技术项目。联合实施"治未病预防保健服务体系项目"，在中心医院成立治未病中心，在社区开展中医"治未病"技术筛选、标准制定和技术培训。

3. 开展医养结合试点工作

结合"国家医养结合试点区"建设，家庭医生的服务触角不断延伸。与养老服务机构签约覆盖率达到100%，与辖区内有服务需求的37家养老机构和24家托老服务机构签订了服务协议。为有需求的居家养老老人建立居民健康档案，提供老年统一照护需求评估、出诊、家庭病床、免费体检等服务。2017年，上门出诊6.4万人次，建立家庭病床4 071张，免费体检17 943人。积极开展长期护理保险试点工作，社区卫生服务中心所有一线全科医生和部分护士参与老年照护评估培训，累计培训A类评估员162名，B类评估员479名。截至2017年11月，完成老年统一需求照护评估6 920人次。

4. 开展安宁疗护服务

逐步完善"医—养—护—送"链式服务单元，在康健、华泾、斜土等多家有条件的社区卫生服务中心开设了安宁疗护病房，目前有安宁疗护病床54

张,并进一步将安宁疗护从院内延伸到家庭。

（五）加强家庭医生签约服务工作的督导和激励

1. 加强家庭医生签约服务目标管理

将家庭医生签约服务列入2017年度区政府目标管理任务,年初明确目标和责任,加强定期督导考核,每月对市级评价指标（APP）进行详细分析和通报,将综合排名列入对社区卫生服务中心年度评优的重要参考。

2. 加强家庭医生签约服务的绩效激励

在绩效总量内,设立"1+1+1"组合签约服务专项激励,制定下发《徐汇区家庭医生"1+1+1"签约服务费考核分配方案（试行）》,以60岁以上居民签约率、签约居民就诊次数变化、签约居民在签约组合机构内门诊就诊比例等6个考核指标为质量系数,按照家庭医生组合签约后的服务数量和效果给予激励。2016年,经考核下拨专项激励259万元。2017年预计超过1 000万元。

三、创新·成效

（一）家庭医生工作成效初显

截至2017年11月底,1.0版家庭医生全人群签约率为61.13%,重点人群签约率为86.69%;2.0版本累计签约21.5万人,签约率为19.74%;其中60岁以上的签约人数为16.8万人,签约率为57.93%。社区首诊率49.99%,较上年上升1%,签约对象费用增幅低于全区全人群医疗费用的平均水平。

（二）优秀的家庭医生不断涌现

斜土街道的朱兰医生荣获"第九届中华医师奖"、"全国岗位学雷锋标兵"、"上海市劳动模范"、全国"最美医生"等荣誉称号。作为一名家庭医生,她治小病、管慢病、防大病,将病人的需要看作自己的价值所在,视病人为亲人。从医18年来,以爱心、真心和关心温暖患者心灵;以精

全国"最美医生"朱兰在小区给老人做健康宣教

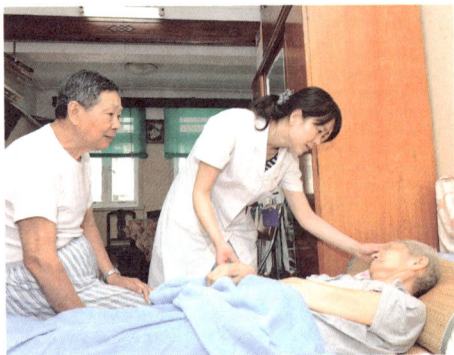

全国"最美医生"朱兰上门为居民服务　　　　家庭医生在卫生服务中心给病人看病

心、细心和责任心提升服务水平,是社区居民身边的健康"120",是居民眼中晒不黑的"兰姑娘"。随着家庭医生的不断推进,区域内居民满意的先进典型不断涌现,徐汇区先后有5人荣获"上海市十佳家庭医生"。

(三) 居民满意度和获得感不断增强

社区居民对家庭医生的满意度在多年的测评中一直处于高位,社区医患关系非常融洽。特别是随着慢病长处方、延伸处方的实行,签约居民的获得感不断增强。2017年4月13日,国家卫计委李斌主任专门视察徐汇区的家庭医生工作,并给予高度肯定。

四、启示·展望

(一) 办好家门口的医生离不开健全的制度保障

家庭医生得到老百姓的高度认可,特别是老年人的高度肯定,在应对社会老龄化方面做出了一定的贡献。成绩的取得,首先离不开制度保障,国家把构建家庭医生制度作为医改的重要内容和构建分级诊疗体系的抓手,各级政府都有深刻的认识,并专门制定了系统化的制度保障体系。

(二) 办好家门口的医生必须要以民众的健康为中心

正是因为家庭医生从居民尤其是老年人的健康需求出发,不断增加服务内容、增强服务能力,家庭医生制度逐渐被大多数百姓接受和认可,居民的大部分健康问题可在社区得到解决,慢性病得到了更有效的管控,居民的健康状况得到了改善,家庭医生也逐步成为社区居民信赖的医生朋友和健康管家。未来要进一步提升家庭医生的签约率和服务能力,不断满足人民日益增长的健康需求;同时要继续完善家庭医生签约服务内容,促使家庭医生从"居民健康的守门人"向"居民健康和医疗费用的综合守门人"转变。

(三)办好家门口的医生必须激发家庭医生的内在动力

医患关系不是一种简单的交易关系,而是一种建立在双方充分信任基础上的"特殊"社会关系。家庭医生的角色,首先是患者的朋友、亲人,其次才是医生。像朱兰这样的医生之所以成为社区居民身边的健康"120"和"兰姑娘",就是因为她将病人的需要看作自己的价值所在,视病人为亲人。但现在,这样的家庭医生数量还不够多,有些家庭医生还没找到职业的荣誉感,还缺乏主动服务、主动提升自身技术水平的驱动力。今后要通过评选"十佳家庭医生""首席家庭医生"等方式提升家庭医生的职业荣誉感,还要进一步完善激励和晋升机制等,让家庭医生虽然扎根"小社区",依然可以成为"大医生"。

"滨"至如归:建设者之家提升城区温度

一、背景·缘起

徐汇滨江位于黄浦江西岸,总面积约9.4平方公里,滨江岸线长11.4公里。作为上海六大重点功能区的组成部分,它是目前上海中心城区范围内唯一可以大规模成片规划开发的滨水区域。2015年下半年以来,随着徐汇滨江实质性开发的推进,一个个创意工程项目正在崛起,凝聚着无数建设者的智慧和汗水。徐汇滨江现有在建项目面积约200万平方米,在区域内工作生活的来沪建设者6 000多人,建设高峰期超过1万人。滨江建设者的大量集聚,形成了一个特殊的"社区",面临着管理不顺、服务不畅等问题,如何不让他们成为基层社会治理的"盲点",如何通过资源的有效整合,加强管理和服务,引导他们提升文明素质、融入城市社区生活,成为迫切需要解决的问题。为此,徐汇区委立足"以党建带群建、促社建"的工作思路,依托

徐汇滨江建设者之家外观

区域化党建工作基础，建立"区域化的资源整合机制、平台化的供需对接机制、多元化的自治共治机制"，在建设者集中居住区内成立综合服务站——"徐汇滨江建设者之家"，积极探索"党委领导、群团注力、企业尽责、社区保障、建设者参与"的工作模式。

二、举措·机制

（一）坚持党建引领，打造建设者之家

2015年10月，徐汇区委组织部安排了部分到徐汇基层锻炼的选调生到滨江西岸实习，成立了课题调研小组，在建设者集中居住区进行了3个多月的调研，形成了专门的课题报告，提出了建设服务站点的设想。徐汇区委在看了报告后，怀着为建设者打造一个"家"的初心，充分发挥总揽全局、协调各方的作用，2016年初启动项目，4月份完成土建，5月份进驻人员，6月份试运营，7月份正式启用。由西岸集团负责硬件建设，工青妇组织、龙华街道负责日常运营管理，相关委办局提供服务配送和技术支持，共同将建设者之家打造成一个特殊"社区"平台。一是硬件建设方面，滨江建设者之家的选址贴近服务对象，从集中居住区步行3分钟即可到达，整体设计简朴温馨，站点用的大多是建设过程中留下的材料，为可拆卸的轻钢结构，做到"工地开

到哪里，建设者之家建到哪里"。二是软件建设方面，坚持"支部建在工地一线"，成立"徐汇滨江建设者之家党支部"，由龙华街道推荐经验丰富的居民区书记任支部书记，邀请中建八局、上海建工等项目参建单位的党员作为支部兼职委员，对在工地上主动亮明身份或通过排摸发现的流动党员开展登记、教育、管理、服务工作。目前流动党员已达66名。三是招募党员志愿者建立志愿服务队，并引导建设者成立"西岸龙之队"自治团队，下设三队五组（三队：党员先锋队、青年突击队、职工服务队；五组：自治组、平安组、宣传组、文体组、服务组），完善志愿服务团队的组织系统。四是发挥建设者中流动党员的先锋模范作用，发动广大建设者参与志愿行动和站点运营，引导其自主治理和自我服务。

滨江建设者之家的党支部组织架构

（二）坚持需求导向，打造服务之家

建设者之家项目启动之初，徐汇区联合复旦大学开展了为期三个月的需求调研，确保站点功能"接地气"，服务项目"对胃口"。以工地建设者文化生活需求为导向是建设者之家的服务指南，滨江建设者之家党支部委员、讲解员罗佳妍说："我们和宝宝阿姨（建设者之家的灵魂人物、党支部书记蔡莉萌）一起，深入了解建设者需求，并将他们的需求和合作单位提供的服

徐汇滨江建设者之家服务清单

类　别	服务内容	资源支持
党建服务	**党员服务**：党员组织关系接转、党员学习教育、流动党员管理、入党积极分子教育培养等	区党建服务中心、龙华街道社区党建服务中心、各群团组织、西岸集团、各建设单位
	党建联建：与滨江地区各建设单位党组织共同开展党员组织生活，加强学习交流、发挥党员先锋模范作用	
	志愿服务：依托"党员汇公益"平台开展党员志愿行动，发挥特长为建设者服务	
	自治共治：整合区域单位资源，广泛发动建设者，通过3支队伍（党员先锋队、青年突击队、职工服务队）、5个小组（自治组、平安组、宣传组、服务组、文体组）实现自我管理、自我服务	
生活服务	**日常服务**：政策咨询、书籍借阅、电视播放、无线上网、健身棋牌、免费理发、工具维修、火车票代购、建设者讲堂（每周三晚）、电影放映（每周五晚）等	各群团组织
	便民超市：免费供应茶水，提供微波炉加热、特定商品代购、代收快递等	教育超市
	滨江集市：每季度组织商品特卖、爱心捐赠、便民服务等	各群团组织
法律服务	**日常服务**：法律咨询、法律援助、人民调解、公证预约、律师接待、警师联系、"96116"免费群团法律服务热线宣传等	龙华街道司法所
	职工维权：帮助建立工会、吸纳建设者入会，重点围绕劳动报酬、保险福利、劳动安全、工伤鉴定等提供专业服务	区总工会
	法律沙龙：定期开展法律沙龙活动，普及法律知识、解答疑问、互动交流	各群团组织
	普法宣传：每年开展两次普法宣传进工地活动，包括现场法律咨询、案例展示、发放宣传资料等	龙华街道司法所、各群团组织
卫生服务	**日常服务**：健康咨询、在线问诊、用药指导、急救包扎、换药护理、血压血糖检测、红外线理疗、计生咨询、流行病防控等	区计划生育协会、龙华街道社区卫生服务中心
	流动体检：每年分批次为建设者提供一次基础体检服务	区总工会
	疾病筛查：每年为女性建设者及建设者家属提供免费"妇科病、乳腺病"筛查、每年为建设者提供免费糖尿病筛查、定期进工地开展宣传义诊活动等	龙华街道社区卫生服务中心、各群团组织
	紧急救护：配备AED（自动体外除颤仪）、开展工地急救救护培训、组建建设者紧急救护队等	区红十字会

滨江建设者之家2017年服务清单

务进行匹配,形成需求清单、服务清单、活动清单,并定期更新,全年的活动安排均提前向建设者公告。"①针对建设者普遍反映的日常购物难、求医问药难、业余生活单调、缺少沟通交流等问题,建设者之家设立了便民超市、公共会客厅、法律服务站、卫生服务站、阅读空间、多功能活动室等服务区域,满足建设者多元化、多层次的日常生活需求。由于免去了租金和水电费,便民超市商品价格比市场同类商品便宜不少。卫生服务站由全科护士坐班,并引入区中心医院"云医院"服务,建设者可通过互联网与大医院专科医生"面对面"问诊,凭处方就近配药。紧跟工程建设作业规律和建设者休息规律,实行7×12小时错时工作制,平时提供电视转播、电影放映、无线上网、报刊借阅等文化服务,节假日安排爱心集市、便民服务、文艺演出等。

(三)坚持资源整合,打造群团之家

抓住群团改革试点的契机,建设者之家将工青妇等群团组织服务群众的功能集中起来,实现协同运作、融合共享。一是实行轮值站长制。区委组织部和工青妇等群团组织指派专人轮流担任站长,通过联合办公和项目配送,整合优势资源,比如,把工会会员服务和工青妇的维权职能统一整合到法律服务站,文化技能培训由工青妇和街道联合配送。据了解,目前建设者之家已经帮助项目工地建设工会,对已加入工会的会员,提供会员服务卡免费开通服务,向建设者讲解工会卡的五大功能(身份标识、基本保障、服务设施优惠、团购优惠、金融服务功能),教会工会会员通过手机使用"申工社"APP参与如"中秋特价月饼""春节火车票补贴"等优惠活动。二是积极引入"农之梦"青年公益服务社等第三方社会力量,发挥其专业优势,进行活动策划、动员组织、加强服务。三是利用服务热线和社交媒体,做到服务信息互通互享,构建网络化服务。依托信息化、网络化建设拓展服务的时间和空间,做到服务信息全覆盖。比如,开通建设者之家微信公众号,集成工青妇微信和"96116"群团法律服务热线功能,及时发布活动信息,引导建设者通过网络渠道申请加入群团组织,进行线上维权,打造24小时全方位服务的建设者之家。

---

① 郭慕清.上海徐汇滨江建设者之家:党建凝聚家园的芬芳[EB/OL].新华网,2017-07-16.

滨江地区建设单位开展党建联建共建活动

（四）坚持维权维稳，打造平安之家

建设者群体作为基层的、外来的、流动的弱势群体，由于法律意识与能力、维权意识与能力不足，在日常生活中常常面临着自身权益得不到充分保障的难题。为此，建设者之家设立法律服务站，由龙华街道司法所派驻律师、人民调解员，提供全勤值班式服务。将案件进行分类，与相关施工单位联系，积极协调，采取集约式服务措施，帮助建设者维护合法权益。比如，每季度举办一次法律咨询活动，邀请专业律师或法律专业的大学生志愿者向工地建设者讲解维权方法、渠道、流程，为建设者们答疑解惑，提高他们的法律意识和维权能力。站点运营以来，在建设者之家的协调下，工伤、欠薪等各类建筑工地案件均妥善解决。同时，定期举办专题讲座，宣传施工过程中的安全防护问题，提高建设者的安全意识。

三、创新·成效

建设者之家自2016年7月运营以来，共举办各类服务活动50余场，惠及建设者1.5万余人次。在这里，建设者不仅可以接受工会服务、基础医疗、法律咨询、正当维权、文化培训等多项服务，还可以听讲座、读书看报、看名家表演，丰富业余生活，提高生活质量。在这里，建设者重新寻觅到了家园的温馨，让上海这个他乡变成了"故乡"，增强了他们的城市心理归属感和认同感。建设者的获得感显著提升，文明素养日益提高，地区管理更加平稳有序，并被市委组织部授予"园区党建工作指导站示范点"称号。

（一）外来流动建设者社区治理构架基本形成

针对建设者集中居住区外来人员大量集聚、行政管理主体分散、人员流动性大的特点，面对公共服务体系尚不健全、党群组织覆盖不够系统、群众工作力量相对薄弱的现实挑战，徐汇区探索形成的是"党委领导、群团注力、企业尽责、社区保障、建设者参与"的治理模式。建设者之家的建成与治理实践，体现了区委牵头抓总、统筹协调的政府"元主体"体制优势，通过区域化党建平台，组织引导各领域、各区域单位党组织积极参与、对接资源，体现了党建优势；引导各级群团组织通力合作、优化服务，体现了群团优势；引导企业、社会志愿者组织等社会力量突破界限、发挥专长，体现了社会力量参与优势。同时，实现了对来沪建设者的再组织和再动员，将建设者工地这个服务管理工作的"难点"和"盲点"很好地融入城市基层党建的三级联动体系，融入创新社会治理加强基层建设的大局。

（二）党群联动机制逐步完善

城市大规模开发建设区域是安全隐患、各类不稳定事件滋生的高发区域。过去，单纯依靠项目建设单位这一单一的治理主体进行传统管理是无法实现有效治理的。为此，建设者之家以社区党建和流动建设者文化生活服务活动为突破口，大力宣传开展健康向上的文化娱乐服务活动，不断提高建设者群体的文明素质和生活质量。在徐汇党委的正确领导下，逐步构建了党群联动的服务机制。工青妇等群团组织扎根工棚，开展组团服务。通过整合服务资源，有效发挥了各个群团组织在服务对象和服务能级上的叠加效应。通过在一线工地开展服务，也使基层群团组织的影响力不断增强。近一年来，滨江建设者工会联合会吸纳工会会员1 469名，覆盖5个项目工地；团委联合妇联开设建设者子女暑期夏令营活动；妇联针对建设工地中女性职工和随同家属定期开展妇科病免费筛查等，都使建设者切切实实感受到了"家"的关怀。

（三）建设者获得感与满意度显著提高

建设工人群体流动性大，常年在外打工的经历让他们更渴望有一个温暖的"家"，有一个遮风挡雨的港湾。"坚持以人为本、围绕实际需求、实现价值引领"，是建设者之家开展一线服务工作的核心要义。过去，因为工地宿舍的用电限制，他们没法看电视、上网，业余生活枯燥乏味。自从建设者之家建成后，越来越多的建设者愿意到"家"里坐坐，或是和工友们聊聊家常，或是用手机连接无线网络和家人视频对话。同时，建设者之家还为他们准备了各类文娱活动和知识技能讲座，满足他们多方位的物质文化生活需求。不少建设者反映，徐汇滨江的建设工地是他们见过的最好的工地。一些建设单位也提到，滨江建设者之家建成后，"工人们的干劲更足了，熟练的工人也不频繁跳槽了"，"他们喜欢待在这里，有时候到了晚上九点，他们很多人还是舍不得走，这里让他们在上海这座大城市感受到了家的温暖，让他乡成了故乡，"建设者之家的支部委员罗佳妍不无感慨地说[①]。"家"的存在，成为建设者选择滨江、留在滨江、奉献滨江的重要因素，让建设者找到了"被重视""被尊重"的感觉，从内心感受"开放、包容"的上海城市精神，增强了对上海的认同感和归属感。

四、启示·展望

在外来流动建设者之家的建设过程中，基层党组织的领导，"以人为本"的理念，以及与时俱进的精神发挥了重要作用。首先，基层党组织作为外来流动建设者之家建设中的主导力量，全程参与其中。不论是最初的立项、基层走访与调查，还是之后引入各项社会资源、设立活动中心，为外来建设者们提供所需的各种公共服务，都有基层党组织工作人员忙碌的身影。在基层党组织的有效组织和领导下，外来流动建设者之家的建设工作不断顺利完成，为广大外来务工人员在异地他乡提供了一处归依之所。其次，"以人为本"的建设理念，是外来流动建设者之家取得成功的另一项重要因素。在外来流动建设者之家的建设过程中，该理念贯穿始终：在立项之初，各主

---

① 郭慕清.上海徐汇滨江建设者之家：党建凝聚家园的芬芳［EB/OL］.新华网，2017-07-16.

办单位便围绕外来务工人员的各方面需求进行了基层走访与调查,并以满足此类需求作为外来流动建设者之家建设的出发点;在建设过程中,主办单位还根据实际情况,逐步增加了诸如医疗、法律服务等各项外来务工者所需的服务,以确保外来流动建设者之家能够有效地满足广大工人对公共服务的多方面需求,充分体现了以人为本的精神。最后,与时俱进同样是外来流动建设者之家建设过程中的亮点。互联网、自媒体等信息技术充分应用到外来流动建设者之家的公共信息公开与公共服务供给过程中,各种现代科技不仅成为信息发布交流平台的重要技术保障,而且有效解决了向广大外来流动建设者提供差异化公共服务的难题。由此可见,发挥与时俱进的精神,充分运用现代科技,是外来流动建设者之家取得成功的又一要诀。

　　总之,外来流动建设者作为滨江地区的主要建设力量,在城市建设中发挥着重要作用。因此,作为公共服务供给方,想其所想,务其所需,不仅是保障滨江开发区建设顺利进行的必要举措,也是心系人民、推行公共服务均等化的重要途径。虽然大多数流动建设者在大厦落成之后仍然会继续在另一处混凝土森林中挥洒汗水,但至少外来流动建设者之家能让广大外来务工者感受到来自上海的些许温暖,并吸引更多优秀的建设者参与到上海建设中来。

精打细算:创新政府购买社会工作服务模式

一、背景·缘起

　　徐汇区作为国际化大都市的中心城区,要求政府服务管理水平更加精细和精准。徐汇区政府多年来不断探索健全本区基本公共服务体系的方法,推动政府职能转变。培育发展好公益性社会组织,发挥社会组织在社会建设、社区服务中的主体作用,是徐汇推进社会治理创新中的重要实践经验。通过政府购买社会工作服务这一形式,有助于促进政府职能转变,更好地发挥市场在资源配置上的决定作用,更有利于推动社会组织的发展,进而在社会治理中形成正向循环的增益。

2013年,根据徐汇区人大议案及区委、区政府的要求,区民政局会同区社建办、区府办、区财政局等部门,根据《国务院办公厅关于政府向社会力量购买服务的指导意见》(国办发〔2013〕96号)和民政部、财政部《关于政府购买社会工作服务的指导意见》(民发〔2012〕196号)的精神,结合本区的实际情况,以满足城区治理创新和市民实际需求为出发点,探索和制定本区推进政府购买社会工作服务的实施方案。徐汇区成立了由分管副区长为召集人,区社建办、区府办、区编办、区民政局(社团局)、区财政局、区发改委、区机管局(区政府采购中心)、区审计局八个部门组成的徐汇区政府购买社会工作服务联席会议(以下简称联席会议),下设办公室在区民政局(社团局)(以下简称联席办),全面负责本区政府购买社会服务的各项工作。四年来,徐汇区结合财政协同理财,建立并不断完善政府购买社会工作服务的各项机制,切实提高了政府购买社会工作服务的实效和科学化管理水平。2014年至2017年,各部门推出的项目数量逐年增加,项目金额增长了10倍,合计立项222个,涉及资金近1亿元。

二、举措·机制

(一)建立规章制度

2013年,制定了《徐汇区关于政府购买社会工作服务的实施意见》(徐府办发〔2013〕18号),并配套发布了操作细则和项目采购方案。2014年,出台了《徐汇区关于进一步推进政府购买社会工作服务的实施方案》(徐府办发〔2014〕13号),突出了条线职能部门的指导作用,具体划分了五大工作流程,对服务项目的实施操作提出了更明确的要求。2015年,联席办研究制定了《徐汇区政府购买社会工作服务项目评估办法(试行)》,明确了通过第三方机构评估的标准、细则、流程和收费标准。

(二)精细化操作流程

1. 确定目录

以城区治理实际需求为导向,确定了三级目录体系:一级目录主要是服务领域,如"社会服务领域、社会事务领域、其他领域"三大类;二级目录根据政府条线职能划分,如民政、残联、卫生等,目录名称与职能部门名称一致;三级目录是服务类别或其具体延伸内容,由职能部门确定,如为老服务、医疗服务、就业服务等大类。每年联席办会根据实际需求变化对目录进行细化调整。

2. 项目立项

购买主体根据发布的三级目录,形成并上报下年度拟正式购买的项目,在预算审核中,由各单位将立项(变动)项目申请及预算申请录入政府购买社会工作服务信息平台,在对各单位申报的需求进行梳理汇总后,经由联席会议审核,纳入各单位部门预算,一并提请人代会审议。

3. 项目采购

各购买主体按照相关采购办法实施采购,对属于当年度政府采购目录范围的,要求单位按照政府采购的有关规定实施,完成采购并签订合同。

4. 项目实施

购买主体按照项目合同要求,做好跟踪指导,督促承接组织上报项目进展情况,联席会议适时进行监督。

5. 项目评估

购买主体根据立项时所确定的评估办法和方案,自主组织中期、终期或年度的项目评估,也可由联席办委托第三方开展项目评估。

(三)加强信息技术应用

联席办在2014年开发了徐汇区政府购买社会工作服务信息平台,立足"简便、易懂、全面、公开"等原则,减少审核环节,避免了重复输入和多次审核的情况,将购买社会工作服务的工作流程,全部在信息平台上展现并操作。信息平台2014年6月底正式上线,2015—2017年度的项目目录征集、项目立项申报和审核都在信息平台上进行操作。

三、创新·成效

(一)通过机制建设明确了"买什么""向谁买"和"怎么买"问题

政府购买社会工作服务的目标就是为了转变政府职能,改变以往政府"大包大揽""无所不为",解决政府职能"越位""缺位"和"错位"的问题,

徐汇区政府购买社会工作服务信息系统

同时要避免"撒手不管"和"甩手掌柜"现象的产生,确保政府全面正确地履行应尽能尽的职责。通过明确哪些服务可以买、哪些不该买,适应经济社会发展水平,精准定位市场需求,在教育、就业、养老、救助、文化体育、残疾人服务等基本公共服务领域,要逐步加大购买力度,非基本公共服务领域,要更多更好地发挥社会力量的作用。通过明确承接项目的主体范围,让有专业能力的机构和组织与项目的实际需求精准对接,保证项目有效运行。通过明确、严格、规范的项目采购流程,让具有资质的承接主体在公正的环境中参与项目竞争。通过建立严格的监督管理和绩效评价体系,对项目的立项、采购、实施、评估等各环节进行监督管理,确保政府购买服务的整个过程公平、公正、公开。例如龙华街道通过需求调研,精准定位了社区居民对家政服务专业化、优质化的需求,通过购买"巾帼家政龙华店"培训服务,开展一对一的有针对性的岗位专业知识及文化素养等方面的培训,目前已经获评市级示范性家政服务站。

(二)公共综合服务水平显著提高

政府变养人为养事,将自身的精力更多地从具体事务性工作中摆脱出来，投入到规则制定和社会公平正义的秩序维护上来。例如区文化局开展为居委会购买数字电影放映服务项目，花费100多万元购买放映服务，让社会组织为全区300多个居委活动室配置电影放映专业硬件设备并购买片源，既解决了文化部门自己做，人手和专业服务水平不够的问题，也更好地满足了全区广大社区居民的基本文化需求，丰富社区文化宣传阵地的内涵。随着这项工作逐渐深入人心，各职能部门越来越愿意把自己的工作设想用项目的形式加以包装，向社会购买服务，业务内容逐年拓展，服务项目的领域已由传统的民生类，向市容整治、社会矛盾化解、社区教育、社区公共卫生、区域商业、垃圾分类、文化影视、社区自治共治等公共服务和管理类拓展。

（三）有效促进了社会组织发展和壮大

有项目可做是维护社会组织生存和成长的基石，大量的实践操作则有助于提升社会组织的经验和能力水平。徐汇区通过政府购买社会工作服务这一形式，为近百个社会组织提供生存和发展的机会，进一步提升了他们专业化服务的能力和水平，并引导社会组织深植于社区，形成社区、社工、社会组织"三社联动"的良好局面。很多社会组织如凌云街道"绿主妇"公益组织通过承接徐汇区政府的服务项目，不断做大做强，拓展业务范围，把自己成功的经验拓展到其他领域，在全市生根开花，凌云"绿主妇"获得第二届上海社会建设"十大创新项目"的荣誉称号。徐汇区还通过场所支持、项目资助等形式，鼓励更多的社会组织参与提供公共服务，激发和增强社会组织的活力，有助于形成一批有良好信誉、拥有品牌优势和核心竞争力的社会组织。

四、启示·展望

（一）整合资源，进一步完善政策体系

政府购买社会工作服务涉及面广、内容丰富、要求严格，徐汇区通过成立联席会议，明确部门职责分工，加强协同，形成合力，确保政府购买社会工作服务的有效对接和制度化推进。充分利用现有资源优势，依托区政府门户系统和政府采购等工作平台，建立了政府购买社会工作服务信息平台，提

升了工作效率。徐汇区将进一步完善相关政策制度，持续修订完善《本区
政府购买社会工作服务项目目录》（见表4-2），不断扩大项目范围，进一步
运用市场化、社会化方式，逐步将应由政府提供、适合社会组织承担的事务
性公共管理和服务交由社会组织承接。

表4-2　2017年徐汇区政府购买社会工作服务项目目录

序号	一级目录	二级目录	三级目录
1		宣传	志愿服务
2		老干部	关爱服务
3			流动人口子女
4			健康教育促进
5		卫生和计划生育	青春关爱
6			妇幼关爱
7			失独家庭
8			亲子指导
9		司法	帮教服务
10	社会服务		为老服务
11			婚姻服务
12		民政	退役安置
13			双拥优抚
14			社区服务
15			帮困救助
16		教育	老年教育
17			文化市场
18		文化	文物工作
19			非遗保护
20			公共文化

续　表

序号	一级目录	二级目录	三级目录
21	社会服务	体育	体育赛事活动
22			群众体育
23			青少年体育
24		旅游	旅游服务
25		房管	物业管理服务
26		工会	文化家园
27			心理援助
28		团区委	青少年服务
29			青少年维权
30		妇联	妇女儿童关爱
31		残联	残疾人扶助
32			残疾人文化体育促进
33			残疾人康复
34		档案	档案服务
35	社会事务	社会建设	人才培育
36			共治自治
37			政策研究
38		信访	矛盾化解
39		科委（协）	项目服务
40		公安	鉴定服务
41		人社	培训机构服务
42		民政	社区管理
43			社会组织
44		审计	内审服务
45		旅游	住宿企业服务

序号	一级目录	二级目录	三级目录
46	社会事务	绿化和市容管理	市容环境
47		环保	环境治理
48		房管	房管业务培训
49		安监	安全检查
50			安全评审
51		民防	民防工程服务
52	其他	防范办	社会化帮教

（二）加强指导，有序推进政府职能转变

根据政府职能转变及《行业协会商会与行政机关脱钩总体方案》要求，徐汇区积极推进行业协会商会与行政机关脱钩工作，对原来有财政预算支持的行业协会商会在两年过渡期内按原经费管理渠道继续给予一定支持并逐年递减，最终取消行业协会商会财政拨款，转而通过购买服务等方式支持行业协会承接政府转移职能。持续开展对社会组织的专业能力培训，针对性开展购买服务项目的财务和负责人培训，大力推进社会组织规范化等级评估工作，提升社会组织承接政府购买服务项目的能力水平，使社会组织成为承接政府服务权责下放的有效载体，助力政府职能转变。

（三）提高效能，完善信息平台建设

联席办开发的购买社会工作服务的信息平台，减少了纸质材料的流转，加强了环节审批节点的规范和档案管理，切实提高了工作效能。同时，信息平台的建设也为服务项目的信息公开提供了载体，方便社会组织及时了解政府购买社会工作服务的政策和需求，减少了信息不对称的情况。徐汇区将结合打造科创中心的总体要求，积极对接智慧城市平台建设，进一步改进系统功能，提升系统运行效率。同时将加强项目评价结果的运用，完善承接购买服务社会组织名录，探索"异常名录"和"黑名单"制度，加强信息化应用，实施政府购买社会工作服务的"智慧管理"。

"三社"互动：打造社会组织孵化成长平台

一、背景·缘起

社会公益组织是指不以营利为目的，从事公益性、互益性、服务性活动的非政府、非企业、非市场的社会组织，具有公益性、非营利性、非政府性、志愿性、服务性等组织特征。在社会治理结构中，社会公益组织是政府主体与企业、居民等社会主体之间的桥梁和纽带，它与政府部门之间的关系是政府（相关部门）"元主体"领导下的合作伙伴关系。当前，在中国社会公益组织发育不充分、职能结构不完善的情况下，社会公益组织需要政府主体的培育和孵化。上海徐汇区积极探索"三联"的培育和孵化模式，打造社会组织发展平台，更好地发挥了社会公益组织的积极作用。徐汇区社会公益组织孵化园建设，自2011年底启动以来，共有徐家汇和斜土两个园区建成投入运作，至2016年底共培育和扶持了73家社会公益组织，他们活跃于各街镇社

徐汇区社会公益组织孵化园

区和社会群体之间，发挥所长，积极参与社会治理，为徐汇的街区治理和社会建设注入了新的能量。

2011年以前，徐汇区枢纽型、支持型的社会组织寥寥无几，社会治理和社会建设领域内的社会组织几乎没有，社会组织参与社会治理的能力水平也不是很高。自2011年底开始，经由社会公益组织孵化园的培育、孵化和建设，徐汇区社会组织发展呈现出以下特点：一是数量较多。徐汇区社会组织注册登记数一直在全市名列前茅。截至2017年底，已经有社会组织840家，其中社会团体144家，民办非企业单位696家。二是分布领域较广。社会组织分布在教育、民政、人社、卫生、文化、体育、科技等多个领域。三是规模较大。根据2017年度检查统计，徐汇区社会组织年度收入已达到近26.5亿元，就业人员超过1.8万人，尤其在教育和文化领域，徐汇区有一些具有全市影响力的社会组织。

二、举措·机制

2011年，根据《中共徐汇区委办公室、徐汇区人民政府办公室印发〈关于加快本区公益性社会组织培育发展的指导意见〉的通知》（徐委办〔2011〕55号）精神，徐汇区筹建社会公益组织孵化园，重点扶持养老助残、社会工作、产业服务、法律援助、矫正帮教等公益性与服务性的社会组织。健全规范社会组织行为的相关管理制度，完善社会组织综合管理格局，提升社会组织能力建设水平。徐汇区社会公益组织孵化园项目作为区委、区政府重点支持的工作，成立了徐汇区社会公益组织孵化园管理委员会（以下简称管委会），由区社建办、区府办、区民政局（社团局）、区财政局、区审计局等多部门组成。管委会下设办公室在区社团局，负责具体组织实施工作。

在孵化园建设和运行中，徐汇区社建办、区政府办、区民政局多家单位协同推进，充分结合本区实际，注重资源整合和功能发挥，形成了社会公益组织孵化园与社区生活服务中心、社区社会组织社区实践基地相融合的发展模式。在运作过程中，着力探索孵化园与生活服务中心机构联办，生活服务中心与实践基地项目联动，孵化园与实践基地服务联合的"园区、中心、实践基地"三位一体的"三联"运行模式。"三联"运行模式的建立,不仅在地理空间上分布合理,使社会组织与社会生活服务中心、社会实践基地密切融合,聚拢了大量人气,同时还让社会组织和项目深入社会基层的"毛细血管",广接地气,让社会公益服务落到实处,在社区和民众日常生活服务的土壤里扎根成长。

目前,徐汇区社会公益组织孵化园培育和发展公益性社会服务组织,为社区居民提供便民性公益服务,满足了居民的日常生活服务需求,在创建文明、和谐、幸福、美好社区方面走在全市前列,取得了明显成效。当然,这种社区公益服务还存在着不充分、不平衡、不完善的地方,还需要进一步整合社会组织服务资源、发挥政府主体的支撑作用,并规范社会组织发展和服务模式,以便社会组织为社区居民提供更优质的社会公益服务。

(一) 进一步整合区域资源

根据市委《关于进一步推进社会组织参与社会治理的工作方案》的精神,积极贯彻市委创新社会治理、加强基层社区建设的工作要求,不断完善社会组织服务平台建设。区孵化园管委办将联合两个园区资源,将孵化园的优质服务效应持续向全区辐射,向各街镇推荐优秀项目和优秀社会组织;同时加强13个街镇的社会组织服务中心建设,增进服务信息交流和服务资源共享,提升规范化社会组织的运作水平和服务能力。

(二) 进一步发挥支撑作用

社会组织直接登记改革后,对传统的社会组织管理办法提出了挑战,在社会组织登记制度改革的趋势下,为贯彻中办、国办关于社会组织健康有序发展的意见精神,将进一步发挥孵化园和街镇社会组织服务中心对社会组织创业服务的支撑作用,提供政策辅导、注册协助、资源对接、项目运作和人才培训等扶持;同时加强对社区社会组织、备案群众活动团队的服务和管理引导,培育具备登记条件的自发性"草根社会组织"发展成为成熟的社区社会组织。

(三) 进一步规范社会组织服务方式

积极配合《中华人民共和国慈善法》的实施,以及关于中办、国办社会组织的相关政策法规,结合徐汇区关于社会组织发展的政策,在制度层面上,加大对社会组织法律法规的宣传力度,规范社会组织的组织管理、运作方式和服务形式等,引导社会组织自治自律,规范服务,营造社会组织发展的良好局面,切实促进社会服务组织在公益性、服务性、自律性等方面提升服务能力,更好地满足社区居民的日常生活服务需求。

三、创新·成效

徐汇区在2011年底和2012年初分别建成两个社会公益组织孵化园园区:一是徐家汇园区,建筑面积约为1 200平方米;二是斜土园区,建筑面积约为1 500平方米。截至2017年底,徐汇区投入孵化园建设和社会组织培育的资金累计达1 000余万元,努力实现社会公益组织培育实体化、社会管理创新项目化、社会协同参与区域化、社会工作队伍职业化。

(一) 健全管理机制,强化培育孵化功能

徐汇区社会公益组织孵化园管委会制定了《徐汇区社会公益组织孵化园管理和扶持办法(试行)》(徐民发〔2011〕16号),坚持以社会公益性服务为宗旨,围绕社区居民基本生活服务需求,鼓励和引导社会组织以社区居民生活为基础,以公益性服务为宗旨,以非营利为目的,为社区居民提供质优价廉、无偿或低价的民生服务,为民排忧解难,促进和谐、幸福、美好的社区建设。五年多来,孵化园共培育和扶持了78家社会组织。其中,枢纽型的核心社会组织有徐汇区社会工作协会、徐汇区居委会工作协会等;支持型的社会组织有徐汇区社会组织服务中心、徐汇区社会组织评估中心、索益公益文化发展中心等;社会治理和社会建设领域的专业社会组织有先行法治调解中心、徐家汇社区嘉汇物业管理事务指导中心、心工坊社工师事务所等;公益服务类社会组织有百老德育讲师团、凌云"绿主妇"环境保护指导中心、虹梅庭公益服务中心等。凌云"绿主妇"和虹梅庭还分别荣获了第二届和第三届上海市"十大社会创新项目"荣誉称号。在财力、人力、物力和场地支持方面,孵化园除了为培育和扶持的社会组织提供开办费补贴,为入驻园区的社会组织提供免费的办公场所和公共活动场地外,还提供财务和人事代理、培训交流和业务指导等增值服

务。斜土园区还成立了新社会组织服务中心党支部，每月开展一次党组织生活，为入驻园区的社会组织提供党建服务，增强了社会组织队伍的凝聚力。

（二）加强协调对接，搭好社会组织与政府的沟通平台

孵化园积极做好三方面对接：一是加强与街道（镇）的对接。将孵化园内培育发展的优秀社会组织向街道镇进行推介，同时将街道（镇）在社区服务方面的需求与公益性服务考核合格的社会组织进行对接。二是加强与社区实践基地的对接。充分发挥各社区实践基地的作用，通过项目联动，使社会组织在社区的服务项目能落到实处。同时，通过实践基地吸引社会工作者，拓宽社会组织人才队伍建设的渠道，达到"社区、社会组织、专业社工"的"三社"互动。三是加强与政府购买社会工作服务项目的对接。根据2013年《徐汇区关于政府购买社会工作服务的实施意见》和2014年《徐汇区关于进一步推进政府购买社会工作服务的实施方案》的精神，推进社会组织参与政府购买社会工作服务项目，同时也对一些通过规范化等级评估和承接项目表现优秀的社会组织进行推介。几年来，入驻孵化园且被扶持的社会组织，承接社会服务项目50余个，开展活动1 000余场，涉及范围覆盖为老、青少年、妇女、优抚、残疾、文化、贫困等多个领域。

（三）结合社区需求，建立园区优质服务品牌

徐汇区社会公益组织孵化园发展过程中，始终以社区居民需求为导向，开展各类社会公益活动，满足政府公共管理与服务的部分职能向社会转移的需求，加快社会组织培育发展，实现政府民生服务与居民实际需求的有效对接。建立园区优质服务品牌，大力推动社会管理创新，不断提

社会组织开展公益沙龙活动

徐汇"智汇公益·服务民生"公益项目推介展示会

升社区服务能级。区民政局（社团局）大力推广"智汇公益"系列品牌活动，不断创新内涵。2012年，在孵化园开展了"智汇公益，服务民生"公益项目推介展示会；2013年，与市第三届"公益伙伴日"活动联动，以"智汇公益，美丽社工"为主题开展了徐汇区首届社工文化节暨社会组织自律诚信建设启动活动，通过版面介绍、签名承诺、宣读倡议、评优表彰、文艺演出等多种形式宣传孵化园工作。目前，孵化园每月一次的"公益大篷车""公益大巴士"，每周一次的"公益沙龙"已成为园区周边社区居民所熟知的社会组织品牌服务活动，定期为居民们提供免费理发、摄影拍照、家电修理，以及法

徐汇区公益伙伴日暨首批百家公益基地授牌活动

律、医疗、卫生、教育等各类便民咨询服务。每年,社会组织还结合上海公益伙伴日活动开展徐汇区分会场活动,受益居民年均近2万人次。

四、启示·展望

随着政府在公共服务供给中的角色逐渐由"划桨"转变为"掌舵",各种公益组织在公共服务供给中的作用逐渐凸显出来。然而,在当前社会转型的大背景下,如何有效地鼓励和发展公益组织,并借此实现人民自我管理、自我服务的目的? 社会组织孵化发展平台的构想和实践,无疑为解决以上问题提供了有益的经验和有效的借鉴。

社会组织孵化发展平台的经验表明,在通过公益组织为社会提供差异化公共服务的过程中,政府应当做好引导、规范和支持三方面的工作,为社会组织的成长创造必要的环境。首先,社会组织的建立和发展需要必要的社会资源,当地政府就通过引入其所需的各种社会资源,建立社会组织孵化发展平台,帮助各公益组织克服建立和成长阶段的各种困难。其次,为充分发挥公益组织作为基本公共服务的重要补充者,并差异化公共服务提供者的定位和优势,政府秉着"民可,使由之"的精神,鼓励广大居民和公益热心人士根据民众的切身需求创立各种公益组织,通过群策群力、集中民智的方式满足人民的迫切需求。最后,地方政府通过制定和完善公益组织管理规章制度,加强公益组织管理,实现了对公益组织的引导,以及对不同公益组织的优胜劣汰。

总之,在社会的现代化、城市化和智能化进程中,公益组织在填补基础公共服务空白、为人民群众提供差异化公共服务的过程中,将发挥越来越重要的作用。而通过管理和引导公益组织,在实现公共服务供给均等化的同时,充分满足公众对公共服务的特殊需求,将是地方政府职能转变的重要方向之一。而社会组织孵化平台在实现政府对公益组织有效管理的同时,也保留了各种公益组织的特色与活力。相信今后会有众多成功的公益组织从这里走出,为人民和社会提供令人满意的公共服务。

案例评析

　　以上八个案例，虽各有侧重，但均反映了徐汇区在公共服务方面所做的精细化探索。案例1和案例2的侧重点是优化；案例3、4、5的重点是理念的转变；而案例6、7、8则是角色的转变。

　　从案例1"化繁为简：'互联网＋'提升政务服务整体效能"中可知，如何改变政务服务办事难、办事繁、办事慢等问题，提高办事满意度是服务型政府建设的重要目标。单位分散、业务不协同、数据不共享是造成上述问题的主要原因。徐汇区的行政服务改革，第一步是实现物理空间的集聚，缓解了多门奔波的问题；继而通过"互联网＋政务服务"，打破了服务时间的约束；而一号申请、一窗受理、一网通办，大大精简了不必要的服务内容，提高了办事的效率；在精简的同时，充分利用大数据等分析手段和智能化服务手段，不断对所提供的业务进行分类优化和细化，让民众能够更加准确、更加高效地获得所需要的服务，进一步提高了办事的效率。政务服务的优化，除了服务本身，更体现了顶层设计和服务理念，未来各个部门要切实在顶层设计的架构下高效合作，方能实现政务服务的进一步提升。

　　案例2"三'一'两'全'：提升社区事务受理服务效能"告诉我们，城市是有温度的，是人性化的，现代城市已走向智慧城市、人文城市，而"智慧"和"人文"主要体现在：政府（部门）行为主体在城市治理的现代化进程中提供智能化、人性化的便捷服务，使城市居民对美好生活的服务需要得到更充分的满足，城市居民的服务获得感直接体现在与人民群众日常生活最近的城市街区（街道、镇、社区）的服务中。徐汇区的城市社区事务受理服务中心的创新实践主要体现在：一是全面落实了"六统一"（服务事项、办事流程、建设规范、标识标牌、管理软件和评估体系），率先在全市范围实现了"三一两全"（一门办理、一口受理、一头管理；全年无休和部分事项的全区通办）。二是着力探索构建"未来政务云"服务模式。利用信息化技术和信息互动网络，加强政社互动和跨界合作,通过智能查询服务、政务全程公开、政务延伸服务,让居民"办理事项早知道""办理过程可查询""办理方式可选择",进一步推进受理中心服务的公开、便捷、人性、透明。2014年,在民政部召开的"2013年度中国社区治理十大创新成果发布会"上,徐汇区"城市社区事务受理服务中心的创新实践"位列"2013年度中国社区治理十大创新成果"第二名,是上海市唯一入选的成果项目。该项目在促进城市社区治理体制机制和方式方法创新,推进城市治理能力现代化,构建人文城市社区、智慧城市社区、有温度的城市社区等方面迈出了一大步。

就"'邻里汇'汇邻里:培育有温度的社区"案例而言,"管理"需要以一元化的主体为主导和核心,带有较强的强制性,偏重于自上而下的科层或层级机制。当然,这种机制也可以通过自下而上的反馈机制趋于完善。"治理"更多强调主体的多元性,偏重于各主体之间的参与性、平等性、自愿性、协商性和共治性。不管是"管理"还是"治理",都需要有一个"元主体"为主导,政府主体无疑责无旁贷。在多元主体共同参与治理的过程中,从参与主体的横向角度看,各主体之间是非强制性的共同参与、平等协商对话、共同治理关系。然而,从不同社会主体的科层体系来看,在参与治理的不同主体内部,依然存在着自下而上的科层制管理和组织系统,如此才能保证该主体力量的积极参与。因此,"管理"和"治理"、"精细化管理"和"精细化治理"二者不是相互分离的"两张皮",而是皮肉相连的依存和包容关系。徐汇"邻里汇"在社会治理机制上,以政府为"元主体",构建立体化多层管理机制,组织、调动、协调其他社会主体(如非政府组织、居民)的参与力量,构建了立体化、社会化、专业化、规范化的多元主体协商共治的治理机制和程序,确保"邻里汇"公共服务扎根基层,落到实处。徐汇"邻里汇"的社区服务实践表明,社区精细化管理和精细化治理是合二为一的,二者不存在理论概念的鸿沟以及管理和治理实践过程中的分离。

就案例"统一需求评估:实现养老资源精准匹配"而言,养老服务行业存在几个突出的问题:第一,养老服务资源总量的相对不足;第二,养老服务分散在多个不同的部门;第三,养老服务资源供给与需求的不匹配,有限的资源未能提供给最需要的人群。为了更好地满足居民对养老服务的需求,也相应有三个举措,即资源统一,精准识别需求与精准提供服务,以及养老服务资源总量的适当增加。前两个措施短期可以奏效,第三个措施则需要更长的时间。徐汇区老年照护统一评估就是回应了前两个举措,统一实现了资源的整合,解决了供给侧的"散"所导致的重复提供、沟通协调低效等问题;以老人身体状况评估结果为服务匹配标准,实现了需求的精准识别,规范的服务供给流程和监督反馈机制,保障了服务的精准提供。而统一的管理和服务平台则保障了整个流程的高效运作。未来要继续完善系统,尤其是评估的准确性。

就"'医'步到家:提供居民满意的社区卫生服务"案例而言,看病难、看病贵是当前一个突出的民生问题,医院为中心是这个问题的重要推手。早日实现分级诊疗,让民众"小病在社区、大病进医院、康复回社区"是破解看病难、看病贵的重要着力点。由于历史原因,中国社区卫生服务发展滞后,社区卫生服务的职能定位与医院基本雷同,但社区卫生服务的医疗技术水平和硬件设施等与医院无法相提并论,导致民众对社区卫生服务不认可,最终出现医院一号难求,而社区卫生服务中心门可罗雀的状况。推行家庭医生制度,让家庭医生从一个治疗为主的角色转变成六位一体的健康"守门人",是实现就医重心下沉的重要举措。在这个转变过程中,家庭医生要以民众为中心,以民众最迫切的健康需求为导向,并在此基础上细化职能、完善内容、主动出击、提升水平是家庭医生制度良性运转,并被民众接受并产生黏性的不二法门。徐汇区在几个方面都已经做了很好的探索,也取得了阶段性的成果,接下来要提升基层执业环境在从业人员心目中的地位,建立更好的激励机制,通过外在和内在机制的结合,吸引更多的优秀人才加盟社区、留在社区、荣在社区、功在社区;同时也要尽可能地利用好医联体等制度,实现家庭医生和医院更高效的整合,尽快实现健康中国的战略目标。

　　就"'滨'至如归：建设者之家提升城区温度"案例而言，党的十九大报告指出，当前中国社会的主要矛盾由过去的"人民日益增长的物质文化生活需要同落后的社会生产之间的矛盾"，转化为"人民日益增长的美好生活需要和不平衡不充分的发展之间的矛盾"。作为城市建设的有生力量和寓居于城市的建筑工人、农民工群体，工地建设者的日常生活服务长期得不到关注，他们承担着繁重的体力劳动，对美好生活的需求更加迫切。然而，他们的居住环境、软硬件生活设施和公共服务相对不充分不平衡。党的十九大报告同时指出，要"加强社会治理制度建设，完善党委领导、政府负责、社会协同、公众参与、法治保障的社会治理体制"。徐汇区心怀"大爱"，成立"滨江建设者之家"，为工地建设者群体的日常生活服务，提升他们的医疗健康水平和生活质量。"滨江建设者之家"基于政府相关部门、基层政府管理部门和企业、非政府组织的志愿服务队、流动党员等治理主体的共同参与，构建了"以政府为元治理主体，不同治理主体共同参与，协商共治"的治理主体结构，形成了以"党建"为抓手、以流动党员为核心的服务体系。在具体的公共服务实践过程中，取得了明显成效，有力提升了基层的、外来的、流动的建设者群体的获得感和幸福感，提升了他们的集体归属感和对上海城市的心理认同感，从而进一步激发他们的建设活力。

　　就"精打细算：创新政府购买社会工作服务模式"案例而言，在培育公益类社会组织发展，提供政府和社会所需要的服务，有效承接政府职能转移功能的过程中，容易出现四类问题：一是信息不对称，导致需求识别不够精准；二是政府购买服务过程中的"黑箱"问题；三是社会组织能力建设不足，承接项目之后难以高质量完成；四是在城市精细化治理领域有待加强公益类慈善组织的影响力。徐汇区民政局在应对上述难题时，逐渐探索出一条创新之路：首先通过完善的工作体系建构，出台地方特色的文件、工作方案和精细化操作流程，积极推进治理结构的创新，实现了召集人、联席会议和联席办等不同部门之间治理结构的优化组合，对于政府购买服务的各个环节进行科学化管理；接着通过实地调研来精准定位市场需求，以确保政府资源高效率配置到最需要的领域；与此同时，开展能力建设培训，打造出一批品牌示范项目，并通过智慧管理融入智慧城市平台建设，为打造有温度的公益之城贡献力量。未来可以在招投标管理方面进一步完善，如借鉴英国、德国等政府购买服务协商模式的经验，有助于建立信赖度较高和合作性较强的政社关系。

就"'三社'互动：打造社会组织孵化成长平台"案例而言，传统的社会管理强调政府主体的单一管理和服务，其他社会主体参与度不高，"政府主体忙而累着，其他社会主体闲而骂着"。社会治理是"以政府（部门）为元主体，政府、社会组织、企业、公民等多元社会主体共同参与、协商共建共治共享"的现代治理形态，它强调治理主体结构优化和政府"元主体"与其他社会主体之间的良性引导和协同合作。徐汇区社会公益组织孵化园在社会治理实践中，践行现代社会治理理念，在财力、人力、场地、服务资源、服务项目、服务活动等方面积极培育和孵化社会公益组织，提升其服务能力。在具体运作过程中，探索孵化园与生活服务中心机构联办，生活服务中心与实践基地项目联动，孵化园与实践基地服务联合的"园区、中心、实践基地"三位一体的"三联"运行模式，加强与街道（镇）的对接，加强与社区实践基地的对接，与服务对象——社区居民的对接，规范社会组织的发展和服务模式，使其为社区居民提供更优质的社会公益服务，进一步满足居民日常的文化和生活服务需求。在政府相关部门的支持和引导下，徐汇区社会公益组织孵化园培育、发展、规范社会组织的经验做法，为创建更加文明、和谐、幸福、美好的城市生活，完善城市社区治理提供了现实范例。

PART 5
平安构筑篇

引　言

　　城市公共安全是城市顺畅运行的根本,是城市管理工作的底线。在中国社会主要矛盾已经转化的背景下,平安建设体现了中国城市居民对于美好生活的基本愿景,也为城市管理工作者提出了更为明确的目标。近几十年,中国城市建设伴随着改革开放的步伐,获得了突飞猛进的发展。在享受城市生活高度现代化带来的便捷、高效的同时,城市系统变得高度复杂。在粗放型经济发展的背景下,城市系统变得更为脆弱。

　　随着城市化进程的加快,诸多城市成为人口密集、经济集中、基础设施发达的地区经济中心。特别是近些年,国内外城市频繁发生大到如恐怖主义、重大安全事故以及社会骚乱,小到火灾、社会纠纷、食药安全等突发事件,这些都严重危及了城市居民的生活质量和生命财产安全,再一次为城市公共安全工作敲响了警钟。目前,中国城市安全所面临的挑战主要表现在:① 中国社会治安防控体系有待提高,民众公共风险意识薄弱,公共安全参与不够;科技化水平不高以及信息碎片化现象严重。② 城市事故灾难防范体系不健全,包括城市基础设施承灾能力弱,城市交通风险增加,建设生产项目风险隐患较多,公共场所的安全管理薄弱。③ 城市抗震救灾能力不足,包括灾害防御、预警、响应和恢复自救等在体制机制上应对显得捉襟见肘。④ 城市公共卫生形势依然严峻,大规模传染疫情时有发生,食品药品安全风险居高不下,居民信心持续走低。这一系列挑战,使我们不得不高度警惕科学技术发展在为个人与社会带来日新月异变化的同时,所形成的"风险社会"。加上许多灾害具有突发性、频繁性、复杂性、衍生性等特征,一旦城市发生重大灾难,造成的连锁反应与放大反应会带来不可估量的后果。

　　因此,城市管理者必须重新审视传统的城市公共安全的推进思路和管理方式。在全面推进国家治理体系和治理能力现代化的大背景下,抓住加快现代城市发展的历史机遇,从根本上转变中国城市公共安全的工作理念和制度缺陷，精细化是未来城市公共安全工作的路径选择，是化解超大城市顽症的题中之意。

上海市徐汇区作为习近平总书记提出殷切希望和要求的改革前沿阵地，先试先行，在城市公共安全领域探索出一些走精细化治理路子的有益实践，为城市平安建设的精细化改革提供了参考。在此选取了其中五个较为典型的案例进行介绍。

精细化的城市平安建设需要精益求精的工作态度，需要更具人文理念的思想关怀。徐汇区司法局积极应对当前社会矛盾多发、复杂多样的形势，通过扶持、推动人民调解组织发展，借助社会力量化解社会矛盾，在创新社会治理上进行了有益的探索。其中，徐汇区医患纠纷人民调解委员会，在坚持中立、创新机制、凸显专业等方面狠下功夫，探索出具有人文关怀的人民调解机制，以关注人的情感与需要为重点，在满足人、理解人、尊重人的基础上，坚持人性化的工作态度，创新专兼结合、梯度调节、现场调解等模式，建立医患互信，维护医患双方的合法权益，将大量的医患纠纷就地化解在基层，有力地维护了社会的和谐稳定，得到社会各界的广泛认可。

精细化的城市平安建设需要权责统一、权责明确的制度保障。徐汇区市场监督管理局于2016年开始全过程综合监管平台建设，积极利用现代化技术手段，搭建集信息查询、协同监管、联合惩戒、社会监督多功能为一体的综合监管信息化系统，以大数据助推精细化管理工作。该局同时以《上海市食品安全条例》出台为契机，以《上海市小型餐饮服务提供者临时备案监督管理办法》为抓手，通过制度建设落实主体责任，吸纳社会力量，精准执法对象，优化执法手段，提高执法效率，解决食品安全管理中的顽症。

精细化的城市平安建设需要落实和完善一体化以及相互协作的运行机制。创新网格化治理案例中，物理空间、管理职能和运作机制实现一体化运行，同时区"12345"市民服务热线、联动联勤和应急处置等综合功能全部纳入城市网格化综合管理体系。微型消防站案例体现了如何通过精准识别搭建有利于消防、治安和派出所之间的部门合作，沟通公安机关、居委会、业委会和物业公司之间的协作网络，打通社区消防特别是高层消防工作的"最后一公里"。徐汇区综合治理办公室创建"平安橙"意愿服务机制，将风险防控工作深入到城市生活中的"毛细血管"，通过政社结合、专兼结合等形式，更为细化社区治安防控网络工作，将社会风险控制在潜伏阶段，是精准识别风险和精准施策的体现。

精织网格：健全城市网格化综合管理体系

一、背景·缘起

2014年，为提高城市管理能力和水平，徐汇区委、区政府把行政服务中心、城市网格化综合管理中心（以下简称中心）建设列为年度实事工程和重点工作。中心于2015年5月建成，2015年6月15日正式对外服务。在物理空间、管理职能和运作机制上，两中心实现一体化运行，同时区"12345"市民服务热线、联动联勤和应急处置等综合功能全部纳入城市网格化综合管理体系，推动政府管理重心下移、资源下沉、权力下放。

2017年以来，为贯彻落实习总书记关于"城市管理应该像绣花一样精细"的要求，根据中央及本市关于"互联网+政务服务""放管服"一体化的战略部署，徐汇区运用"互联网+"思维，以国家级"互联网+政务服务"示范区建设为契机，坚持用户导向，以用户端体验和感受度为主，积极探索一体化、精细化的城市综合管理工作，努力实现"你未知，我先知"，在老百姓发现之前先一步发现；努力实现"你发现，我响应"，在老百姓投诉之后快速处置；努力实现"你有忧，我服务"，提高政府的现代治理能力和服务水平。

二、举措·机制

（一）建体系，构建"1+13+63+X"城市网格化综合管理体系

一是在"1"个区级网格化综合管理平台的统一调度下，集中网格管理、应急值守、城管执法、公共安全四大功能，将公安消防、市场监管、绿化市容、防台防汛、环境保护等与城市管理密切相关的职能部门纳入联合行动范围。

徐汇区网格化管理中心综合管理平台

　　二是在 13 个街镇网格中心的统一调度下,以公安派出所、城管中队、市场监管所三支队伍作为基本配备,将房管办事处、市容环卫所、交警大队等基层执法队伍纳入联合执勤范围,建立联勤工作机制,开展联合执法,提高对城市管理顽症的综合治理效率。

　　三是创建 63 个标准化管理网格,以公安民警、城管队员两类执法人员作为骨干力量,坚持"应驻尽驻"的原则,将网格监督员、社工、辅警、协管员、社区保安、平安志愿者等辅助城市管理的协管人员纳入联合处置范围,对能够当场发现、当场处置的案/事件,强化"即发现、即清除"的责任落实机制。

　　四是在已有居民区城市网格化综合管理工作站的基础上,依托社区警务室、综治工作站、网格管理工作站"三驾马车",由社区民警、居委会、业委会、小区物业、社会组织、楼组长、社区党员等力量组成联合防范队伍,对社区进行巡逻执勤,对巡逻发现的各类问题,居民区工作站通过市民公约、村规民约等自治方式及时劝阻,尽量把矛盾和隐患化解在最基层。

（二）定标准，规范推进城市精细化治理要求

一是夯实街镇及居民区工作站基础。修订《徐汇区城市网格化综合管理网格监督员工作手册》，对历年案件进行梳理归类，特别是市级督查环节容易忽视的案件，为一线的网格监督员和平台信息员提供参考；出台《居民区工作站管理标准》，完善8项工作制度，将原先的8项规定动作拓展到59项，同时，还针对居民区工作站问题案件上报少的情况，编制了《居民区工作站工作手册》和《居民区工作站巡查日志》，确保居民区网格化巡查发现问题并及时上报；完善"12345"市民服务热线办理制度，提高热线的工作成效。同时，通过月度例会分析各项工作中的薄弱环节，及时调整工作重心，着力提高问题发现和解决的能力。

二是改进网格化管理工作质量考评体系。引进和运用网格案件质量计算机考评系统，增加案件质量和标准化网格建设质量分比重，重点突出发现质量和核查质量，实现发现质量"应发现、尽发现"，核查质量"应处置、尽处置"，同时，加大监督员及街镇平台的培训工作，整理对工作指导意义强的案例，编制典型案例集，不断提高监督员的业务操作能力。

三是建立应急工作制度。在中心设立应急工作科，制定《应急值守联动工作要求》《视频监控工作职责》，修订《应急值守管理制度》《夜间值守工作要求》《中心值班情况上报区应急办规程》，实施7×24小时值守工作制度，并以重建数据库、梳理统计分类、修改录入平台、积累工作资料为切入点，提升数据统计效率和问题发现速度，做到部门工作留痕。

（三）理机制，严格落实城市运行管理，紧盯短板的大数据分析机制

一方面，对接第三方专业机构，建立基于热线工单办理的数据统计工具，对受理数据、办理数据和考核数据进行大数据分析和深层挖掘，分析各承办单位的共性和差异性问题，补齐热线办理环节的短板，为提高市民满意度和政府科学决策提供数据依据。另一方面，依托区领导派单机制，推进疑难工单的办理，提高处置效率并做好政策解释工作。对市民多次反映但承办单位久拖不决的合理诉求，列入督促工作范围；将重复工单和"三不满意"工单纳入区领导派单范围，并进行纸面批示和督办，力争改进工作作风，提升工作成效。

1. 双向互动的问题倒逼机制

建设本区行政职权管理系统(即"权责清单系统"),并实时对接"12345"市民热线办理系统,聚焦热线办理中与权责清单不匹配、难匹配等情况,动态优化部门权责,重点解决职责空白、滞后、交叉带来的履职问题,通过系统联动、内容联动和考核联动,实现以权责清单指导、支持热线派单,以热线派单检验、优化权责清单,破解各自为政、推诿扯皮等效能堵点,提升派单权威性和精准度,进一步提升首日先行联系率、实际解决率和市民满意率。目前,通过对原有热线工单的分类依据部门职责重新进行梳理和细化,将原热线的11大类67小类165子类扩充为11大类89小类286子类,并会同区编办进行三定职责清单与热线事项的匹配工作。

2. 定期开展专项调查及整治机制

网格部件方面,按照"应发现,尽发现,应处置,尽处置"的要求,以徐汇区33条重点道路和井盖、立杆、架空线等重要部件及"小区管理"为重点,定期开展行道树、小区绿化、无证无照经营、共享单车乱停放、消防安全等专项检查,集中治理城市管理顽症。热线工单方面,提高对"12345"市民服务热线重复工单及"三不满意"工单的专项整治频率,将整治周期由季度缩短为每月对当月重复来电3次以上和"三不满意"工单进行梳理,由承办单位分管领导协调处理,对合理投诉工单予以跟进解决,若因客观原因不能解决的,承办单位需做好解释说明工作。

网格管理工作人员应急处置事件

3. 应急联动机制

配合区应急办(总值班室)梳理市、区和专项应急预案,更新全区应急网络人员名单、重点情况提示等信息,促进应急联动处置与网格化日常管理资源的整合。依托网格化指挥大屏和视频系统,对地铁出入口、徐家汇商圈、医院、学校、菜市场等207个重点点位,根据不同时段进行实时视频监控、跟踪并保存证据，并与所属街道和承办单位保持实时联系，填补巡查盲区，预防安全事故的发生，并能够快速处置突发事件。

三、创新·成效

（一）提高主动发现能力，实行精准定位

主要开展行道树、小区绿化、无证无照经营、共享单车乱停放、消防安全等专项检查，共立案360件，结案率100%，提高事部件问题的处置效率，对城市管理顽症治理起到了督促与集中整治的作用。

（二）提升热线工作成效，实现精准效能

通过区长每月派单及重复工单、"三不满意"工单的定期整治，提升了热线的工作成效。2017年1月以来，共整治重复工单105件、"三不满意"工单306件，发起区内督促19件，针对疑难工单牵头召开协调会30余次。经过专项整治，"三不满意"工单占比从13.69%下降到9.7%，热线工作综合考评排名全市前三。

（三）发挥网格及热线联动效应

"主动+被动"实现融合运行，聚焦各类管理顽症，进一步释放城市综合管理效能。系统运行以来，通过街面及居民区主动巡查，被动投诉的情况大幅减少，全区信访投诉量约下降32%。

四、启示·展望

对城市精细化管理的探索与实践表明，一要"主动+被动"，只有不断主动发现问题，才能减少被动投诉。2016年，全区信访投诉量下降约32%就是很好的例证。二要"管理+服务"，寓管理于服务之中，及时回应群众多样化的需求。三要"政府+社会"，让"大家的事情、大家商量办"。四要"制度+科技"，实现"上面千条线，下面一张网"，变"有事找人"为"有事上网"。五要"前端+后端"，前端是63个网格管理单元，要精细化；后端是网格中心，要精准化。通过建立城市运行数据的集成共享、研判分析与管理运用的系统平台，从而打造网格化综合管理升级版，组建城市运行管理中心，实现政府流程再造，提升政府现代化治理能力和服务水平。

精准到位：创新事中事后过程监管新模式

一、背景·缘起

简政放权、放管结合、优化服务是政府职能转变的方向和要义。商事制度改革为"大众创业、万众创新"注入了强大动能；在市场主体大量涌入的情况下，企业主体设立之后的市场监管工作在力度和广度上都渐显不足，传统的监管模式已不能满足实际的工作需要，这就向监管部门提出了更高要求，尽快构建更加完善有效的事中事后监管新模式。

徐汇区着力转变与新形势新任务不相适应的管理理念和管理方式，积极构建权责明确、透明高效的事中事后监管机制，并作为深化"放管服"改革的重要内容。徐汇区按照市政府统一部署，结合辖区实际，制定了《徐汇区进一步加强事中事后监管实施意见》，积极探索、大胆创新，着力建设徐汇区事中事后综合监管信息化网络平台，以网络平台为依托，加快构建以综合监管为基础、以专业监管为支撑、以信息化平台为保障的事中事后监管体系框架。这一新型的事中事后监管工作模式贯穿了市场主体存续发展的全过程，也体现了监管主体的全覆盖，是提升政府部门精细化管理水平的有效途径。

2016年1月，徐汇区事中事后综合监管网络平台建设正式启动。2016年5月，依托平台在全市率先实行"双告知"全程信息化和"双随机"线上线下联动应用。2016年7月，平台全面上线。一年多以来，平台运行稳定有序，事中事后监管的制度框架和工作体系逐步完善优化，取得了良好的效果。

二、举措·机制

徐汇区以"制度先行、平台保障"为理念，以徐汇区事中事后综合监管平台为依托，加强各部门监管信息互联共享，搭建集信息查询、协同监管、联合惩戒、社会监督等功能于一体的信息化网络系统。综合监管平台遵循"合法、安全、及时、准确"的原则，全面强化平台的功能与应用性，改变了各部门原来信息隔绝、各自为政的工作局面，各部门依托综合监管平台，加强业务整合，优化工作流程，落实监管责任，实现全区事中事后监管整体高效，逐步形成横向到边、纵向到底的监管网络和科学有效的监管机制。

（一）夯实数据基础

1. 厘清监管职责，实现监管主体全覆盖

坚持"法定职责必须为，法无授权不可为"的理念，结合权力清单、责任清单梳理工作，在平台"监管基础"模块，编制发布了全区各职能部门事中事后监管的审批事项、处罚事项、监管事项三张清单，其中审批事项458项、处罚事项4 281项、监管事项321项，系统明确了部门监管职责及执法依据，

加强重点单位日常监管

为全过程事中事后监管提供了完整准确的法治体系遵循的原则。"三清单"梳理完成后，有力支撑了权责明确、透明高效的事中事后监管体系的高效运行，相关监管部门职能明确、依法行政，无越权越位和履职不到位现象，有效避免了"三不管"和推诿扯皮现象，实现了监管主体的全面覆盖。

2. 建立一户一档，实现监管对象全覆盖

过去较长时期，企业数据分别掌握在不同的部门，造成一个个互不相连的"信息孤岛"。为改变这一现状，一方面，综合监管平台对接市级六大基础数据库，按照"一数一源"对落地数据进行梳理编目，完成审批及处罚结果信息归集，建立了区层面统一的监管信息数据库，共为4.3万多家企业建立"一户一档"，涵盖5大类、110小类、1 021子类，共计1 500余万条数据记录，实现了政府部门间的企业信息互联共享。另一方面，推进各部门在履行职责和提供服务的过程中产生、获取的全过程业务信息数据落地。目前平

台已录入动态监管信息2.4万余条。通过全面归集数据,建立监管主体的一户一档,实现了对监管对象的全覆盖,为形成横向到边、纵向到底的事中事后监管模式奠定了坚实的基础。

（二）实施智慧监管

1. 依托"双告知"模块,形成监管闭环

针对以前注册、许可和监管部门信息流转周期长,企业监管存在脱节、断档、遗漏、迟延的问题,根据商事制度改革"先照后证""证照分离"的新政要求,市场监管部门依托平台"双告知"模块,在市场主体注册登记后的第一时间,将市场主体登记注册信息告知审批部门;审批部门接收信息后,及时开展许可和监管工作。同时,市场监管部门针对核发许可证的经营主体,制定监管工作规范,明确监管工作原则,信息及时抄告、实地检查、及时反馈,完善内部流程。截至2017年10月,平台共推送双告知信息4 884条。通过信息化手段使注册、许可、监管各环节无缝衔接,形成从事前到事中事后监管全程联动的监管工作闭环。

2. 依托"双随机"模块,提升监管效能

针对传统监管执法覆盖面和精准性不强等问题,依托综合监管平台,率先对市场监管领域所有监管事项开展"双随机"抽查,在平台中完善相关数据库,建立市场主体名录库和执法检查人员名录库,通过摇号等方式,随机抽取检查对象、随机选派执法人员,确保监管执法的科学性、公平性,规范执法部门的检查行为,减少对企业正常经营的干扰,提高了监管透明度和问题发现率,加大了执法震慑度。目前,在平台建立随机抽查事项清单、检查对象名录库和执法检查人员名录库,纳入企业名录43 162家,为35个部门开通执法人员账号2 769个,实现本区监管部门和执法人员全覆盖。2017年,依托综合监管平台,结合辖区监管情况,针对企业登记事项、商标使用行为、药品质量安全、教育培训、餐饮服务、消防产品生产企业等经营行为制定抽查工作方案,先后开展了26个批次的"双随机"抽查工作。其中包括由多个部门共同开展的"双随机"联合抽查,例如,区市场监管局会同区消防局、区城管局、区人社局、区环保局、区绿化市容局等多部门,通过综合监管平台组织开展了针对辖区餐饮服务企业的"双随机"联合抽查,规范了检查行为,提高了执法效能。

3. 依托"联合惩戒"模块，实施诚信管理

针对以前违法企业、失信被执行人利用政府部门之间的信息壁垒，逃脱惩戒、多次违法的问题，制定了《徐汇区诚信档案管理办法》，在平台发布136个区级部门联合惩戒事项目录；建立健全区委宣传部、区法院、区市场监管局、人力资源和社保局、总工会、招投标中心、银行等部门之间的信息共享、线索移送、证据互认和协调合作机制；区市场监管局与区旅游局、区环保局签订监管合作备忘录。2017年，依托平台实施联合惩戒125起，实现了跨区域、跨领域、跨部门的合作共赢。同时，加快社会信用体系建设，推进企业年报、经营异常目录、严重违法企业名录、失信被执行人名单（老赖黑名单）等监管数据采集和应用，探索引入公用事业缴费记录、银行信贷、支付宝、蚂蚁金服等参与监管，实现"一处失信，处处受限"的诚信约束。例如，2017年5月，区人力资源和社会保障局提出对上海某数字传媒有限公司因无故拖欠劳动者工资报酬的行为进行调查，提出阻止该企业办理注销手续；区市场监管局接区人社局的惩戒申请后，对该企业设置了监控，在企业企图以注销手段规避责任的情况下，阻止该企业注销，有效维护了劳动者的权益。

4. 依托"无照管理"模块，破除监管瓶颈

一直以来，无证无照经营因其复杂性与动态性的特点，存在整治难、回潮快的情况，一直是群众反映最突出、感受最直接的社会顽症之一。围绕重点区域、重点行业、重点对象，依托综合监管平台，针对无照经营建立了从发现到消除的全周期动态信息归集，随时查询无照经营户姓名、地址、行业、类型等全方位情况，及时录入行政处罚、疏导办照、整治取缔等监管全过程信息，通过动态发布、信息抄告，做到及时响应、快速处置，形成监管合力。

三、创新·成效

（一）促进了部门协同

通过对进入平台的40多个部门工作实绩进行全面、精确的反映，明确了458项审批事项、4 281项处罚事项和321项监管事项的履职要求，倒逼和鞭策各监管部门进一步落实工作责任，提高工作效能。同时，通过数据交换、在线录入、批量导入等形式，将原本各成体系、互不关联的监管部门及其信息系

统有效串联,建立起互联互通、共享共治的快速响应机制,切实增强了监管合力。

（二）推动了企业自律

监管平台全面归集了各部门在履职过程中产生的行政许可、行政处罚、行政监管、预警提示等信息,企业犹如被置于X光下接

市场监管部门会同公安消防等部门开展专项整治

受"全身透视"。平台信息依法向社会公示后,不良信息势必会产生信用污点,造成未来经营活动中的被动和不利局面,推动了企业增强信用意识,营造"守信处处受益、失信寸步难行"的良好格局。

（三）服务了科学决策

平台的建设与推进坚持夯实数据基础,增强数据的匹配性、协调性和科学性;强化健全随机抽查、信用监管等工作机制,将平台的建设纳入法治化、规范化、专业化轨道。通过平台所汇集的大数据,对企业成长周期、行业发展趋势等进行精密分析,客观真实地反映监管工作和市场动态,为领导风险研判、科学决策提供合理的依据。

四、启示·展望

下一步,徐汇区将结合国家级"互联网+政务服务"示范区建设,加快拓展平台功能,深化平台应用,在工作的精细化管理水平上下功夫,努力开创事中事后监管工作新局面。

（一）强化制度建设

进一步落实制度,细化机制,构建"审批与监管、监管与监管、监管结果与诚信管理、纸上监管与行为监管"四大协同机制,实现"一库归集,时时监管;一次出动,人人监管;一处失信,处处监管"。

（二）强化功能拓展

进一步延展功能,精细监管,拓展"信息归集"功能,针对事业单位、社

团组织等监管对象不具有营业执照，存在监管盲区等问题，探索通过"主体名称+经营地址"的方式将上述监管主体进行标记并纳入平台；拓展"无照无证管理"功能，完善平台动态发布、信息抄告、效能监察功能，做到无照经营实时发现、及时响应、快速处置。

（三）强化平台应用

进一步加强督查，精准推进，对各部门平台应用情况进行动态、实时监督，及时通报各部门平台应用的落实情况，同时将平台应用作为部门绩效考核的重要内容，确保平台被充分运用，发挥实效。

精"调"细"宣"：破解医患矛盾困局

一、背景·缘起

随着医患纠纷逐年递增，医闹事件频发，医患矛盾成为社会关注的焦点。徐汇区医疗资源丰富，区域内有三甲医院9家，各类医疗机构200余家。近年来，平均年门急诊量达2 377.7万人次，住院手术量达27万人次。医患纠纷呈现出外地患者汇聚、疑难杂症集中、群体性矛盾突出等特征。

2008年，上海市创新性地引入人民调解途径化解医患纠纷，尝试将医患纠纷人民调解委员会（以下简称医调委）设立在卫计委名下，借助其丰富的医疗资源化解专业性较强的医患纠纷和矛盾。经过一段时间的尝试，因群众普遍对医调委设立在卫计委下的公平公正产生怀疑，违背了人民调解中立的本质和原则，因此，上海市政府常务会议专题研究，探索重组医调委，由司法局负责指导工作。2011年6月24日，徐汇区在全市率先成立区医患纠纷人民调解工作办公室（以下简称医调办），重组区医调委，以政府购买服务的方式，探索建立便捷、公正、高效的第三方调解机制，全面启动医患纠纷人民调解工作。自成立以来，徐汇区医调办和医调委顺利实现了从先行先试到统一规范，从单一调解到多元化解，从单纯追求调解案件数量增长到确保有质量的调解成功率的转型发展；徐汇区医调委紧紧围绕维护社会稳定这一目标，扎实有效地推进医患纠纷人民调解工作，获得了良好的社会反响。

二、举措·机制

徐汇区医调委坚持"依法、公正、便民、高效"的工作原则，秉承"创新理念驱动、多方协作联动、宣传造势发动"的指导思想，形成了"统一规范、多方协作、数量与质量齐升、预防与化解相长"的徐汇医调工作模式，从源头上预防和减少医患纠纷。围绕受理申请、调查取证、主持调解、签订协议、信息回访等各个环节，纠纷调解机制逐渐完善。已形成医患纠纷受理登记制度、调查核实制度、重大和复杂纠纷集体研究制度、专家咨询制度、保密制度、调解中止及终止制度等一系列工作制度，成立一口受理窗口，负责对申请人的接待、资格审查和咨询解答等工作。同时，依托区法院诉调对接中心，做好医患纠纷人民调解协议书的司法确认和委托人民调解工作，并对接区法律援助中心，为符合条件的患方当事人提供法律援助，切实服务群众。

（一）尊重事实、遵循法律，在真情调解中重筑医患互信

区医调委面向知名医院、科研院所、律师事务所选聘调解员，逐步建立以退休医学、法学人员为主的调解员队伍，目前共有专兼职调解员34名。一是通过调解员丰富的医学知识与临床经验，从专业角度深度剖析案例，引导患方尊重生命科学发展、尊重医疗技术进步，引导医方尊重人的生命权、健康权，促成医患双方互谅互让。二是发挥调解员的法律专业优势，引导患方理性维权，在法律规定的框架下协商补偿方案，切实做到公平公正。三是发挥人民调解的柔性特点，不以补偿作为解决医患纠纷的唯一路径，而是设身处地为患方着想，以解开医患双方心结、消除患者病痛为主进行权衡，探讨双方均能接受的综合性解决方案，从而有效柔化"僵硬"的医患关系，使一些历时较长的遗留医患纠纷有了新解。2014年5月，患者M某家属致信上海市司法局，感谢医调委周凤妹老师为其父亲的死"讨了一个说法"，使纠纷顺利化解。"正是她热情周到的工作态度和认真严谨的工作作风，让我觉得医调委是值得信任的，是真真切切为我着想，能够帮助我的，没有医调委不知道这条路还要走多久、多远。"

（二）锐意创新、攻坚克难，多渠道确保医患纠纷成功调解

1. 创新梯度调解方法，增强专业化调解实力

医患纠纷调解前期，主要矛盾多为患方缺乏诊疗常识、双方互不信任。针对这个特点，具有丰富医学知识和临床经验的专职调解员，从专业角度为患方答疑解惑，为医方消除顾虑；随着调解过程的推进，围绕赔偿金额的协商，优秀的律师和法官会作为兼职调解员参与进来，注重发挥法律专业人士的谈判技巧和法律专长；后期根据个案需求，遇到疑难纠纷，适时启动专家咨询，作出专业性的评估以供调解参考。梯度调解侧重层层推进，从而促成医患纠纷的化解。根据《上海市徐汇医患纠纷人民调解效能评估白皮书》（以下简称《白皮书》）的统计评估，徐汇医患纠纷预防与调解效能主观评价值为82.06，高于75分位值，属于效能优良状态，说明对于医患纠纷的调解、处置情况已纳入常态治理的轨道中。

2. 创新现场调解方式，提高调解工作主动性

区医调委探索现场调解新模式，如遇患方到医院群访、闹访等情况，调解员立即赶赴医院现场开展调解工作，及时将纠纷就地化解或引出医院，保障医疗机构的正常工作秩序。2011年11月8日，调解员在1天之内化解了某三甲医院的百人纠纷。安徽籍患者谷某，在某民营医院因心脏手术死亡，

医院召开现场教学式专家咨询会

19名家属在医院静坐讨要说法,双方争执持续三天,医院不能正常就医,患者家属筋疲力尽。医调委得知消息立即到现场劝说、安抚,调解员运用丰富的临床经验仅在4小时之内就将纠纷圆满化解。

3. 创新专家咨询模式,提升人民调解公信力

区医调委针对不同个案,探索学术研讨式、鉴定式、教学式、询问式、查房式、答疑式、对质式、安抚式等不同类型专家咨询模式,借助专家深厚的专业知识、丰富的临床经验及学术上的权威性,为患方答疑解惑,给医方善意的提醒。此外,区医调委还将专家咨询转移到二级医疗机构内,使更多的医护人员能够现场观摩专家咨询会,通过真实案例现场教学的方式,提升医护人员的医疗技术水平和纠纷防范意识。某患者因产检漏诊胎儿多发畸形从而引发了纠纷:患方认为医方应为此承担相应责任;医方认为新生儿的死亡与其诊疗行为不存在因果关系。双方各执一词,争论不休。医调委对该纠纷启动了专家咨询,众调解员、挂职医师前来观摩。几位专家通过提问与探讨,做出专业性的分析和评估后,医患双方在责任的认定上达成一致意见,并签署协议使得纠纷成功化解。专家咨询成为医调委一大公信力支柱,逐渐在调解过程中凸显作用和优势。

4. 创新带教培养机制,强化综合性服务能力

区医调委揭牌成立"周凤妹调解工作室",充分发挥第六届上海市十大平安英雄、人民调解员周凤妹的示范引领作用,做好传帮带工作,促进调解员队伍能力的提升,打响人民群众心中"专业、务实、便利"的医调工作品牌。自2017年7月"周凤妹调解工作室"成立以来,累计受理案件63件,成功调解41件。

同时,积极探索医管人员培训工作,与胸科医院、中山医院、市八医院和禾新医院签署合作协议,由医院选派医生到区医调委挂职培训,全面参与区医调委的调解、专家咨询、案例分析及巡回法庭等工作,增强挂职医生的法律意识,提高其诊疗规范、医患沟通等方面的能力,同时拓宽调解员的医学专业知识面,提高调解水平。中山医院、市八医院等医院累计超过600名医护人员接受培训。《白皮书》调查数据显示,有85%的医疗机构认为开展医管人员培训工作,有助于提升执业医师对医患纠纷发生原因的认识,增强预防和妥善处置

的能力。

5. 创新服务群众模式，拓宽信息化受理渠道

针对公众维权意识增强，年轻人逐渐在医患纠纷维权中占据主导地位的现象，区医调委开通"上海徐汇医调委"微信公众号，从"便民、利民、惠民"角度为群众提供在线调解预约申请、在线咨询等服务，医患当事人可以通过手机微信预约申请医患纠纷人民调解，同时获取医学、法律知识、调解工作流程等多方面信息，切实感受到便利。

（三）加强合作、多方联动，推动区域医调工作更上台阶

徐汇区司法局联手卫生、公安、法院等职能部门，加强工作衔接，完善矛盾纠纷多元化解机制。

一是与卫生部门联动，完善医患纠纷信访案件行政委托调解的访调对接机制，第一时间将区域内涉及医患纠纷的信访案件引导至第三方进行调解处理，对区域内的纠纷情况及所涉的医疗质量安全问题与卫生行政部门互通有无，切实有效做好信访维稳工作。被国家卫计委列为十大重点督办信访案件"H某案"，经医调委与多方协调，终于在历时三年后的2014年10月画上了句号，签订协议当天，H某由衷地说："多亏有医调委，我终于走到上访这条路的终点，有个圆满的结果了。"

二是与公安部门联手，探索建立双轨制调解模式，在完善坐班制调解的

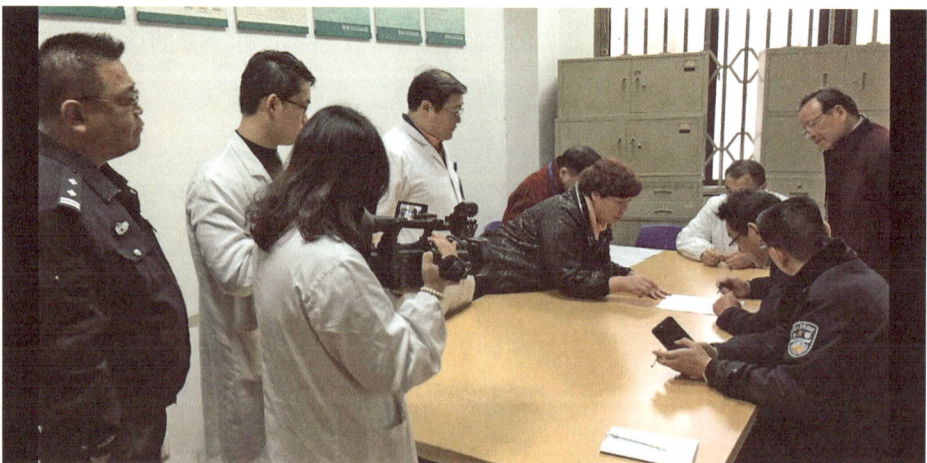

与公安联动就地化解纠纷

同时,积极探索现场调解方式,如遇到群体性重大医患纠纷,调解员与公安立即互动出现场,及时有效地将纠纷第一时间引出医院或是在医院就地化解。某患者在一家三甲医院进行髋关节置换术,术后脑梗死亡,患方家属因不理解而言辞激烈,并且携带汽油欲火烧医院,徐汇区医调委联动公安部门紧急出动,闹事者被公安部门带离现场。余下家属经调解员现场耐心调解,同意放弃通过过激言行维权。调解员将纠纷从医院引向医调委,之后历经一个月的沟通与协调,患方家属由最初的诉求150万元降至14.9万元,最后签订协议并司法确认。

三是与法院积极对接,制定《徐汇区涉诉医患纠纷委托人民调解实施细则》,拓宽医患纠纷人民调解受案范围,并在区医调委设立巡回法庭,同步做好人民调解协议的司法确认申请"一条龙"服务。在调解不成的情况下,通过区医调委常驻法官的委托鉴定受理,进入诉讼程序,并对适用简易程序审理的案件,在巡回法庭进行审理,确保案件不再反流医院。2017年6月,医调委收到"人民法院委托调解函",调解员周凤妹立即至法院现场参与纠纷调解。通过查看病例、耐心解释,在与医患双方细致沟通后,达成纠纷有待进一步调解,故调解地点由法院改为区医调委。法官参考调解员和专家咨询建议后,随着巡回法庭内的一声槌响,一起医患纠纷案件圆满化解,法官当庭制作了民事调解书。此外,根据《白皮书》的统计数据,90.5%的医疗机构、66.7%的调解员和62.5%的患者认为设立"巡回法庭"实现诉调对接,有助于引导医患双方调解不成仍能依法维护权益。

(四) 注重研判、积极预防,丰富医患纠纷调解工作内涵

区医调委以化解纠纷为首要目标,以预防纠纷为最终目标,在全力做好医患纠纷事后调解的同时,不断强化纠纷预防和研判机制,积极探索纠纷事前预防与事后化解相结合的工作模式,通过对调解数据的定期统计分析,积极为加强医院管理、提高医疗水平、预防医患纠纷的发生建言献策,不断拓展人民调解的工作内涵。

医调委以日常接待为基础优势,以接触的大量纠纷案例为第一手素材,及时编写警示性简报、建议函、案例汇编等材料,下发至辖区内各大医疗机构,以典型案例的警示作用加强对临床一线医护人员的教育。

召开专家咨询会

医调委在夯实自身纠纷预防和研判机制的基础上，重视与外界有关部门的沟通联动，积极参与区医疗质量与安全例会，向各大医院及卫生行政部门发放《医患纠纷防范建议书》，及时通报相关情况，提出防范和整改建议。

此外，为从源头预防医患纠纷的发生，医调委注重医护人员的相关专业培训，定期组织调解员走出医调委，前往相关医疗机构开展巡回讲座，围绕医患纠纷的易发、多发环节，对一线医护人员进行培训教育，确保医患纠纷调解工作取得更大实效。

三、创新·成效

区医调委自2011年成立至今，共计接待各类咨询14 093人次，受理医患纠纷2 913例，成功调解2 396件，成功率为82.3%，获得较好的社会反响。时任中央政治局委员、上海市委书记韩正，中央综治委委员、全国妇联党组书记、副主席、书记处第一书记宋秀岩以及司法部、卫生部相关领导在2012年考察调研中均对区医调委的工作给予了充分肯定。2013年，区医调委被司法部授予"全国模范人民调解委员会"荣誉称号。

（一）区域联动架构初步形成

通过建立区医患纠纷人民调解联席会议，由分管司法、卫生工作的区领导担任召集人,统筹法院、公安、司法、卫生、财政以及医疗机构、保险机构等资源,多方参与、协调联动。同时,加强与人事部门的沟通,选配区域内具有丰富工作经验和扎实专业能力的人员进驻,开展日常工作,并通过医院推荐退休医护人员、选聘社区及专业调委会调解员、选拔专业律师兼职等途径,选优配强人民调解员队伍,共同做好纠纷化解工作。

(二) 和谐医患关系稳步重建

医患纠纷人民调解充分依托大调解平台的体系优势,以自愿、公正、及时、便民为原则,采取有力措施将医患纠纷引入人民调解工作机制中,依法、快速、高效地化解纠纷。针对医患纠纷的特点,调解员将"情理法"三者较好地进行融合,在调解中依据一个"法"字,注重一个"情"字,将纠纷调在一个"理"上,总结出"三心三全三依工作法",即细心观察、耐心询问、静心倾听,全面记录、全力查证、全程分析,依理调和、依法结案、依责建议,维护了患者和医务人员的合法权益,保证了正常的医疗秩序和社会的和谐稳定。

四、启示·展望

当前形势下,城市基层治理承担的社会公共事务日益复杂繁重,徐汇区医调委顺应新时代的要求推动社会管理创新,有着丰富意义和内涵。

( ) 有利于以人为本构建和谐医患关系

医患关系作为一种具有特殊性的社会人际关系,必须建立在医患之间相互尊重、相互信任的基础上。徐汇区医调委作为中立的第三方,在调解和实践中充分尊重双方的人格尊严权、知情同意权、自主选择权、个人隐私权,以"黏合剂"的作用成为医患纠纷的缓冲地带。

(二) 有利于保障精准化发现和解决矛盾

医患纠纷形势日趋严峻,是典型的粗放型管理造成的后果之一。徐汇区医调委力求告别粗放管理模式,各项特色工作针对性强、效率高,立足于日常工作稳步推进,将基层医患矛盾化解在萌芽状态,从源头上预防、减少纠纷。管理模式向精细化、科学化不断迈进。

(三) 有利于提升市民对城市基层治理的满意度

城市管理改粗放型为精细型,不仅要顺应城市工作新形势和改革发展新要求，更要满足人民群众的新期待，坚持以人民为中心的发展思想。徐汇区医调委在日常调解工作中处处体现人性化，坚持"人民城市为人民"，从而以小见大，提高民众的认同感和满意度。超过九成的医疗机构认为当前的医患纠纷情况正在改善，超过半数的纠纷患者表示相信医调委对解决医患纠纷能起到重要作用。根据《白皮书》统计，徐汇区医患纠纷人民调解工作，在公信度、满意度方面得分很高。

（四）为城市精细化治理的下一步变革提供了有效的政策智识

随着社会发展和转型加快，引发的矛盾纠纷不断增多，针对不同性质的矛盾和纠纷应进行差异化调解与引导。医调委一直在基层为人民服务，具有丰富的矛盾纠纷化解经验，可以为城市基层治理工作者提供诸如"源头预防"的治理思路，与其共同探索、砥砺前进。

徐汇区医调委未来计划：强化队伍建设，吸纳优秀人才，充实调解员队伍，确保医调队伍的专业化、年轻化；健全医患纠纷"引出"机制，切实落实医患纠纷联席会议制度、联络员制度等，确保矛盾纠纷及时排查化解；强化配合意识，各职能部门要进一步加强沟通，加大医患纠纷排查化解力度，强化宣传，形成合力，推进医调工作取得新成效。在实践中不断探索、尝试"精细"管理标准化、管理工具精致化以及管理考核指标化，以应对复杂社会的治理使命。

细致入"胃"：共筑食品安全防火墙

一、背景·缘起

徐汇区共有食品生产经营单位9 781家，其中食品生产企业14家，食品流通单位6 043家，餐饮服务单位3 724家。食品流通单位包括：农贸市场55家（内含经营者1 363家），超市601家，各类食品店及食杂店1 184家，自动售货4家，商贸企业2 836家。餐饮服务单位包括：公共餐饮2 714家，食堂646家，中央厨房4家，集体用餐配送单位2家，现制现售358家。另外还有食品相关产品生产企业2家。总体呈现"三多两少"的特点,即食品经营单位多、小型餐饮多、城市综合体内餐饮多,生产企业少、规模化经营企业少,为典型的消费型城区。

徐汇区位敏感,小型餐饮种类杂、数量多,网络订餐流行,网红效应频出,食品安全监管挑战巨大。一方面传统监管模式注重政府监管,以"堵"治乱,需要较多的人力、物力,面对繁多的行政对象,常常处于捉襟见肘的状态;另一方面,食品行业是良心行业,涉及的主体和环节较多,一不留神就容易出现安全隐患,只有全社会勠力同心,才能保证食品行业的平稳运行。

因此,精细化监管成为破解食品监管难题、保障群众饮食健康的迫切要求。徐汇区长期以来将食品安全的精细化管理融入政府监管、企业自律和社会共治等各类工作中,以宣传贯彻《上海市食品安全条例》和建设市民满意的食品安全城区工作为抓手,不断加强食品安全精细化管理,取得了不错的成效。

二、举措·机制

(一) 政府监管更严

1. 增强执法靶向性

聚焦食品安全重点领域、关键环节和突出问题,加大对高风险单位、被投诉举报单位以及"网红"店铺的检查力度,组织开展食安春季战役、夏季战役、秋季战役,开展畜禽水产品、违法添加罂粟壳、校园及周边食品安全等专项整治工作,对违法违规行为零容忍、出快手、下重拳,严防、严管、严控食品安全风险,取得了较好的成效。2017年3月20日,《上海市食品安全条例》正式施行的第一天,区市场监管局针对网络订餐乱象,随机抽取入驻平台的餐饮单位,赴现场检查餐饮单位证照、信息公示和后厨规范等情况;用餐高峰时段,随机拦下送餐人员,检查其健康证明、配送箱包和餐饮具卫生情况,并当场通过移动监管设备与企业综合监管系统的信息进行比对,对发现的违法违规行为开展整治。区城管执法局开展餐厨废弃油脂、餐厨垃圾产生单位的"双随机一公开"日常执法随机抽查,加强对违法违规占道经营食品类乱设摊的执法管控,开展对违法违规收运餐厨垃圾和废弃油脂、违法占道经营活禽等专项整治。区绿化市容局按照"四统一"（即统一车辆、统一收集容器、统一作业服装、统一持证上岗）的要求，规范餐厨废弃油脂管理。区市场监管局、城管执法局、绿化市容局等部门加强与区公安分局的沟通联系，建立行刑衔接联席会议，进一步完善行刑衔接制度，提高食品安全违法犯罪成本。区教育局、建交委、卫计委、民政局、区总工会等加强对学校食堂、工地食堂、医疗机构食堂、为老助餐点、企业食堂的规范管理。

2. 提高监管有效性

针对无证餐饮顽症，徐汇区主动出击，迎难而上，积极探索无证照餐饮综合治理新机制。以实施《上海市小型餐饮服务提供者临时备案监督管理办法》为抓手，按照许可、备案、查处三种类型，建立无证餐饮规范整治清单，将严打与疏导相结合、审查与承诺相结合、管理与服务相结合，真正做到有态度、有力度、有温度。对已取得营业执照、基本符合小型饭店或饮品店许可要求的，列入许可清单，引导经营者办理食品经营许可证；对于那些确属群众生活需要，不扰民且无安全隐患、符合区域业态导向的经营者，要求其办理备案，纳入监管范围；对于群众反映强烈、社会矛盾突出、屡教不改的违法违规经营行为，以及存在重大安全隐患、威胁公共安全、社会危害严重的无证餐饮予以依法严处、坚决取缔。中山医院就诊量大，人流密集，需求庞大，医院周边的医学院路无证照经营、破墙开店、违法搭建等违法违规现象严重，其中尤以无证照餐饮店居多，这些餐饮店占用人行道、油烟扰民，道路和小区的环境卫生、消防安全、食品安全都存在隐患，周边居民叫苦不迭、投诉不断。针对这一难题，由区委政法委、枫林街道牵头，会同城管、市场监管、公安、交警等相关部门，展开集中整治行动，对26家无证照餐饮店铺进行查处，对8家业态扰民的有证照商铺实施临时封门，调整业态。

3. 增强手段科学性

在从严执法的同时，积极探索"互联网+监管"，提高食品安全监管的科学性和有效性。全区中小学、托幼机构学校食堂全部安装视频监控系统，区教育局和市场监管局可实时监控食堂食品安全状况；所有大型超市在现制现售专间、生鲜食品销售区、过期变质及回收食品的专用销毁区域安装使用监控设施，并将监控录像在超市经营场所的显著位置实现全天候的滚动播放。2 045家食品生产经营企业注册使用食品安全信息追溯系统,达到了应使用单位的90%以上,7家菜场在国家商务部肉蔬菜追溯考核中进入全国前50名,漕河泾、双峰、嘉陵菜市场包揽前三名。废弃油脂收运单位和餐厨废弃油脂产生单位全部纳入餐厨废弃油脂信息管理平台,实现100%信息化。907户餐饮单位实现了“明厨亮灶”,通过透明玻璃窗或视频显示等方式,将餐饮服务的重要场所和关键环节对外展示。家乐福光启城店的冷藏食品专柜安装了德图温度记录仪,实现了温度的精确测量、安全存储及WIFI无线传输,一旦冷藏柜内温度超过了报警值,温度记录仪立即向卖场负责人及食品安全管理人员发送报警信息,一举解决了温度这个困扰冷藏食品安全的最大风险因素。盒马鲜生超市实现对16个品项的生猪产品和19个品项的蔬菜产品的二维码查询覆盖,在包装袋上张贴追溯二维码,消费者通过手机支付宝APP“扫一扫”即可查询到包括食用农产品名称、生产日期、保质期、生产商和批发商资质信息、产品检验合格报告、进货数量等相关的食品安全追溯信息,使食品安全追溯信息真正实现了从企业自律、政府监管到大众查询、社会共享。区内5个农贸市场悬挂了1 000块食用农产品标签公示牌,标签牌涵盖了食用农产品名称、原产地、批发商(或生产商)、价格、营业执照等五项信息,对农贸市场的食用农产品销售管理也从粗放型走向了精细化、规范化、透明化。

（二）企业自律更实

1. 压实主体责任

对全区食品生产经营企业开展《条例》宣贯4 000余户次,首次采用中英文双语对照的方式对近50家外资企业负责人或高管开展“网红”食品安全事件剖析专题培训,组织召开“放心食堂”现场会,邀请第三方专业机构对创建“放心餐厅”的单位开展食品安全ABC规范化培训,组织部分规模企业参加市局统一组织的培训考试。督促全区大型超市对冷藏冷冻专柜实施了密闭式改造,保障冷藏冷冻食品安全。指导全区大型超市、食用农产品批发市场、大型食品贸易企业每月自检食品约7 700组,前移安全检验关口,从源头筑牢食品安全防线。上海中山副食品批发有限公司徐汇分公司是一家大型蔬菜批发市场,每天夜间10点至次日早上6点开市经营前,批发市场检测室选取来自各产地的蔬菜进行农药残留项目的快速检测,每天平均检

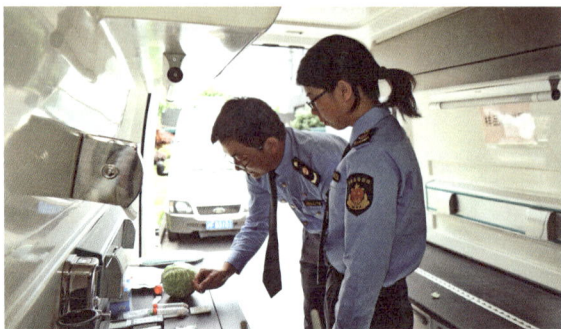

执法人员对于食品进行快速检测

徐汇区首批小餐饮经营者通过小餐饮临时备案

测260组样品。由于蔬菜的保鲜期及销售期均较短，该批发市场对于在快速检测中发现阳性样品时，采取对同一批次蔬菜连续开展3次快速检测的甄别方法，若连续3次快检均为阳性，则将该批次同一产地的蔬菜全部就地销毁，并向市场监管局报告相关情况。

2. 发挥示范引领

在市食药监局部署的基础上，我区按照覆盖面更广的原则，将"放心餐厅""放心食堂"达标率提高到80%，"守信超市""标准化菜场"提高到40%，广泛推进"放心餐厅""放心食堂""守信超市""标准化菜场"建设。徐汇区"放心餐厅"申报率达80%；"放心学校食堂""放心职工食堂"申报率达86.7%，初评通过率均为100%。"守信超市""标准化菜场食品安全管理升级"申报率达40%。企业争先创优的积极性被充分挖掘，努力提升自身管理水平和工作质量，形成短期见效、重在长效的良好态势。上海师范大学食堂针对《上海市食品安全条例》开展职工培训，进一步规范食堂日常管理制度、食品事故应急预案，并依照"放心食堂"规范要求开展自查自纠，为高校师生饮食安全保驾护航。

3. 公开企业信息

在环贸、港汇广场试点的基础上，推动在全区各城市综合体显著位置设立食品安全集中公示屏，将商场内所有食品经营单位的安全监管信息统一向社会公示，信息一目了然，帮助消费者用脚投票，开展公众全方位监督。

积极推进企业信息"双公开",全面、及时地将企业信息录入徐汇区公共信用信息平台,共录入行政许可、行政处罚等信用数据清单817项,提供信用数据5.6万余条。积极推进失信联合惩戒,依托徐汇区事中事后综合监管平台,发布119条区级部门联合惩戒事项目录,各部门对失信单位和个人实行禁业限制和市场退出机制,2017年上半年共实施联合惩戒312起。

(三) 社会共治更广

1. 发挥"三团"优势

依托食品安全专家导师团,聘请复旦大学教授等6位食品安全专家,为制定监管策略、防范食品安全风险、开展培训宣传提供专业咨询和技术指导。依托食品安全市民巡访团,从不同的视角看食品安全,为监管部门提供食品安全隐患线索。依托食品安全志愿团,发挥来自各街道、高校等1 000多名志愿者的力量,延伸监管触角,积极参与食品安全宣传及监管活动;在300多个居委建立"食品安全工作站",建立社区食品监管员队伍,延伸监管"手臂",做好食品安全隐患排查和宣传教育工作。暑假期间,漕河泾街道宏润花园食品安全工作站组织社区内的部分青少年志愿者参加了一堂烘焙课,小朋友们自己动手制作"无添加"的纸杯蛋糕,不仅给他们强化了健康合理的饮食理念,也通过他们向各自的家庭宣传了食品安全。

2. 借用"三会"力量

区内湖南路等26条街面商户经营者建立"路管会",相互学习交流、相互检查评议;全区15个购物中心、商务楼宇的物业联合经营单位建立"楼管会",开展自查自纠,初步处理投诉举报、协助推广食品安全责任保险等,环贸广场、正大乐城、美罗城等地近九成的食品安全投诉通过"楼管会"解决;徐汇滨江的12家建筑单位成立"徐汇滨江建设工地食堂自管会",开展自查自纠,强化诚信自律和自主管理,切实保障了近万名建设者的用餐安全。2007年,"路管会"志愿者在复兴西路进行例行巡查时,发现复兴西路147号保护建筑"柯灵故居"楼下一家门面正在进行装修,了解到该处租户欲经营餐饮,此项计划显然与湖南街道保护该区域历史风貌的目标相悖,也不符合"五违四必"业态调整的要求。"路管会"志愿者当即将此情况上报湖南街道,并受托以第三方的身份与该处租户进行了沟通和协调,最终通过合理的方式改变了餐饮业态，新业态完全符合该区域的历史风貌，节约了可能产生的行政成本。

3. 加大社会宣传

传统载体宣传注重"深"，中央、市、区级新闻媒体对徐汇区的食品安全工作进行了30余次报道，尤其是小餐饮备案工作，引起了社会的广泛关注；在《徐汇报》编发"建设市民满意的食品安全城区"专栏和专刊11期；在区内主干道悬挂《条例》宣传道旗200组，在食品生产经营单位张贴宣传品10万余张。新兴媒体宣传注重"快"，依托"徐汇食话食说"微信公众号平台，第一时间以图文并茂的形式发布食品安全法律法规、工作动态、消费贴士，共发布图文信息60期，文章178篇。食品安全周宣传注重"广"，开展食品安全宣传周系列活动，共举办"专家导师团社区食品安全讲座""食品安全童谣征集""快检实验室开放日""食品安全展板巡展"等5大板块12项活动，参加人数2 000余人次，提升了市民食品安全知识的知晓度。

食品安全宣传进社区

三、创新·成效

（一）促进了部门协同

市场监管体制改革将工商、质监、食药监和物价的部分职能进行整合，成立了区市场监管局，打破了部门监管壁垒，相关监管队伍深度融合，互相学习并合作，提高了监管效能；区、街镇食药安办统筹协调，相关部门和单位加强沟通，相互协作，在无证照整治、食品摊贩治理、餐厨废弃油脂管理等重难点问题上，取得一定的成效。2017年以来，全区共取缔关停无证餐饮454家，小型餐饮服务提供者临时备案35家，滨江地区、历史风貌区、中山医院周边"五横两纵"重点区域无证餐饮问题已基本消除。餐厨废弃油脂收运量为3 559.47吨,处置量为1 993.66吨,餐厨垃圾收运处置量为19 153吨;查处非法收运、处置餐厨垃圾23起,处罚21 500元,坚决避免"地沟油"回流餐桌。查处无证食品摊2 850个,其中夜排档(烧烤摊)1 163个,处罚462起,罚款金额99 750元,查获不洁食品1 447公斤。

(二) 推动了企业自律

被称为"史上最严"的《中华人民共和国食品安全法》和《上海市食品安全条例》规定了最严谨的标准、最严格的监管、最严厉的处罚、最严肃的问责,大大提高了违法成本;宣传教育、信息公开、社会监督等多方手段,倒逼企业自律;"放心餐厅""放心食堂""守信超市""标准化菜场"等品牌的示范引领也不断发挥作用,企业越来越注重诚信经营和品牌效应,明确自身食品安全主体责任,主动开展隐患排查,积极配合实施"明厨亮灶"、设立快检实验室、食品安全信息追溯、食品安全信息公开等工作,全区11家食品(食品添加剂)生产企业在市食品安全联合会组织的食品安全信用等级评定中获评守信,1家获评基本守信;4家大卖场参评"放心肉菜示范超市"。

(三) 强化了社会共治

广而深的食品安全宣传教育,强化了各类主体的食品安全意识和责任范围。区市场监管局受理食品类投诉举报4 214件,同比增加50.55%,办结率100%,反映最多的是无证经营、餐后不适、感官异物、食品变质、卫生状况等情况。人大、政协检查提升监管质量,"三员""三团""三会"等组织不断丰富壮大,越来越多的人认识到食品安全不仅仅是企业的责任、政府的责任,更是每一个人的责任。随着食品安全知识知晓率的不断提高,社会共治手段的不断丰富,以往单打独斗的局面被人人参与的局面所代替,以宣传促进治理,以治理带动宣传,形成了良性循环。

四、启示·展望

(一) 完善体制机制

市场监管体制改革后,食品安全综合协调+专业化监管+基层综合整治的监管体系有待进一步健全,要继续推进食品监管工作关口前移、重心下移,推动和发挥区、街镇食药安办的协同作用,进一步完善食品安全网格化发现、联动式处置机制，从农田到餐桌要做到全过程监管、无缝隙覆盖，让监管跑在风险前面，加快形成食品监管横向到边、纵向到底的工作体系。

（二）突破难点热点

无证照餐饮治理对食品安全综合治理水平提出了更高的要求，小型餐饮服务者临时备案管理试点先行，程序和方法还不够成熟，有待进一步探索和推进，按照疏堵结合、分类治理的原则，真正做到食品安全监管有态度、有力度、有温度。网络食品店和"网红食品"等新事物不断出现，需要积极思考监管对策，充分发挥主观能动性，主动跨前服务，强化隐患排查，严把食品安全关。

（三）强化社会共治

食品安全工作任重道远，做好这项工作需要汇聚众智，目前公众食品安全知识知晓度、参与度、满意度还有待进一步提高，因此食品安全宣传力度需要加强，宣传效果也有待提高。丰富宣传主体的同时，要区分受众群体，优化宣传手段，努力形成全民重视食品安全、全民参与食品安全监督的良好局面。

"微"力无穷：微型消防站助力城市大安全

一、背景·缘起

2002年以来，公安部、民政部联合下发《关于进一步加强城市社区消防工作的通知》，各级人民政府及公安消防、民政等部门结合实际，采取了一系列措施，推动了城市社区消防建设的发展。但是，据调研显示，当前城市社区消防建设工作中还有许多难点问题，制约着社区消防工作的开展，主要表现在两个方面。

一方面是社区物业管理单位履行消防管理职责不到位。没有按照《机关、团体、企业、事业单位消防安全管理规定》的要求承担起社区消防工作责任，大部分物业管理单位是房地产开发企业组织成立的，"重销售、轻管理,重防盗、轻防火"的思想严重影响了社区消防任务的落实。

另一方面是社区消防建设经费难以保障。由于各级政府财政部门没有社区消防建设专项经费开支,驻区单位没有投入消防建设的法律义务,街道办事处、社区居委会没有经费来源,造成社区消防基础设施的建设、消防器材的配备、消防宣传资料的发放、消防教育活动的开展都因缺乏资金难以落实。

上海徐汇区是集政治金融、交通旅游、教育科研等功能齐全的现代化国际大都市一流中心城区,也是上海实现"四个中心"建设目标的主阵地。徐汇区公安分局在持续推动社会消防治理工作中,不断解放思想、勇于创新、敢为人先,率先实战调用微型消防站,推动将火灾隐患排查整治融入网格中心大平台,试行消防风险分域分色分层预警机制,用科学、有效的社区管理方法,规范化、制度化的社区治理模式,全面辅助全局消防工作创新,提高火灾防控水平。

城市社区是构成城市的基本单元,也是城市管理功能完善的主要载体。社区治理一直是基层工作的重点,它关系到社会的和谐发展和社区的稳定安宁。在上海徐汇中心城区,有一个集高品质住宅、酒店式公寓、甲级办公楼和优质商业配套于一体的大型社区——徐汇苑。作为人口密度大、高层住宅林立的现代化小区,高层建筑情况复杂,数量多、密度高、体量大,治理任务十分艰巨。如何快速处置电梯困人、高空救人、高密度居民区失火? 社区作为社会治理的平台,是各种利益的交会点。由公安机关、居委会、业委会和物业公司组成的"四驾马车",携手为社区提供了丰富多彩的活动和人性化的服务,坚持做实事、补短板,以开拓创新的精神和精益求精的态度,积极推进社区综合治理,取得了一定的成效。

二、举措·机制

随着城市经济的发展,辖区火灾的救援速度正面临着极大的考验。往往消防出动后,遭遇堵车、通道被私家车占道等问题,消防车只能停在失火区域外围,无法抵达起火中心。加上市中心寸土寸金的共性,再新建消防中队,显然不现实。如何消除这一盲区,就需要考虑实际,组建合适的公安消防力量，这时微型消防站应运而生。

徐汇公安消防部队按照"实调实用、以用促建、以训促管"的工作思路，由重建设、重数量向重调用、重实效转变，边摸索、边研判、边改进、边完善，不断创新建设举措，加快建设步伐。截至2017年10月，共调度微型消防站135次，累计出动微型消防站91次，累计出动队员215人次，使微型消防站真正发挥灭早灭小、快速处置的实战作用。

自2005年起，由徐汇公安分局指挥、消防、治安、派出所等部门牵头指导，徐汇苑所属物业公司航新物业参与徐汇苑社区消防应急处理，形成了微型消防站的雏形。2012年，为了更加适应消防应急的需求，组建了以移动微型消防车为核心的徐汇苑义务消防队。2016年，形成了"固定站点备勤"和"移动消防车应急响应"的新模式，并正式成立了"徐汇苑微型消防站"。

社区志愿者共同参与微型消防站建设

徐汇苑微型消防站由一名作为训练主管的消防退伍人员和从160多名保安中挑选出的24名保安人员组成。其中，24名队员多数为退伍官兵，拥有良好的个人素质。徐汇苑微型消防站分为4班，每班6人，24小时全天候执勤，共同守护社区安全。

同时航新房产斥资配置了社区消防车，配备了专业的消防服、隔热服、增压式空呼机、破拆工具等专业消防器材，为消防救险提供了可靠的设备保证。并且与徐汇区东安中队形成"一对一"互动机制，使微型消防站出警和中队出警有机结合，形成良好的互动和妥善的交接，成为徐汇苑社区消防安全最可靠的守护者。消防站作为上海首批挂牌命名的社区微型消防站，被上海市消防局评为"上海市志愿消防队伍值班备勤先进集体"。

（一）实调实用，细之又细

分局按照"实调实用、以用促建、以训促管"的工作思路，由重建设、重

数量向重调用、重实效转
变，边摸索、边研判、边改
进、边完善，不断创新建设
举措，加快建设步伐。配有
社区微型消防站与一辆消
防车，内有增压式空呼机、
隔热服、黄沙箱、防毒面具、
破拆工具等专业设备，这是
上海首个挂牌命名的社区
微型消防站。

社区消防站微型消防车

徐汇苑微型消防站由消防退伍兵带队，从160多名保安队员中精挑细选24人（4个班组、每班6人）组成，做到24小时随时待命。队员们每天坚持操练和演习2小时，坚持了十多年。同时，徐汇区公安消防支队定期派员进行现场指导和培训，确保在关键时刻能够及时出动，将火灾隐患扼杀在萌芽状态。

（二）联合作战，协同处置

微型消防站出动后，除了负责初起火灾扑救，引导人员疏散之外，还安排人员在路口接应消防车辆，在着火建筑附近道路预留消防车停靠位置，并及时向消防指挥中心反馈情况。公安、消防部门到场后，微型消防站协同做好进攻引导、报告移交、人员清点、外围警戒、器材运送、协调保障等配合工作。处置完毕后，分局组织微型消防站联合开展"即战即评"工作，指出不足之处，提出改进建议。"一对一"互动机制使微型消防站与公安消防部门出警有机结合，形成良好的互动和妥善的交接，成为社区消防安全最可靠的守护者。

（三）深度联训，精准调用

为保证微型消防站调用效能，支队配齐配强指挥中心人手，明确专职干部，实体化运作作战指挥中心，实现24小时监控警情；出台了《微型消防站实调实用试行办法》，把全区微型消防站统一纳入消防灭火救援作战体系，接警时同步调度微型消防站。

为进一步规范微型消防站日常值守、训练和管理工作，出台了《微型消防站联勤联训工作实施意见》，按照"无缝衔接、靠前帮教、有效整合、共同促进"的原则，把微型消防站全面纳入公安消防部队的执勤、战备和训练体系。

(四) 多元督导，建章立制

徐汇区公安分局每月对全区微型消防站进行电话点名，测试联通情况。坚持每月汇总整理微型消防站实战调用、点名测试、检查指导、经验做法等运行情况，并通过区消防委平台予以通报。同时消防指挥部门还建立以街镇为单位，邀请街镇领导、派出所民警、消防防火监督员、消防中队长及微型消防站长，分别建立社区和重点单位微型工作群，加强日常实时沟通，及时发布信息。

消防安全检查台账梳理

三、创新·成效

(一) 群策群力，全方位零死角

火灾应急、电梯困人、打架斗殴、防爆处置、台风灾害、高空坠物、中毒事件、交通事故、盗窃事件、气体泄漏处理等，这些在日常生活中都会遇到的困境、险境，徐汇区公安分局会同徐汇苑微型消防站相关人员精心罗列了15种，并根据这些情况系统地制定出15个相应的应急预案。这15个应急预案，约有三分之二在社区内发生过。徐汇苑社区共安装了400多个摄像头，配备了可移动控制云台5个，结合视频分析报警系统、红外报警系统，尽可能做到无盲区、无死角，全区域布控。社区内设有消防水泵房6间、室内外消火栓800多套、灭火器1 560余只、消防烟感报警器近1 300个、消防登高场地8块。高标准的硬件设施在一定程度上有效保障了社区的消防安全。通过门岗问询、楼宇24小时保安及梯控，为社区的安全提供了强有力的保障。依靠应急预案的有效步骤和训练有素的应急小分队,在消防、民警到达前,基本能控制场面,甚至已经妥善解决,得到了各部门及群众的高度认可。

2012年,社区内一户12楼的租户家中着火。值班楼宇保安1分钟内即通知到保安领班及义务消防队(微型消防站前身)。仅5分钟的时间,十几名义务消防队队员带齐装备奋不顾身地扑入火场,及时将火情扑灭。此外,其他保安队员迅速将居民转移至物业公司办公室善后。当消防官兵到场时,火已扑灭。事后各部门对义务消防队的及时出动、准确判断和合理处置给予了高度肯定。

(二)因地制宜,全天候不间断

为确保社区微型消防站24小时不间断运转。对此,公安消防部门及各级政府主动发力,加强调查研究,积极寻求对策。

对于建有消控室的小区,依托24小时的物业保安队伍,每岗每班选定微型消防站队员,确保至少6人在岗在位,建立全天候值守的微型消防站。以上海航新物业管理有限公司为代表的物业企业,实行准军事化管理和训练,具备较快的响应速度和较强的处置能力。

对于老式居民小区,尤其是老旧弄堂"单个社区多头物业"的困局,一是划拨专项资金。通过政府购买服务的方式,由第三方派遣专人夜间值守,并利用微型消防助动车实施夜间防火巡查。二是优化组织构架。通过以站长为总调度,居委干部、社工、义务消防员为常务队员,弄委会、弄堂门卫和志愿者为分队队员的混编模式,明确岗位和分工。三是加强拉动演练。联合街镇定期对所属社区微型消防站进行"不打招呼"的拉动演练,通过经常性的"动一动、练一练",让微型消防站保持良好的战备状态,最大限度地解决了微型消防站夜间值守的难题。

(三)各司其职,多元服务

微型消防站的建立和运营赢得了居民的一致好评,同时也推动了社区公共服务的新模式。完善社区公共服务圈,打通服务群众的"最后一公里"。徐汇苑以自治、共治模式逐步推进邻里中心建设,以自建、共建模式让社区居民多元参与、协同治理。社区作为社会治理的基层平台,是各种利益的交会点。不少小区存在居委会、业委会和物业公司三者之间互相扯皮、互相制约甚至背道而驰的现象，阻碍了社区综合治理工作的有效推进。在徐汇苑，居委会、业委会、物业公司和枫林路派出所组成了拉动社区文明前行的"四驾马车"，心往一处想、力往一处使，携手为社区营造安全的环境，提供人性化的服务。其中，居委会定期召开楼组长会议，传达政府精神，组织开展各项活动，向困难居民嘘寒问暖；业委会大力支持，及时了解居民的需求，做好维修资金使用的监督管理；物业公司提供24小时全方位配套服务；社区民警深入群众，掌握社情民意，普及安全常识，维护社区安全。

也正是由于"四驾马车"的各司其职、齐心协力、互相协作，才造就了徐汇苑社区的安定和谐，各项工作有条不紊地开展，稳步向前推进，社区治理方能取得显著成效。

四、启示·展望

近年来，频发的高层住宅火灾给社会敲响了警钟，高层住宅小区消防安全管理已成为新形势下非常重要的一个课题。2017年1月到4月，徐汇苑已接待了来自社会各界的"参观学习团"近20批次，他们来看什么？学什么？这也是作为管理者，时常要对自己提出的问题。十年如一日，不断健全新型社区管理和服务体制，积极践行企业的社会责任，在定义优质宜居生活的同时，以持续发展的治理方式不断更新城市社区和谐居住的深层内涵，不断刷新上海高端社区的服务价值体系。住在社区、学在社区、乐在社区、养在社区，不断提升社区居民的认同感、幸福感和责任感，使社区和业主各尽其能、各得其所而又融洽相处，形成充满活力而又稳定有序的和谐社区。

"消防安全是公共安全的基础，是守护城市安全的底线。"上海市政府党组成员、公安局局长龚道安表示，对高层建筑消防安全这一世界性难题，要探索建立标准、健全组织体系、应用科技手段，做到第一时间发现预警火患、第一时间推送信息、第一时间动用最近力量处置，确保灭早灭小，维护城市消防安全。徐汇区公安分局将始终坚持目标导向和问题导向，盯紧消防安全管理的共性问题，以咬定青山不放松的韧劲，以一抓到底钉钉子的精神，深入实际抓推进、抓落实、抓突破，不断推进社会消防治理，不断净化全区消防环境。

精"橙"所至：平安橙点亮城区街头巷尾

一、背景·缘起

2016年和2017年春节期间，17 000余名身穿橙马甲的平安志愿者活跃在徐汇区外环内866个巡逻守护点和外环外20个集中燃放点，积极参与并圆满完成了烟花爆竹安全管控工作，基本实现了外环线内"零燃放"的工作目标，做到了"看不见闪、听不见响"，确保了《上海市烟花爆竹安全管理条例》落地生效。烟花爆竹安全管控工作的成功，充分捍卫了司法权威和法律尊严，进一步检验和提升了徐汇平安志愿服务的力量和水平。

为积极响应群防群治，发动人民群众的力量参与社会治安综合治理，在平安建设中切实贯彻落实群众工作路线，近年来，徐汇区上万名平安志愿者先后参与到世博会、亚信峰会、G20峰会等重大安保活动中。2016年1月1日，新修订的《上海市烟花爆竹安全管理条例》正式实施，徐汇区平安志愿者连续两年参与到烟花爆竹安全管控工作中，并逐步建立完善"平安橙"志愿服务品牌，将志愿服务力量进一步扩大到交通违法行为大整治、消防火灾隐患排查等多重平安领域，成为守护徐汇平安的强大力量。

社会治安防控体系的基层基础建设离不开社会群众，需要各方力量齐抓共管。作为徐汇区群防群治主力军的平安志愿者队伍，自成立以来，其工作基础良好，相关经验刊登在《长安》等杂志中，并多次在市、区层面交流经验。随着社会的快速发展，社会组织结构的管理和沟通趋于扁平化，徐汇区委、政法委定期深入街道、居委，实地了解平安志愿服务情况，不断发现短板问题，有针对性地调整工作方案，积极带领平安志愿者参与交通违法行为大整治、消防安全隐患排查等工作，不断创新社会公众参与综合治理的工作模式。

二、举措·机制

（一）创新招募机制，不断壮大志愿队伍力量

自徐汇平安志愿者队伍组建以来，不断创新动员招募机制，积极会同徐

汇区团委、区总工会等相关单位，在青年群体中加强平安志愿者招募工作，提高35岁以下青年和在职职工参与平安志愿服务的主动性和积极性；主动对接区文明办、区志愿者协会等全区志愿者服务平台，结合区级机关党工委群众路线教育实践活动和党建工作，向全区机关、事业单位党员干部发出号召，要求到住地党支部报到，积极参与"看家护院""社区巡防"等平安志愿服务。目前，全区共有平安志愿者17 000余名，约占实有人口的1.5%。统一制作了包括马甲、帽子、袖章、雨伞等平安志愿标识的服务装备，通过发放《徐汇区平安志愿服务指南》和《徐汇平安志愿服务手册》，逐渐规范平安志愿服务。

（二）搭建微网平台，畅通治安问题发现渠道

2017年6月，为进一步拓宽平安志愿服务平台，善用互联网移动端的信息传输优势，徐汇区综治办开通"志愿汇"微信公众号，吸收全区1 000余名骨干平安志愿者力量加入，通过平安志愿者个人移动端实现了平安志愿服务的实战运用和扁平化管理。2017年7月起，"志愿汇"微信公众号开通志愿线索报送功能，平安志愿者可通过手机拍照、定位，将发现的违法犯罪、涉黄涉赌涉毒以及消防安全隐患等线索及时报送。区综治工作中心对"志愿汇"平台报送的各类线索进行先期受理、分析梳理、分流处理、调度指挥、督办反馈等处理，不断推进综治工作力量向社会最末梢延伸。

（三）聚焦四化目标，突出项目化服务建设

按照参与社会化、管理规范化、服务项目化、形象标准化的"四化"要求，志愿服务力量源源不断地充实到交通违法行为大整治、G20峰会期间治安防控、消防安全隐患排查整治等专项工作中。每月5日固定为"平安马甲"主题服务日，按照"主题不同，活动经常"的原则，围绕防范入室盗窃、电信诈骗、金融诈骗等不同治安防控主题开展集中活动；每日针对重点时段，落实学校周边、医院周边等日常志愿服务；对重点治安防范薄弱小区，开展固定时长的"看家护院"巡逻值守服务。如田林街道田林十二村小区，2016年以前，盗窃非机动车、入民宅盗窃案件高发，群众安全感较低，各类投诉举报不断。2016年，小区智能化门禁系统及区域环境综合改造完成后，居民群众的安全感和满意度明显提升,群众参与综治工作的积极性也大幅提升。小区平安志愿者人数从2015年的30名增加到2017年的120名,其中不少年轻人也积极参与其中,有些大学生更是利用寒暑假的空闲主动承担起为大家看家护院的工作。截至2017年7月,该小区未发生可防性盗窃案件,在市综治办组织的测评中,该小区得分接近满分。

(四)坚持以专带群,提升志愿服务专业水平

结合居委综治工作站暨社区警务改革工作,充分发挥社区民警的专业指导和带领作用,保持社区民警队伍的相对稳定,建议区公安分局将指导物业保安、平安志愿者、综治社保协管员等辖区内平安志愿队伍建设情况列为民警和派出所年度考核的重要内容,进一步提高社区民警工作的积极性。区综治办每年定期组织全区300余名街道(镇)、居委平安志愿者联络员进行了业务培训,不断强化其业务技能,通过邀请市综治办、徐汇区公安分局、区文明办等相关单位专家授课,围绕年度平安建设任务、社区治安防范、消防安全、生产安全、校园周边环境治理、矛盾调处、平安宣传等展开,辅导老师通过授课、案例讲解等方式对各项工作以及执行过程中可能出现的事项进行详细的讲解,有效地提高了平安志愿者的综合能力,提升了日常巡防和志愿服务专业水平。

星级平安志愿者授牌仪式

(五)开展星级培育,适当奖励鼓舞队伍士气

徐汇区综治办主动跨前一步,多次与区文明办、区志愿者协会沟通协商,共同印发了《关于开展星级平安志愿服务培育的工作方案》,将平安志愿者队伍纳入区级志愿平台进行统一规范管理,按照累计工作时长、志愿服务表现等标准,分三星、四星、五星三个等级,对本区平安志愿队伍和平安志愿者开展星级培育工作,对当年被评为四星以上的平安志愿者队伍和平安志愿者进行奖励，进一步调动志愿者的工作积极性，提升志愿服务的荣誉感。坚持奖励激励机制，对全年无刑案小区和全年刑案同比下降幅度较大的小区的群防群治队伍给予适当奖励，对提供有价值情报信息和工作突出的平安志愿者及时给予奖励，通过发放慰问信等形式，强化精神激励作用。

三、创新·成效

（一）工作机制不断完善，形成共担社会风险新模式

建立了区级、街镇和居委三级联络制度，分别有13名街镇级、308名居委级平安志愿者联络员和1 000余名骨干志愿者；吸纳了物业服务企业和物业保安力量，在居民区主要出入口设置平安志愿守护岗，明确物业企业和保安的安全防范职责，形成了全社会共同承担防控风险的新模式。2016年，徐汇区平安建设成效显著，群众安全感测评居全市第四、中心城区第一，10个街镇被命名为上海市平安示范社区。

（二）基层触角不断延伸，有效保障社会治安秩序

通过以"徐汇平安马甲"为主线统领辖区群防群治守护网建设，充分调动基层群众力量，加强治安反恐信息收集。2016年至今，线下收集有价值信息182条，协助公安机关抓获持刀抢劫、入民宅盗窃等10余名犯罪嫌疑人。"志愿汇"微平台自2017年6月底上线以来，收集平安类线索400余条，有效保障了本区社会治安秩序的平稳有序。2017年上半年，报警类"110"出警数同比下降12.9%，全部刑案立案数同比下降7.0%，电信网络诈骗案件立案数同比下降114.2%。

（三）防范意识不断提升，涌现一批精英骨干力量

通过基层平安志愿者的亲身经历、口口相传，帮助群众掌握各类治安防范的知识和技能，提高自我防范、互相帮助的能力和水平，带动群众积极参与到平安建设工作中。2016年至今，本区涌现出上海市见义勇为先进个人7名，徐汇区见义勇为先进个人30名，共培育五星平安志愿者队伍9支、四星平安志愿者队伍43支、三星平安志愿者队伍250支，培育五星平安志愿者31人、四星平安志愿者203人、三星平安志愿者10 282人。

四、启示·展望

（一）群防群治是立体化治安防控体系重要组成部分

中共中央办公厅、国务院办公厅印发的《关于加强社会治安防控体系建设的意见》，涵盖社会治安防控的各个领域，涉及城市运行安全、生产安全、食品安全、交通安全、治安安全、反恐安全等各个方面，对各个行业的政府主管部门都提出了相应的要求。在每个行业、每个社区中，工作生活在第一线的是各行各业的职工和社区群众，他们对行业和社区的治安形势最了解，感受最直接。强化群防群治工作是新形势下坚持专门机关和群众路线相结合方针，充分运用社会资源实行社会治理和服务的有效方法之一。只有坚持"专群结合，以专带群"的群防群治工作方针，牢固树立依靠群众的观念，积极动员组织行业职工和社区群众参与社会治安防控体系建设，才能进一步夯实社会治安工作的群众基础和社会基础，打牢立体化社会治安防控体系。

（二）群防群治是深化社会多元治理的重要途径

现代社会，政府单打独斗已不适应公共服务需求多元化、社会问题复杂化的新形势。社会治理是亿万人民的事业，只有"依水行舟"，才能源源不断地从人民群众中汲取智慧和力量，使社会治理永葆生机和活力。平安志愿服务便是社会群众参与地区平安建设的重要渠道。要毫不动摇地坚持群众路线，充分认识做好群防群治工作是破解警力不足难题的重要途径，是坚持"平安社区"的重要举措，是推进社会治理社会化的重要载体。在推进群防群治守护网建设过程中，更要注重运用现代化科技手段，进一步畅通人民群众参与社会治安综合治理的渠道，通过微信等新媒体工作平台和宣传窗口，明确群防群治工作的职责和要求，充分调动平安志愿者参与的积极性和主动性，推进形成徐汇平安建设的命运共同体。

（三）群防群治是发挥群众自治有效手段

加强社会治理的目的是激发群众主人翁意识，形成政府治理、社会自我调节和群众自治良性互动的局面。社会治安综合治理和平安建设的多年实践证明，群众参与度高、自治性强的地区，治安状况往往良好，反之亦然；群防群治的积极参与者也是群众自治的骨干力量；群众积极参与为问题整治、短板治理、治安防范等提供有益思路和解决办法，如龙华"规模化租赁"、田林"新上海人之家"等群众自治手段，为来沪人员管理工作创新了思路和手段，不仅提升政府管理效能，而且激发群众自身活力，又有效维护了一方平安。因此，只有广泛发动群众参与社会治安综合治理和平安建设工作，才能激发群众的自治意识和能力，从而为打造平安徐汇升级版，提升社会治理能力和水平奠定良好的群众基础。

目前，全区平安志愿服务者的平均年龄为56岁，老年人占一半以上，在职职工和青壮年参与程度较低，队伍结构老龄化严重，循环发展和管理受限。未来运用智能化信息手段，进一步拓展平安志愿招募渠道和覆盖范围，吸纳年轻力量加入，是推进队伍精细化管理的必由之路。未来区综治办将加快与大申网的深度合作，进一步完善"志愿汇"微信公众号的功能延伸。结合日常巡逻和集中宣传，通过定向运动、健康骑行等主题活动，促进品牌的社会化推广，吸收青年白领、慢跑运动爱好者等年轻力量；加快与区域内高端互联网科技公司合作，在区级综治信息系统中研发社会参与社会治安综合治理模块，按照"区—街镇—居委"三级架构，梳理全区平安志愿者信息，对接"志愿汇"微信公众号，依托GS地图实时反映群防群治力量部署和布点设岗情况，实现内部信息化、精细化管理。

案例评析

本章的六个案例覆盖了城市网格管理、市场监督管理、城市治安、医患矛盾、食品安全、城市火灾等几个方面，直接关系到居民日常生活和城市安全运行。

徐汇区委、区政府实行行政服务中心、城市网格化综合管理中心一体化运行，理顺两部门之间的物理空间、管理职能和运作机制，特别是将"12345"市民服务热线、联动联勤和应急处置等综合功能全部纳入城市网格化综合管理体系，真正实现了政府管理重心下移、资源下沉、权力下放的目的。通过创新网格化治理,达到了问题在居民发现之前先一步发现的"精准识别",实现了居民投诉之后快速处置的"精准施策",初步完成政府现代治理能力和服务水平的"精细化",从机制和技术上向城市精细化治理的方向迈进了一大步。

市场监督管理始终是城市居民美好生活实现的有力保障。徐汇区市场监督管理局抓住国务院"放管服"改革的契机,以现代技术为支撑,建立综合性监管平台,实现了横向和纵向质量全过程全覆盖监管的目标。首先,梳理流程优化事项,权责明晰。粗放式监管的典型特点就是权责不清,部门之间、上下级之间推诿扯皮,留下监管空白。"双告知"机制直接实现了监管对象的精准化,解决管理盲区。其次,"双随机"机制整合现有的监管资源,提高监管效率,创新了监管手段,保证公平、公开、公正。最后,"无照管理"方式细化了管理对象,准确消除典型矛盾。建立诚信管理系统,从根本上填补了部门之间、政府与社会之间的鸿沟,对象更为明确化,手段更为精确化。总之,徐汇区全过程监管创新以现代技术为基础,在监管手段、监管方式、监管对象方面实现了全方位的精细化治理目的。

医患纠纷一直是社会矛盾的突出表现,是影响社会稳定的不确定因素,成为困扰各级政府和医疗机构的难点和热点问题。徐汇区司法局探索纠纷解决的长效机制,柔性沟通,建立医患互信。第一,专兼结合实现专业与社会互动。利用专业医生和法律人员增强调解的权威性,同时利用兼职特性增加调解的柔性,实现管理互动,减少冲突。第二,梯度调解降低成本。根据每一件医疗纠纷的特点和程度分类处理,明确问题对象,精准施策,降低管理成本,提高处理效率。第三,现场调解与专家咨询相结合,化繁为简。现场调解能够有效地降低矛盾扩大化的风险,根据现场特点精准施策,将风险最小化。而专家咨询着力解决疑难复杂案例,提升公信力,提高纠纷解决效率。总之,徐汇区司法局创新思维探索出来的医患解决制度体现了精准识别问题,明确服务对象,精准施策方式,最后实现了医患纠纷领域的精细化管理目标。

　　食品安全关系到千家万户、国计民生，是人口密集型特大城市治理的重点和难点。徐汇区作为上海的核心消费型城区，食品安全管理任务艰巨。近年来，徐汇区从精细化入手展开探索，取得了良好的效果。从食品安全管理参与主体上看，市场监管、城管执法、绿化市容以及教育、民政、工会、卫纪委等多个部门各司其职、多元共进，管理过程中纳入民间组织、志愿者组织和社区监管员，提高了多属性、多层级管理和参与主体的协同性；从食品安全管理技术上看，食品监控系统、信息追溯系统、公示系统等一系列专业化和智能化管理手段在不同核心应用场景中灵活应用，提高了管理的实时性和精准度；从管理靶向上看，从重点风险领域入手，设计并推进核心项目和品牌工程，提升高风险领域的管理水平。因此，食品安全是徐汇区重点的管理领域，通过协同化、专业化和精准化的管理手段和辅助技术，切实提高了食品安全管理的整体水平和效率。

　　随着城建规模不断扩大，城市产业结构和社会情况也发生了新的变化，城市火灾成为危及城市平安运行的重大安全隐患，对城市消防工作提出新的挑战。首先，徐汇区公安分局抓住火灾因子识别高度不确定性的特点，通过微型消防站的方式将消防工作深入到社会和楼宇，化繁为简，更为精准地排查隐患。其次，通过吸收兼职工作人员，进行专业指导，优化了消防人员配置。特别是通过微型消防站的建立，打通了公安、居委会、业委会和物业公司之间的交流壁垒。微型消防站通过建立制度、落实机制，培养人力资源，是消防工作深入到社会的"毛细血管"，是管理主体更为多元、管理环境更为可控、管理资源利用更为有效，是精细化治理的典型体现。

　　城市是人口汇集的核心区，是多元文化的聚集区，也是各种物理结构最为复杂的地方。因此，城市社会秩序是城市的核心工作和挑战之一。特别是随着近几年国内外在城市范围内恐怖活动和反社会行为不断发生，直接刺激了城市管理者和居民的"安全神经"。徐汇区综治办吸收我党治国理政的核心智慧，吸纳社会力量，走群防群控的路子。通过对群众的再组织，用专业化做指导，打通了社会治安防控工作的"最后一公里"，及时发现风险隐患，及时处理风险隐患，优化了社会风险防范的全过程。同时，徐汇区"平安橙"工作充分说明，精细化治理不是无缘之木，是在充分吸收中国传统管理精髓的基础上再创新的产物，它提醒城市精细化治理之路需要有历史眼光。

从本篇的六个案例中所体现的城市风险属于可以通过优化管理，有效隐患排查机制进行有效预测和积极防范的风险类型，而挑战就在于管理对象和管理系统自身及其关系的复杂性。因此，以精准识别和精准施策为核心的精细化治理是城市安全建设的必由之路。六个案例实践展现了加强城市精细化治理过程中的不同侧面，或是及时化解城市安全隐患，或是积极发现和消解城市风险，以上案例实践继承了传统管理中的精华，强调权责明晰、协作共治，同时体现出管理理念更为精心细致、更有温度，管理对象更为精准，管理过程更为专业和灵活，管理手段更为科学和多样，管理结果更为有效，管理成本更为合理，努力实现城市平安建设过程中精细化治理的目标。

不得不承认，精细化治理的路子仍然在探索之中，特别是随着城市致灾因子更为多样，作为孕灾环境的城市系统更为复杂多变，受灾体更为脆弱而缺少韧性，政府在城市平安建设过程中强调更精更细的同时，需要综合全局的系统思维。总之，城市平安建设的基础是整个城市有序、有效地运行，最终的目标是为满足城市居民美好生活需求提供基本的安全保障。

PART 6
社区共治篇

引　言

　　党的十九大报告提出了要"打造共建共治共享的社会治理格局"。社区共治是社会治理的重要方式，也是城市精细化治理的重要路径。首先，共同治理有利于提升精细化治理的能力。社区共治是社区各个不同主体，在发挥各自优势中进行共同治理的过程。这一过程中，各主体齐心协力、汇聚资源，大大扩展了治理的资源和能力，为精细化治理提供了能力基础。其次，共同治理有利于提升治理的精准性。共治过程中形成的议题、方案和措施，都是基于各自充分协商、表达意见后的结果，因此，在民主协商过程中，对治理要满足的需求和治理要破解的难题都更为贴近现实需求，所以，精准治理的水平也大为提高。最后，共同治理有利于提升无缝隙治理水平。无缝隙治理是在借鉴西方新公共管理理论"无缝隙组织"流派的基础上，提出的一种社区治理模式，它强调整体的、连贯的、流畅的、直接面对面的管理和服务方式。通过无缝隙治理有助于解决传统治理体制的协同困难，弥补传统治理的空白和缝隙。

　　在社区共治与精细化治理方面，我们选取了六个案例，即徐汇区区域党建的新载体——区域党建促进会，虹梅街道园区共治枢纽"虹梅庭"，龙华街道"益加艺"文化艺术志愿者行动，长桥街道探索"无缝隙治理"模式，漕河泾街道实现上海南站不"难"站的"三区联动"社会治理生态圈，以及枫林街道和斜土街道组建"业委会沙龙＋物业服务联盟"模式等。其中，党建促进会，是一个体现全覆盖治理下的总体实践；"虹梅庭"、"三区联动"社会治理生态圈、"益加艺"文化艺术志愿者行动三个案例共同的特点是，针对区域的资源差异、需求差异、问题差异，通过联动、跨界合作等方式，一方面充分调动和挖掘社区各方资源和力量，大大提升了城市精细化治理的能力；另一方面，也是针对治理中不同的问题和需求，有的放矢、更加精准地推进城市治理；"业委会沙龙＋物业服务联盟"模式，是以专业化治理体现精细化治理的实践；长桥街道"无缝隙治理"案例是通过社区共治，实现无缝隙治理的典型样板。

区域化党建促共建共治共享。徐汇区区域党建促进会是涉及区—街镇—居民区各个层级和不同部门、组织的综合平台，具有全覆盖和总动员的特点。通过这一组织，充分调动了徐汇区各方面的资源和力量，以助力城市的全面治理和精细治理。党建是一种柔绵浸润却又坚实有力的治理力量，它可以打通政府科层结构，链接全社会资源，让城市治理深入到方方面面，从而实现绣花式的精细化治理。

虹梅街道园区共治枢纽"虹梅庭"。城市开发区治理的"虹梅庭"共治枢纽是针对漕河泾开发区职业群体多、需求多元等特点，虹梅街道成立本地化枢纽型社会组织——"虹梅庭公益服务中心"，通过这一中心搭建起"街道—园区—社区"的跨界公益网络，整合更多的市场化资源和专业化力量，使得城市精细化治理的能力大为提升，该项目还获得了"第三届上海社会建设十大创新项目"的称号。

龙华"益加艺"志愿行动，打造西岸文化共同体。龙华街道的"益加艺"文化艺术志愿行动，汇聚各方资源，打造社区治理共同体；服务滨江发展，打造公益活动志愿者服务群；注重共建共享，打造西岸文化生活共同体。一方面，提升了城市精细化治理的资源能力；另一方面，实现区域内文化场馆、社区单位和居民群众之间文明共建、文化共享的西岸文化生活共同体，提升了社区治理的精细化水平。

长桥街道探索"321"无缝隙治理模式。"无缝隙组织"作为西方新公共管理理论的一个流派，强调以一种整体而不是以各自为政的方式提供服务，要以顾客为导向，以低成本、高效率、面对面、多样化的服务，来满足公民对于公共产品的个性化需求。长桥街道通过"三治两化一归属"实现了社区的无缝隙治理，特别是其中的"归属感工程"，强调社区文化软力量在弥补传统科层制治理难以避免的"治理缝隙"上具有的重要作用。

漕河泾街道实现上海南站不"难"站的"三区联动"社会治理生态圈。上海南站的"三区联动"是针对火车南站黑旅店、票贩子、黑中介等较多的问题，通过统筹火车站站区的管理力量、街道的管理力量和居民区的治理力量，形成破解上述城市治理难题的合力，为深入到街头巷尾、千家万户提供了资源和力量，从而实现城市精细化治理。

枫林街道和斜土街道组建"业委会沙龙＋物业服务联盟"模式，是通过引入专业化力量、发挥社区能人的作用来提升城市精细化治理能力。通过沙龙和联盟等形式，让法律知识、制度规范、专业力量进入小区综合治理，破解老旧小区停车难、小区环境脏乱差、物业费管理难等社区治理顽疾，从而实现城市精细化治理。

深度融合：区域化党建促共建共治共享

一、背景·缘起

徐汇历史人文底蕴深厚，综合经济实力雄厚，科技教育资源集聚。49.8平方公里的区域内集聚了上海交通大学、复旦大学医学院、中科院上海分院等百余家科研院所和上海电影集团、上海仪电、中山医院一大批重点企事业单位。为有效整合这些大院、大所、大校、大企等治理资源，徐汇区在传统社区党建的基础上，探索开展了区域化党建工作。具体来说，就是聚焦城市重大建设、重要民生等问题，以党建联建为基本方式，在不改变党组织隶属关系和各类资源所属关系的基础上，构建党组织之间的协商共治平台，统筹各个党组织内的资源，以服务群众为重点，开展地区性、社会性、群众性"三性工作"。2012年，徐汇区委在182家区域单位党组织的支持下，发起组建了徐汇区域党建促进会，由区委牵头协调区域内大型单位共商徐汇发展，由各街道、镇党（工）委和区委、区政府的职能部门具体与相关区域单位研究达成合作项目，推动大院、大所、大校、大企的专业资源参与社区共治与民生服务。

二、举措·机制

徐汇区以区域党建促进会为平台纽带，统筹区属、区域各类资源，围绕社会治理创新，形成区、街镇、居民区三级联动架构，推进区域化党建、居民区党建、"两新"党建"三建融合",逐步形成共建共治共享的城市社会治理新格局。

(一)区层面:建立区域党建促进会枢纽平台

1. 注重机制创新

构建区委、街镇、居民区三级联动和纵横结合的区域化党建工作体系。纵向上,区域党建促进会下设13家街镇促进会分会,现有区级会员单位237家,街镇分会会员单位674家,并通过居民区支会等形式,推动区域化党建向居民区延伸。横向上,按照行业特点,建立经济发展、教育发展、文化建设、医疗卫生、城区建设和管理、人才发展等8个专业研究委员会,由相关委办局牵头,区域单位参与,强化系统、行业党建的叠加效应,提升党建工作的针对性和专业化水平。区域党建促进会坚持平等协商、共建共享的理念,每年由会员单位协商提名,推选轮值副会长单位7家,专委会召集人由区域单位轮流担任,定期召开促进会年会和理事会议,协商决定重大事项。在区委组织部设立促进会秘书处,负责日常工作。促进会"纵横结合"的立体化工作网络,让专业发展资源和基础保障资源都能得到有效对接和充分释放。

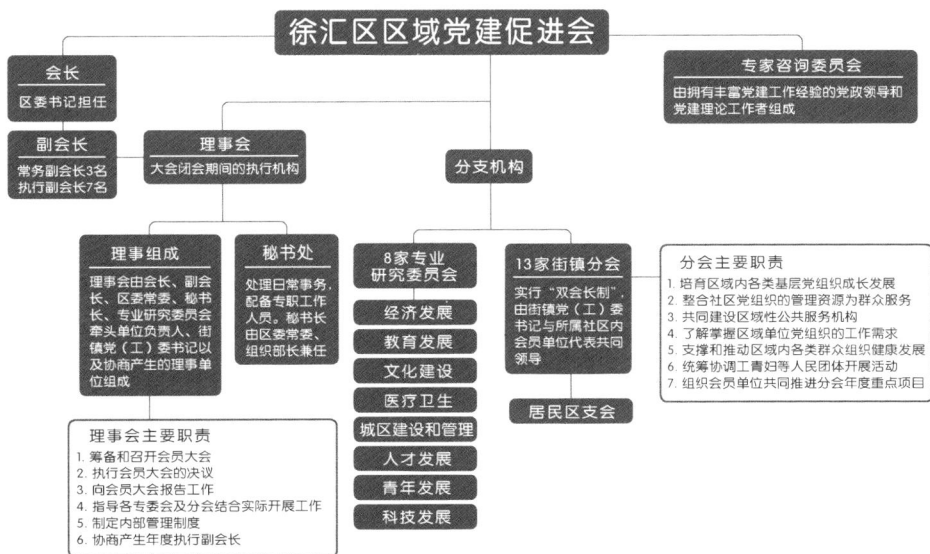

徐汇区区域党建促进会组织架构

2. 注重资源整合

坚持问题导向和需求导向，围绕"六共"目标（共商区域发展、共抓基层党建、共育先进文化、共促人才成长、共建文明城区、共同服务群众），组织动员各领域党组织和党员共同推出资源清单、需求清单、项目清单，完善区、街镇、居民区三级供需对接机制。"三张清单"盘活了区属、区域工作资源，激发了区域单位参与社区共治的活力，推动区域化党建不断向居民区延伸，向"两新"组织等新领域、新空间拓展，促进区域资源精准对接、有效配置，推动条块资源、社区资源的系统整合。

3. 注重作用发挥

服务党员教育管理方面，每月举办一期"徐汇·党员大课堂"，解决区域单位教育资源不足的问题，目前已举办讲座46期。分二批推出钱学森图书馆、龙华烈士陵园、上海天文台等14个"党员组织生活现场开放点"，累计已接待区域党员4万人次。服务社会治理创新方面，针对铁路上海南站噪声治理的老大难问题，组织实施单位与所在居民区党建联建，最大限度地争取居民的理解和支持。整合行政、司法、卫生资源，设立"医患纠纷调解办"，搭建医院和患者之间的沟通协调平台，每年调解医患纠纷500件左右。服务民生改善方面，依托卫生专委会，建成"市六医院—市八医院""中山医院—中心医院"两个医疗联合体，推进"徐汇云医院"建设，形成南北呼应、区域联动、合作有序、资源共享的服务新机制。通过梳理群众关注的普遍性需求，对接区域单位的专业资源，实施一批面向全区居民和职工的实事项目。比如，上海市第六人民医院的骨科专业全国领先，曾成功实施全球第一例断手再植手术。为了更好地发挥六院的专业优势，区卫生党工委与六院党委达成了共建"徐汇区社区医学影像诊断中心"的协议，使居民在社区卫生服务中心就能得到三甲医院的医疗服务。

（二）街镇层面：发挥区域党建促进会街镇分会作用

近年来，随着区域化党建工作的不断深入推进，各街镇充分发挥区域党建促进会街镇分会平台的作用，打破原有的机关、企业、居民之间的界限和格局，建立"党建引领、政府扶持、社会协同、公众参与"的区域共治平台，切实加强区域化党建工作，通过党建引领，整合辖区内的各类单位、企业、居民区资源,共同助力社区治理创新。

枫林街道发挥促进会分会平台优势,立足社区居民需求,在创新社区治理机制、加强和改善民生、加强基层党组织建设等方面持续用力。

1. 持续整合区域资源

在街道党工委的领导下,充分发挥社区党委和行政党组的作用,通过理顺体制机制、明晰权责分工,从整体上提升了社区治理水平和服务能级。优化"3+X"综合平台,逐步建立并完善了街道党工委发挥"议事决策"作用、促进会枫林分会发挥"协调协商"作用、区域单位联络员队伍发挥"沟通联络"作用的工作体系,部分区域单位党委书记还担任了街道党工委兼职委员,切实起到了党组织协同决策、基层联合共治的整体功能。2017年,成立了枫林社区基金会,引导社会力量积极参与社会治理,有力促进社会各方面资源的整合。

2. 持续推进重点项目

街道党工委迎难而上,整合城管、房管、绿化等下沉队伍资源,加强与区属、区域单位之间的协调联动,打破隔阂,形成合力,重点推进文明城区创建、小区综合治理、"五违四必"整治等工作。和区域单位同心协力,用近半年的时间对中山医院周边"五横两纵"七条马路的112家违章店面进行了整治,给居民群众创造了更整洁干净的居住环境。

3. 持续夯实基层基础

抓住基层党组织书记和社区工作者这两支关键队伍,通过织密每个居民区党支部的"小网",将区域化党建的成效落实到居民区,激活了基层党建的"神经末梢"。区域单位选派优秀中青年骨干到居民区挂职党组织副书记,街道选送青年干部到区域单位学习培训,共育优秀青年人才。在推进区域化党建的过程中,建立前线阵地临时党支部,比如,建立复旦大学医学院工地临时党支部,成立中山医院工作站临时党支部、"五违四必"整治接待点临时党支部,联合周边的居民区党组织,加强对接联动,强化舆论引导,既推动工程建设,又创新了党建品牌和工程品牌。

徐家汇街道在区域党建促进会分会的基础上,成立"三联盟",即鼓励企业参与"社会责任联盟"、职工居民参与"道德责任联盟"、机关和窗口部门参与"服务责任联盟",积极探索社区多元共治新模式。

徐家汇街道社会责任联盟成员单位认领社区公益项目

首先，集聚资源，形成服务居民的合力。作为引导社会力量参与社区治理的重要平台，徐家汇街道"三联盟"准确定位不同社会治理主体的地位，推动资源向基层倾斜，激发基层活力，提升社区能力。如社会责任联盟首席执委中智经济技术合作公司加入"三联盟"之后，更加注重根植于社区，主动参与策划了联盟首个大型活动——"12·5"国际志愿者日"闪出公益、献出爱心"徐家汇社区亲子公益挑战赛。社会责任联盟每年开展与履行社会责任有关的主题活动，营造"聚是一团火，散是满天星"的良好社会氛围。以服务行动为抓手，体现岗位职责、服务成效。发动服务责任联盟成员单位共同研究、参与、加强徐家汇地区的综合管理和社会治理，通过一系列服务行动和治理行动，提升服务群众的能力和水平。

其次，信息互通，形成互促互进的合力。以"三联盟"为平台，实现成员单位之间的信息联享、工作联动、活动联办。如由商城集团、汇师小学、胸科医院等9家单位和热心市民组成的"雷锋侠"队伍，完成了100分钟的健步走，并现场认领了由公益步数换算的本年度公益服务时间。

最后，搭建平台，形成资源共享的合力。"三联盟"作为社区各方力量参与的"共同体"，广泛吸收了区域各类企事业单位、政府机关、道德模范、先进人物共同参与。积极探索"导师带教"的工作机制，邀请联盟中的区域单位党组织书记以导师的身份，与"两新"组织党支部书记结对，为加强基层党建和加强社会治理输送必要人才搭建平台。①区域层面：街道的重点项目邀请联盟成员积极参与，通过社代会、联盟会议等多种途径进行讨论、策划并形成合理的建议。②居委层面：通过为老服务、文明养狗、社区文化等各类自治和文体项目形式，引导社区居民遵守社会公德，主动参与小区管理。③居民自身层面：鼓励和培育社区居民自发、自觉形成更多自治、文体项目，营造小区文明、和谐的良好氛围。如柿子湾居民季琳萍从婆婆的好儿媳转变成公众的好女儿,敞开自家大门办起了睦邻点,逐步营造出了有影响力的社区养老氛围。

(三)居民区层面:推动区域化党建向纵深发展

依托区域党建促进会,构建区、街镇、居民区等多层次组织架构,推动区域化党建向居民区、园区楼宇、功能区和互联网等空间形态延伸。根据辖区范围和资源分布情况,指导居民区独立组建支会或联建片区支会,将各类区域单位纳入居民区网格,在社区自治共治中发挥更大作用。天平街道各居民区全部建立支会;枫林、田林等街道按片区建立支会;长桥街道结合区域内学校教育机构密集的特点,建立居校支会、居园支会、居企支会3个区块联动的支会,强化了区校联动。

天平街道建岳居民区有多处名人故居、文物保护单位和优秀历史建筑,是一个新老结合的混合型居民小区。街道和居民区发挥党员作用,以深化区域化党建为抓手,以"互联网+"思维为引领,以住宅小区综合治理为契机和突破口,不断凝聚居民区治理合力。

一是共建单位资源向居民开放。居民区共建单位有中科院上海生命科学研究院、上海戏曲艺术中心、徐汇区机关建国幼儿园等,各结对单位党组织根据各自的特长,为居民开展形式多样的服务活动。共建单位的大力支持,赋予了居民区党建工作更多的生命力和活力,得到了党员及群众的广泛好评。比如,开展"九九重阳　致敬岁月——老洋房巡游活动",由区机关建国幼儿园的教师担任导游,各单位年轻志愿者带领老年居民参观上海医学科学情报研究所等区域单位,聆听历史建筑的故事。

二是软硬治理结合建设文明小区。积极引入第三方社会组织"惠平物业服务指导中心",对"弄管会"进行专业化管理,并协助开展业委会和物业管理服务的相关工作。同时,携手区域单位共同挖掘居民区的历史文化底蕴,推动风貌百弄系列文化景观墙建设,讲好建岳故事。如建国西路506弄小区("懿园")作为上海市优秀历史建筑,形成"历史建筑群落文化弄堂";又如建国西路581弄小区曾有多位中科院院士在此居住,因此建设形成"院士风采文化弄堂",凸显科技人文理念。通过对社区文化底蕴的挖掘和展示,提升了单位和居民对社区的认同感,为扩大社区治理参与夯实了基础。

三、创新·成效

徐汇区域化党建促进会形成了区、街镇和居民区的三级组织架构，围绕"共商区域发展、共抓基层党建、共育先进文化、共促人才成长、共建文明城区、共同服务群众"这"六共"的目标，在区域化党建大平台上，积极盘活区域资源，做到"不求所有但求所用"，真正使区域资源变为发展资源、社会治理资源，在社会治理中解决了不少难题顽症。比如，枫林社区通过街道党建促进会分会，使一个处级单位"撬动"了中山医院、建科院、中交第三设计院等众多局级单位，打破了党组织的隶属藩篱，形成了党建合力，同时社区为驻区单位当好"大后方"，解决了肿瘤医院和中山医院周边停车难、乱设摊等市容管理难题，实现了社区群众和驻区单位的双赢。比如，区域化党建向街道和居民区延伸，主要达到了两方面成效：走进社区单位，提升它们对居民区的认同度，凝聚社区治理的共治合力；整合社区单位资源，双向交流、双向服务、联动共建、形成合力，推动社区建设，实现了合作共赢，提升了居民群众的满意度。通过共建共治共享，积极推动区域单位就地升级和服务外溢，扩大服务和推进融合，使这些区域单位再进一步，从"熟人"变成"亲人"。

四、启示·展望

从"区属"走向"区域"，虽然只有一字之差，但改变的不仅仅是一个字，而是党建的观念、思路和方法。所谓区属，就是行政隶属，为我所属，为我所管；所谓区域，就是整个行政区划，不管是中央部署还是市属，不管是条还是块，都是属地化管理。构建区域化党建格局，需要打破传统的体制内党建工作的"小循环""内循环"，走向区属和区域资源互相整合的"大循环""内外一体化循环"，在区域各个党建工作系统之间建立起立体式、交互式的大党建模式。

加强区域化党建工作，需要以更加开放的格局，以共同使命、共同需求、共同利益、共同目标为纽带，建立互动互补互利的运作机制，调动区域各类主体的积极性，形成资源共享、信息共用、双向服务、互利双赢的局面。

（一）进一步加强社区共治平台建设

在党建促进会成立之初，对区域化党建的功能定位就很清晰。由于不同行业、领域和部门之间存在权责分割和思想缝隙,区域化党建需要更加充分地发挥地方党委的统筹协调作用,以党组织为共同纽带,为不同行业、领域和部门的联动与合作,提供信任机制,搭建沟通平台,形成共同认知。在基层治理和公共服务的复杂性不断提高的背景下,在基层社会的不同层面都应加强共治自治,通过区域化党建来引领各方力量是整合各种资源、协同处理社会公共事务的重要方法。

(二) 进一步以区域化党建的组织融合推动工作创新

目前,与徐汇数万家区域单位相比,纳入区域化党建组织网络的还是少数。区域化党建必须逐步建立全覆盖的组织网络,通过组织融合推动工作创新,通过居民区党建信息化平台退出区域资源地图,推动资源进一步下沉。更进一步,还可以将居民区周边小单位逐步纳入区域化党建格局,为居民区组织在社区自治中发挥引领作用提供支撑,推动居民区党建、"两新"党建与区域化党建深度融合。

(三) 进一步凸显区域化党建的价值导向

徐汇区区域党建促进会明确了"六共"任务,其背后的价值目标主要是三个方面:首先是夯实党的执政基础。尽管区域单位行业、职能各不相同,但党组织肩负的责任使命是相同的。党建促进会项目的开展,目的是增强党员党的意识,更好地团结凝聚群众。其次是服务群众。只有让群众有获得感,党建工作才有生命力。最后是推动发展。区域化党建之所以得到区域单位的大力支持和积极参与,关键在于资源共享、优势互补,实现共同进步。

虹梅庭: 党建引领下的"园区—社区"
共治生态圈

一、背景·缘起

虹梅街道地处徐汇区西南部,是漕河泾新兴技术开发区核心区所在地,区域内各类企业近3 000家,从业人员20万人,周边零散分布着13个小区,常住人口4万，有着"园区大、社区小，白领多、居民少"的区位特征，这也就迫使虹梅街道在传统的"街道—居委—楼组—居民"之外，探索"街道—园区—企业—员工"的链接机制。虹梅庭项目的成立和运作，与特殊的区位环境和深刻的时代背景直接关联。2013年，虹梅庭越界中心建成并投入运行；2014年，虹梅庭公益服务中心正式注册成立，从1.0版升级为2.0版。经过3年的发展，虹梅庭成为创新社区—园区治理的社会化枢纽平台，通过"多元主体主导、共治项目先导、社会组织引导"的工作机制，充分整合各类各级党群资源和社会力量，发现社会需求、培养志愿人才、营造公益社区，努力构建"园区—社区"共治生态圈。

二、举措·机制

（一）成立本地化的枢纽型社会组织——"虹梅庭公益服务中心"

"虹梅庭"理事会是在区域化党建促进会分会的基础上建立起来的，理事和监事皆由区域内具有影响力、公信力的代表性园区行政负责人、大院大所大企党委负责人、非公企业高管、"两新"党工组织负责人以及社会组织负责人等组成。"虹梅庭"扎根区域，服务于本地化需求和服务对象，其实体化、开放化的运作模式，"非行政化"的社会组织身份和注重成员单位多元主体作用发挥的特征，使其逐步树立了"本地化枢纽"的地位，有效地将多元主体的各种利益诉求"统筹"起来，打破了区域内不同性质、不同类别单位和组织之间的区隔，推动信息和资源在区域内的优化配置。

经过3年的发展，"虹梅庭"成为社区治理特别是园区治理的枢纽，也成为区域内社会组织的孵化中心。如2014年至今，累计有近300家企业、社会组织或专业机构在园区和社区

虹梅庭公益服务中心（华鑫中心）

中实现文化需求、公益需求、成长需求等方面的对接,在为老服务、关爱未成年人、环保倡导、文明志愿、和谐邻里等领域开展合作,共举办近1 000场各类活动,参加人次达到近10万。同时,通过培育和引入,孵化和发展民间社会组织和本地白领草根社团。"虹梅庭"先后引入社会组织、专业机构已达60家,并逐步孵化此类组织在虹梅地区的分支组织,2017年以来已发展17家,孵化百人以上规模的兴趣社团11个。同时,将重点放在了"孵化本土社会组织"上,积极培育那些发展空间大、符合园区特点和白领感兴趣的社团组织。比如提供专业讲座的"虹学院"、走进园区的"彩虹公益"等项目。

（二）优化街道区域化党建平台,扩大园区治理的全面有效覆盖

在原有组织覆盖和工作覆盖的基础上,提升工作的有效性。一是将规模以上"两新"党组织或组织关系隶属不在本街道的但与区域发展和社会建设相关的企业或单位党组织纳入区域党建促进会虹梅分会,提升街道党工委动员、整合社会资源的能力;二是将原先以党建联席会议为主的议事和会议制度,改为园区业主、国有企事业、外资、民营、政府服务、社会组织等8个议事小组,每月按需确定会议主题或议题开展沙龙或议事会,完善党建引领的协商共议机制;三是分层分类地培育园区楼宇党建联合会、企业社会责任联盟、漕开发众创空间联盟、企社党建联盟等以共治项目为载体的子平台,推动区域化党建资源向居民区、园区延伸,健全"街道—园区—社区"工作网络,共商共议园区和社区公共事务,在党建引领下实现政府、企业、社会组织的跨界合作。

（三）构建以"两新"组织党建和园区治理有机嵌入的社会网络

通过基层党建"两个覆盖"和园区治理网络的建构有机融合,实现非公党建的"全覆盖",提升园区企业、白领的公共意识,让党建空间有温度,让公共空间有党建。在物理空间上,布局了网络化的党建公共空间,将开发区内自然形成的若干"小"园区作为工作区块,以500米为最大半径,通过政府租赁、公共空间利用、企业空间共享等模式,建立了10个党群空间站点,使园区内各级各类党组织成员和职业群体可以利用碎片化时间,就近参与各类活动,实现了"园区社区化"。

在虚拟空间上，通过虹梅庭微信公众号①打造"O2O"信息化平台，形成了具有区域服务特色的"党群组织服务、政府公共服务、社会组织服务、企业社会服务"资源库，实现"服务项目个性化定制、服务项目在线预约、服务项目即时交互"的线下参与和线上互动模式；在心理空间上，从"两新"组织党员和园区职业群体的"社会性"需求出发，开展"随手公益"的志愿服务项目，为其融入当地社会、参与社会生活提供渠道和平台，提升组织归属和社会认同。

（四）以价值观引领为核心，运用专业化、社会化方法，加强组织动员和工作渗透

坚持社会主义核心价值观引领，将社会工作方式运用于党建工作和园区治理，将专业理念运用到每个活动项目之中，避免"自上而下进行任务布置"的工作方式。倡导社区为本的优势视角，主动从园区企业的社会责任优势、员工的信息技术创新优势出发，让员工发挥自身潜力，满足自身和社区需要，激发创新活力。特别是在活动安排中注重思想引领和高参与度、高传播性相结合，有计划性地布局各类活动的比例，利用活动凝聚党员和员工，拓展群众基础，增强平台的覆盖面和本地的关联度。

"虹梅庭"活动有四项基本内容：一是关心陌生人，打通社会关系冷漠化，建立生人环境下的互信和互助；二是关心共有环境，以公益生态绿色为主线；三是关心自身，实现自省、自助、自强；四是积极作为，鼓励年轻人从办公室、电脑旁走出来参与社会活动。以公益志愿项目为例，企业社会责任联盟成员单位现有200家，下属各类志愿者团队100余个，企业志愿者人数近6 000名，其中党员志愿者4 224名，培育常规性服务项目47个，举办600余场志愿活动，参与和受服务人次达到8万，公益项目投入资金累计2 000多万元。

---

① 虹梅庭微信公众号于2015年4月开通，截至2017年12月，粉丝数破万。截至2017年12月，年阅读点击量超过14万。

彩虹公益GO接力徐汇区创建全国文明城区活动

三、创新·成效

（一）共治有活力："园区—社区"共治有了抓手和平台

将党建工作目标渗透到园区社会治理目标之中，用全人的关怀构建"情感认同"，用社会动员的策动构建"共同议题"，用组织的培育构建"社会网络"，面向园区党员和员工需求，党建工作和园区治理工作有了抓手和平台，并转化为具体的项目，服务内容更具综合性、层次性，形成了"企业乐意、员工暖心、百姓受惠"的良性循环，也使得党建共建和园区共治有了动力和活力。

（二）项目有效果：项目化、专业化与社会化的运作

三年来，依托本地资源建立很强的"本地网络"，在本地社会活动具有很强的影响力，在党建组织覆盖、工作覆盖基本实现的情况下，将枢纽型社会组织功能充分发挥出来，实现与企业组织、社会组

虹梅庭社区伙伴计划项目对接

织的相互渗透。项目化的运作，增强了其可控性；专业化的介入，丰富了其内涵和吸引力；社会化的方式，引入的专业社会组织，提升了服务效果的能级。

（三）群众有凝聚：密切了党与白领群体、社区居民的联系

职业群体，尤其是体制外的职业群体是现阶段社会治理的空白点，也是党开展工作的重点和难点。以往由于缺少有效参与的活动，党与职业群体的联系有疏远的趋势，而虹梅庭"园区—社区"共治项目促使这些白领重新围绕在党的周围，形成了一种新的纽带和凝聚力。委托第三方专业机构对本地职业群体进行了样本容量为2 000人的调查，数据分析证明"虹梅庭"组织开展的各类活动，在职业群体活动参与度与对工作人际关系的满意度、对园区满意度，对个人生活满意度，对政府信任度、权威认同度、不平等感受指数等几个重要领域都有明显的正向影响。虹梅庭积极构建常态化的公共空间艺术公益活动，推动园区白领走进社区，感受家园温馨。垃圾分类、关爱老人、邻里互助、亲子和谐等正能量的主题活动，增进了居民与白领间的互动与好感。

四、启示·展望

虹梅街道坚持党建引领，探索社区党建和园区治理有机融合、有效嵌入的工作模式，培育党建社会化平台"虹梅庭"，打造"园区—社区"共治生态圈。

（一）党建引领共治的工作架构是多元共治的制度保障

通过社区党建和园区治理的有机融合，促进区域内党组织之间的资源整合、功能互补，形成了以街道党工委为核心，社区党组织、园区各类党组织和全体党员、园区员工、社区居民共同参与的区域化党建体系。

（二）社会化运作是共治内生活力得以释放的机制保障

为打破边界、增进互动，需要那些最接地气的各类基层组织。作为区域性"非行政化"的枢纽型社会组织，虹梅庭打破区域内不同性质、不同类别单位和组织之间的无形间隔，推动信息和资源的有效流转对接，实现了资源与需求的精准对接。社会化的党群工作在这片土地上萌发生机。

（三）价值观引领是多元主体参与共治的动力保障

在社会治理中，以价值观引领为核心，活动导向突出政治性、公益性，活动设计突出专业化、时代性，活动形式侧重体验性、获得感。这就有利于加强组织动员和工作渗透，激发员工和居民参与共治的动力，在"园区—社区"营造崇德向善、见贤思齐、德行天下的浓厚氛围，形成广泛的价值认同，提升多元主体的认同感和归属感。

龙华"益加艺"：打造西岸文化共同体

一、背景·缘起

龙华街道是上海市12个中心城区历史文化风貌区之一，拥有以千年龙华寺、龙华塔、四百年龙华庙会以及百年兵工厂、百年航站楼为代表的传统文化和以龙华烈士陵园等为代表的红色文化。近年来，随着徐汇滨江的开发与建设，龙华地区综合改造项目持续推进，规划中的西岸文化走廊、西岸传媒港逐渐落地成型，一个融高端艺术品文化集聚区和精品文化体验区于一体的西岸文化走廊正逐渐成为上海的文化新地标。

全新的发展格局汇聚了浓厚的艺术氛围，有力地提升了龙华地区的文化品质和能级，也对龙华街道的社会治理和综合服务提出了更新、更高的要求。如何构建与上海文化新地标相匹配的社区管理服务体系，打破高雅艺术与社区生活之间的"藩篱"，实现重量级文化场馆与社区单位、居民群众之间的"同频共振"；如何保障滨江各大场馆、公共开放空间有序、高效地运转；如何做好传统文化、红色文化、现代文化深度融合发展的大文章，成为摆在街道管理者面前的重要课题。为此，龙华街道认真落实市委"创新社会治理、加强基层建设"的要求，2015年启动了寓意为"具有艺术特质公益服务"的"益加艺"文化艺术志愿行动，逐步探索构建以文化艺术为纽带，以公益精神为引领，以志愿行动为驱力，实现区域内文化场馆、社区单位和居民群众之间文明共建、文化共享的西岸文化生活共同体，着力提升社区治理与生活品质。

二、举措·机制

（一）汇聚各方资源，打造社区治理共同体

1. 借助社会力量，增强政社合作的公共引力

把高大上的文化场馆、性质各异的区域单位、价值多元的社会人群聚合成一个公共志愿服务群落，需要街道党工委发挥良好的引导作用，着力增强各方的公共意识。

一是引入社会组织，合力推进区域单位沟通服务平台建设。街道引入恩派、青年家园、合泽众意等多个社会组织，会同街道志愿服务中心，共同研究建立定期走访、需求回访、项目设计、宣传联动、信息建设等工作机制，形成一套文化志愿者招募、培训、输送、评估、激励、保障的操作模式，加强了与场馆、单位、志愿服务团的日常沟通交流，促进场馆与单位之间的资源共享。

二是联手开展活动，让社区居民走近场馆体验艺术魅力。街道联合龙华烈士陵园、余德耀美术馆、朵云轩、西岸艺术中心等，共商社区文化教育的合作框架，联手举办了"国际博览馆日特别活动""品鉴西岸艺博会""你好！当代艺术""美术馆奇妙夜"等多项艺术体验活动，吸引了白领青年、社区居民、青少年等群体积极参与，参与人数近75 000人次。其中有不少白领、居民、学生在参与艺术体验活动之后，又投身于艺术志愿行动中。

三是主动配合教育，积极对接高中学生社会实践。街道积极盘活、开放文化艺术资源，通过志愿合作的方式，为高中学生社会实践提供平台、创造条件，让学生与艺术机构展开接触和交流。两年来，来自徐汇区的1 600多名高中学生，参与了龙华街道与上海京剧院、上海摄影艺术中心、余德耀美术馆等共同发起的"小京继人"国粹艺术传承、"国际摄影艺术讲解"、"艺术ASK ME"等5 000多个志愿服务岗位，充分体验"公益的快乐"和"艺术的魅力"。

2. 编织组织纽带，集聚多方协同的共治合力

多方协同共建共享公共志愿服务群，需要有效而稳定的组织。龙华街道以"益加艺"为抓手，采取灵活多样的方式，努力拓宽协同参与的组织载体，形成多方协同的工作合力。

一是联手孵化长效志愿服务项目。龙华街道与上海京剧院联合推出"国粹好邻居"主题志愿行动,以国家一级演员王珮瑜、傅希如、严庆谷为代表的一大批京剧名家、青年演员、志愿者参与"国粹使者、职客体验、文明代言、院校合作"等20多项公益活动;与朵云轩集团联合推出"艺朵云·益相邻"主题志愿行动,共同策划"艺起做公益、传统技艺讲堂、青燕行动、益相邻大舞台"等10多项公益活动;与龙华烈士陵园联合推出"龙华魂"爱国主义主题教育活动,"红色讲解、红色课堂、公益展览"等多项公益活动走进社区;联合滨江城开中心,推出"艺启童行"特殊儿童关爱公益计划,以艺术创作、艺术疗愈、艺术感应等方式,向特殊儿童群体提供文化教育与精神培育,发动更多的企业履行社会责任;联合徐汇滨江建设者之家,推出"建设者非遗小剧场"文化志愿项目,文化志愿者定期为来自大江南北的建设者讲解中华优秀传统文化,提升他们的文化自豪感和对上海这座城市的认同感,等等。这些长效项目既是纽带,也是平台,成为场馆、单位和居民之间的黏合剂。

二是牵头场馆与单位签署志愿服务共建协议。先后促成余德耀美术馆、上海摄影艺术中心、香格纳画廊等与南洋模范中学、南洋中学、位育中学等签署了10余份志愿服务共建合作协议;推动上海摄影艺术中心、滨江城开中心与社区自治团队的共建共享等,协作单位相互之间定向提供志愿岗位或志愿服务,形成稳定的联结纽带。

三是鼓励场馆建立志愿教育培训基地。促成朵云轩、西岸艺术中心、龙华烈士陵园等与民航职业技术学院等联手建立"青年志愿者教育实践基地"。

(二)服务滨江发展,打造"徐汇滨江公共志愿服务群"

根据区委"滨江开发到哪里、服务就要跟进到哪里"的要求,龙华街道联合西岸集团,对徐汇滨江各大文化场馆和公共开放空间开展了深入调研。在调研走访中发现,这些场所在观众服务、教育推广、展务支持、运营协助等志愿服务方面需求量较大。而同时,随着物质文明的不断提高,居民群众对精神文明的要求也日益提高,区域单位的白领青年、大中学生、在职党员、社区居民也需要高质量的精品志愿者岗位,来奉献爱心、服务社会。

　　为此，按照"党建引领、群团注力、企业尽责、社区保障、社会组织参与、公益力量投入"的总体思路，龙华街道以"益加艺"为抓手，整合各方力量推进"徐汇滨江公共志愿服务群"建设，共同培育先进文化和公益精神。这一建设目标涵盖三个层面：一是街道层面发挥资源枢纽作用，以群团改革为契机，搭建区域内各大场馆与社区之间、场馆与区域单位之间、场馆之间的对话交流和协作共建平台；二是社区层面推动文化场馆与社区生活的互联互通，引导更多的文化资源向社区开放，吸引更多的文化传播者、艺术工作者、白领青年、大中学生等走进西岸、走进场馆、走进社区、走进校园、走进建设者之家；三是操作层面开展艺术志愿服务，做实西岸文化走廊与龙华社区的链接纽带，既保障各大场馆的项目和活动得到稳健推进，又使志愿者在参加志愿活动中感受当代艺术，提升文明素养。

　　两年来，"益加艺"已建立31支志愿服务团，3 000多名志愿者加入其中。志愿服务已经延展至上海京剧院、朵云轩、龙华烈士陵园、余德耀美术馆、上海摄影艺术中心、香格纳画廊、西岸文化艺术示范区、adidas跑步基地等重量级场馆，全市首个扎根工地、服务建设者的基层群团工作站——徐汇

"益加艺"志愿者合照

滨江建设者之家,以及西岸首个示范性志愿服务站点——云建筑站,提供了8万多小时、受益面达25万人的志愿服务,其中84.9%的人是文化工作者、在校大中学生、区域单位在职党员和青年白领,有60%的"益加艺"志愿者成长为各大场馆的长期志愿者,涌现了"京剧名家伉俪"志愿者、"希望把艺术公益作为生活方式"的高中生志愿者、"为上万名外国观众提供双语讲解"的全职妈妈志愿者、"跑出公益正能量"的跑友志愿者等生动典型。

未来,随着滨江贯通开放工程的推进,"益加艺"还将延展至跑道公园、油罐艺术公园等更多的服务站点,进一步推动文化场馆、志愿服务组织、公益团体与区域单位、居民群众的良性互动。

(三)注重共建共享,打造特色文化共同体

随着文化艺术志愿行动的推进,龙华街道拓展"益加艺"的内涵,在区域化党建的整体框架下,进一步搭建区域单位共建联建平台,使各大场馆"溢出"更多的文化志愿资源,让艺术照进居民生活,促进区域内文化场馆、社区单位、居民群众文明共建、文化共享,塑造滨江地区的文化认同、价值认同。

1. 向艺术体验扩展

街道携手余德耀美术馆,与中国乡村儿童大病医保公益基金、徐汇区慈善基金会等合作,举办"衣颜·益行"大型公共艺术公益捐赠活动,社区居民走进美术馆捐献衣物。在奉献爱心的同时,"动手"打造"一分钟艺术"。同时,联手当代艺术大师丁乙先生、"文人涂鸦"领衔艺术家叶永青先生、华人摄影家刘香成先生等,在SMG东方广播中心首席主持人秦畅、上海广播电视台新闻主播夏磊的带领下,让社区居民走近身边的艺术大展,领略"大师带你看展览"的无穷魅力。

2. 向文化传承延伸

龙华街道携手各方文化志愿者,推动"千年龙华民俗大讲坛"进小区、进校园、进军营、进美术馆、进区域单位,开启文化与传承的探访之旅。城市建设工程学校、朵云轩、龙华街道还联合举办了"中国传统插花艺术交流展",展示中华传统插花艺术的神奇魅力。

3. 向核心价值升华

"益加艺"志愿服务团积极参加"市民修身行动",开展了"益言为

开展"益言为定·艺起倡议"交通文明万人点赞活动

定·艺起倡议"交通文明万人点赞活动，"修身立德、共创文明"倡议活动，"冬日暖阳"环卫工人暖心活动等多项活动，提升了区域单位、社区居民的文化获得感与公益参与度，让社会主义核心价值观绽放炫目光彩。

三、创新·成效

经过两年的探索，龙华"益加艺"文化艺术志愿行动逐渐形成"一群牵引三力支撑"（"一群"指徐汇滨江公共志愿服务群；"三力"指引力、合力、效力）的推进模式，探索构建以文化艺术为纽带，以公益精神为引领，以志愿行动为驱力，实现区域内文化场馆、社区单位和居民群众之间文明共建、文化共享的西岸文化生活共同体，着力提升社区治理与生活品质。

"益加艺"志愿行动点燃了龙华人的参与热情，龙华社区呈现了志愿公益服务"接地气"、各大艺术场馆和重大艺术活动"聚人气"、社区文化工作"很透气"、区域单位参与"有生气"的生动局面。2015年11月，上海市文明办、市志愿者协会在徐汇滨江举办上海市志愿者服务基地建设推进交流会，同时为"益加艺"文化艺术志愿服务基地揭牌。"益加艺"志愿行动先后获评2015年和2016年上海市公共文化创新项目、2015年和2016年上海市民文化节优秀项目、2016年上海市未成年人暑期工作优秀项目、2016年上海市徐汇区社会建设十大创新项目、2017年上海市委宣传部"文明与文化同行"主题志愿行动优秀项目，并入围2017年度全国志愿服务先进"四个100"最佳志愿服务组织上海推选名单等。龙华街道社区志愿服务中心2016年创建成为上海市优质达标单位，2017年创建成为上海市社区志愿服务品牌创新示范中心。

"益加艺"先后被中国文明网、人民网、《中国社会报》、中国社会工作、上海文明网、《解放日报》、《文汇报》、《新民晚报》、《青年报》等国家级、市级媒体报道80余次,形成良好的社会反响。

四、启示·展望

(一)志愿服务为媒,加出社区建设的"三重效益"

一是"加"出了一大批高品位的志愿者,在职党员、白领职员、青年学生成为其中的主体;二是"加"出了区域单位的互相认可,场馆、单位、学校、志愿组织实现了合作共赢;三是"加"出了居民群众的社区认同,专业化的志愿服务使志愿者获得了更多的成就感,使居民享受到更多的文化资源,使街道和居委得到了更多的理解和支持。

龙华"益加艺"志愿者助力西岸艺术与设计博览会

(二)艺术公益为介,带动社区治理的"三大转向"

一是带动了动员方式从多年来强调的利益动员转向更高层级的价值动员,"艺术公益"成为场馆、区域和居民的共同语言;二是带动了参与方式从"给政府面子"的被动型参与转向更加积极的主动型参与,多元主体找到了共通的利益衔接点;三是带动了治理方式从政府自上而下的单向度管理转向政社互动、多元多维的立体式治理,街道开始冲破权力依赖和行政区划,不仅使管理和服务更接地气,也能在更大社会范围内汇集资源支持。

无缝隙治理:"321"架起同心桥

一、背景·缘起

为落实上海市委"一号课题"的改革精神,把居民共治做好,长桥街道结合自身特点,近年来进行了诸多探索,在实践的基础上,逐步摸索出无缝隙社区治理新方法。

"无缝隙组织"概念由拉塞尔·M.林登提出，作为西方新公共管理理论的一个流派，强调以一种整体的、而不是各自为政的方式提供服务，要以顾客为导向，以低成本、高效率、面对面、多样化的服务，来满足公民对于公共产品的个性化需求。借鉴"无缝隙"理念，并把它运用到社区治理过程中，在长桥街道打造"无缝隙治理"具有较好的现实条件。

一是长桥街道多元社区治理的各类主体比较成熟。随着社区共治在长桥街道的推进，社区内已经融合了各种不同的治理主体，比如，社区党组织、社区居委会、城市基层政府、住区单位组织、民间非营利组织以及社区居民，它们都在不同的角度维护着社区的整体利益，参与了社区公共服务和社区工作。

二是长桥街道建立了完善的社区同创共建制度。为打造居民归属感工程，街道、居委、辖区单位把社区治理工作与自身本职工作相结合，依托"三方互动"党建共建平台，即区级部门、街道、居民区党组织结对共建，以自身的资源优势和工作特长，提供必要资源，帮助解决社区文明创建中的实际问题。

三是长桥街道已形成了社区宣传动员机制。社区动员机制是推行无缝隙治理的重要前提条件，在长桥有着教育、文化建设方面的优势，已经形成了较完善的社区动员机制，建立起社区舆论阵地。

打造无缝隙社区治理是一项复杂的系统工程，在具体行动时，长桥街道创新采取"三治两化一归属"（简称"321"）举措，即以营造社区"归属感"为纽带，根据区域内教育发达、文化底蕴深厚的特点，突出做好社会教化和社区文化建设两篇大文章，通过社区自治、共治、法治等有效举措，积极推进无缝隙治理，营造社区共同体的氛围，以实现"家在长桥，乐居长桥"的治理目标。

二、举措·机制

（一）以居民需求为导向打造无缝隙治理

基层治理纷繁复杂，但可以用简约思维来对待，即以居民需求为导向，用有效的机制促进多方参与。

一是通过组团式服务网点联系服务群众,倾听群众呼声。长桥街道已建立了片、区、块、组四级工作网络,分别由分管领导、居委书记、主任、居委干部、楼组长为相应一级负责人。社区集聚了组团力量近4 000人,对4.3万户居民开展上门走访服务。社区基层党组织作为组团式工作的组织者,社区党员作为重要参与者,在走访服务时带动引导居民参与社区事务、关心社区建设、关注社区发展。

二是加强街居工作联动,推广"居居联动"。结合街道职能转变和"6+2"内设机构改革工作,调整居委会工作人员的条线分工,加强街道和居委会之间的工作衔接。以小区管理、服务和安全为重点,在居委会下设6个工作委员会,进一步明确居委会条线工作与街道内设部门的对接关系,从组织机制上保证满足居民需求的工作效能。

三是继续推行"三下一上"工作法,密切联系群众。即机关干部挂职担任居民区党(总)支部副书记或居委会主任助理,街道分管领导分片联系指导4～6个居民区工作,街道党政主要领导周四到居民区召开现场会,共同研究解决小区管理工作中的重难点问题;同时每月安排4名居民区党组织负责人参加街道机关干部会议,通报小区情况,加强街道、居委会的工作交流与互相监督。"三下一上"工作法,拓宽了党工委与基层群众的沟通渠道,提高了沟通效率,增强了沟通效果。

四是运用多媒体时代的信息手段,及时有效地联系群众。微博、微信等新媒介已进入寻常百姓的生活,也为创新联系群众的渠道创造新条件。

五是以满足居民需求的六个特性,实现资源的整合运用。这六个特性分别为:服务组织和服务资源的"开放性"、服务项目的"针对性"、服务纽带的"社会性"、服务机制的"经常性"、服务平台的"层次性"以及服务目标的"阶段性"。

(二) 以建立归属感为目的来展开社区教化及项目推进

社区归属感是居民对本社区的认同、喜爱、依恋的心理感觉。社区是一个生活共同体,达到较高的社区认同是社区治理的最高目标。长桥街道党工委以"归属感工程"为纽带,根据社区教育发达、文化底蕴深厚的特点,充分发挥教育的教化功能,让在这里生活的每一个人都有社区归属感。

一是积极营造良好的社区氛围。街道党工委通过环境整治、志愿服务等活动,积极引导群众参与小区公共事务,扩大群众参与面,不断强化"小区是我家,管理靠大家"的理念。拓宽宣传渠道,传播社区好人好事。

二是精心设计与实施社区教化。要在社区中积极营造和谐向上的正能量。培育社区文化,通过群文团队活动,满足居民文化需求,融洽社区人际关系。

三是通过特色项目来不断推进。有参与才能有提升,居民通过参与社区活动,有利于不断增进社区认同。在社区参与的各类活动中,一方面居民处理了自身关切和需要解决的问题;另一方面也增强了主人翁的责任感和社区家园的归属感。

四是运用好潜移默化的联动效应。身边的好人好事最容易发酵,正能量只有形成联动,才会发挥更大作用。

五是发挥志愿公益的引领作用。平福居委在没有物业管理的情况下,成立了"木兰娘子"半边天妇女志愿者俱乐部。以小区妇女为主要参与力量,通过以点带面的方法,带动各个志愿者团队以及家庭成员的参与。当面临各方面管理缺失的严峻状态时,"木兰娘子"充分发挥小区居民在社区及家庭中的影响力。

(三) 以社区文化建设来净化社区风气,凝聚人心

社区文化建设具有软化社区的作用,从一定意义上说,没有社区文化就不可能形成无缝隙治理。当然,社区文化要以满足居民日益增长的文化需求为旨归,通过各种途径,了解居民的需求,并根据大家的建议有针对性地开展社区文化活动,用文化凝聚人心,改善社区氛围。

一是发挥教育文化资源丰富的优势。长桥街道具有基础教育发达、教育资源丰富、文化氛围浓的特点,可以比较好地展开社区文化建设。丰富的教育资源是长桥的一大特色,教育与文化紧密相连,是传播社会经验的重要手段。

二是立足长远,拓展视野,逐步发展。长桥街道近年来外来流动人口也在逐年增加,要展开社区文化,并非易事。在《长桥街道教育惠民工程实施

方案》中，走进"上中路教育一条街"，不仅有针对未成年人的了解人生、体验国际夏令营、体验生命互动等各类主题的暑期实践活动，还有针对课程建设、向社区输送教育资源、为中老年居民构建社区教育"大校园"的内容。

三是通过区域化党建联建打造"教育惠民"工程。徐汇区域党建促进会长桥分会成立后，以需求为导向，以项目为抓手，确定了"上中路教育一条街"、学生公益服务团队等适合众多学校参与的综合型项目。

四是打破边界，用文化架起一座连心桥。将社区的

上海中学学生与社区学校交流

上中路社区与学校联动成立小黄人护校队

综合能力和教育单位的专业优势"嫁接"，教育惠民不仅不是句空话，而且大有可为。长桥社区正在架起"双赢"这座桥，统筹资源、稳扎稳打地推进教育惠民项目。

五是突出抓好区域特色的文化创建工作。"特色星级居委会"工作，引导居民区因地制宜地推动群众文化活动，以实现"人无我有、人有我优、人优我特"的目标。这项工作调动了基层的创新活力，各居民区党组织认真思考，积极组织小区各类组织和群众参与社区事务，形成了若干典型案例。

（四）以制度体系为保障来实现社区共治、自治、法治

制度是无缝隙治理的保障，通过制度规范居民及其与各类社会组织之间的互动，促成居民的"契约意识"，使社区自治、共治走向法治的轨道。

一是基础制度实现从碎片化向系统化转变。街道作为派出机构，许多

制度呈现碎片化，效果不明显。在无缝隙治理过程，街道要认清角色定位，主要任务是规范居民自治和社区共治。

二是工作导向实现从命题型向自主型转变。原本街道的日常工作是先由街道根据上级指示制定相关要求，由各居民区执行。目前这种情形逐步改变，成为由各居民区根据所在区居民的需求来形成居民自治工作要点，强调各居民区自下而上形成工作目标、工作重点和工作方案，以避免"一刀切"的弊端，同时有利于鼓励各居民区形成以自治章程为核心的工作特色，以调动居民群众参加居民区自治活动的主动性，使居民区工作更富活力和创造力。

三是社区事务实现从为我服务向自我服务转变。通过健全民主决策机制，解决居民参与社区事务的难题，让居民在协商中实现自我管理、自我服务。

三、创新·成效

打造无缝隙社区治理是一项复杂的系统工程，为实现这一目标，长桥街道党工委形成统一认识，立足于社区的未来发展，并把街道的实际与总体设计结合起来，充分发挥社区党组织的核心领导作用，把无缝隙治理工作纳入街道党工委的领导之下，解决社区治理中的碎片化状态，发挥区域党建联建、"两代表一委员"的作用，使社区党组织引领社区治理落到实处。在具体行动时，长桥街道创新采取"三治两化一归属"的举措，即以营造社区"归属感"为纽带，根据区域内教育发达、文化底蕴深厚的特点，突出做好社会教化和社区文化建设两篇大文章，通过社区自治、共治、法治等有效举措，积极推进无缝隙治理，营造社区共同体的氛围，以实现"家在长桥，乐居长桥"的治理目标。

（一）居民需求导向，与行政管理良性互动

居民的需求就是无缝隙治理工作的目标，可由街道层面收集、汇总居民的需求，公布社区的公共服务资源（包括社区单位、政府出资等）信息，并以项目化、菜单式的形式在统一平台上发布，党政部门、社会组织、企业、社区居民都可根据自身条件认领。以此建立起统一的资源调配机制，促使资源

下沉到社区,鼓励合适的社会组织承担相应的项目,实现行政管理与居民的良性互动,从而达到无缝隙对接。

(二) 多元参与导向,以竞争激发社区的活力

在基层社区中,仍然存在许多事情要么无人参与,要么过度参与的问题,因此要培育鼓励民间资本与各类社会组织参与公共项目的竞争,以不断提高公共服务的质量和效率,以竞争激发社区的活力与创造力。

目前,由街道干部和居委干部推进,长桥街道事务的参与主体不断扩大,逐渐扩大到由居民骨干、社区志愿者,另外还有各类社会组织逐步参与到居民区的工作中,从而进一步加强居民自治的专业化力量,街道重点培育"同心圆"等社会组织,使其从自发的志愿者组织逐渐成为规范运作的社会公益组织,更好地服务社区残障人士。通过购买服务的方式,提供专业服务,参与居民区公共事务管理。以中海瀛台为试点,通过微信群、公众号等新媒体来打造线上议事平台,在线下引入社会组织,由居民当主角,策划开展"主题日"活动,让居民动员居民参与,让居民满足居民自身多元需求,进一步增强社区治理的活力。长桥街道以社区党委为平台,推进区域化党建工作向居民区延伸,制定《长桥街道关于建立居民区党组织兼职委员工作的试行办法》,组织社区民警、业委会、物业公司、驻区单位、社会组织等方面的党员代表,兼任居民区党(总)支部委员。

长桥街道组团式现场办公

(三) 绩效评估导向,在务实中提升社区治理能力

民众务实,重视事情的结果,是否解决了现实中的难题,是否有利于民生的改善是民众衡量无缝隙治理成功与否的关键。因此,无缝隙治理强调具体的结果与有效的产出。每个项目、每件事务,都要有始有终,要进行绩效评估,实行全面质量管理,在务实推进中不断提升社区治理能力。

　　对于居民区自治工作效果的评估，要突破工作检查的方式，着眼于自治工作的上下互动和居民区之间的交流。为了更好地推进工作，增加中期评估的环节，由街道相关工作人员在年中到各居民区与居委干部群众座谈了解情况。从2014年开始，街道引入第三方，由来自党校、上级部门的专家参与到对居民区自治情况的评估工作中，更多地听取专家对自治工作的意见和建议，从而进一步明确工作的方向。

四、启示·展望

（一）社区治理主体的多元化

　　治理概念，最重要的一点就是治理主体的多元化和治理方式的多元化。目前，我国城市社区治理中政府主导的地位短期内不会改变，社会组织的成长还需要一段时间。同时，由于工作压力以及长期形成的行为习惯，社区居民（特别是退休前的在职人员）较少有时间和精力参与社区事务，因而完全摒弃政府的第一推动力作用还不可能，但作为党政部门，必须有意识地促进其他各类社会组织的成长，有意识地收缩行政权力，鼓励市场化的运作机制，为各类社会主体之间的互动合作创造有利的条件和环境。

（二）社区治理程序的民主化

　　社区精神的营造和培育是无缝隙治理的关键。社区意识、社区归属感等软件的发育并不是靠外部动员的社区活动就能实现的某种附加的东西，它只能是社区成员在共同建设社区、共同管理社区并共同享有整体利益的过程中，才能实现的社区本质。这个过程实质上就是社区民主的发展过程，而要实现社区治理的民主化，关键就在于提高社区居民的公共参与程度和能力。社区居民是社区最主要、最直接的治理主体。在社区发展过程中，只有更多居民的直接参与和智力支持，才能培育居民的社区归属感和认同感，以及共同体意识，才能有效整合、发挥社区自身的各种治理资源的作用。从这个意义上讲，居民按照民主程序广泛而深入地参与社区公共事务，既是无缝隙治理的必要条件，也是社区自治、社区共治的应有之义，更是社区发展的内在要求。

（三）社区服务对象的普惠化

　　基层社会管理制度在由"单位制"向"社区制"转变的过程中，原本社区服务的重点也随之改变。随着在职人员从单位中剥离出来，社区理应逐渐成为"社会人"获取各种社会资源的基本依托。目前，在职人员社区参与的积极性不高，就是因为社区还没有充分提供相应的社区服务。这需要不断突破户籍制度的限制，打破相对封闭的社区服务体系，将普通社区常住居民（包括流动人口和租住户）都纳入公共服务范围。只有实现服务对象的普惠化，社区居民之间的横向关联才会更加紧密，他们对社区的认同感和归属感才能不断增强。

（四）社区治理基础的契约化

生活共同体的形成，离不开广泛的社区互动。在社区治理过程中，仅有多元主体还无法促成各主体之间的有效合作，如果没有一种手段来优化治理秩序，反而可能导致各主体之间的冲突，造成更大程度上的失序。因此，促成无缝隙社区治理，不能只停留在实现治理主体的多元化，而应该更加注重通过政策支持、制度建设、平台搭建等方式，为多元治理主体之间的互动合作提供更多的机会和空间，形成有机统一的社区治理。要实现各治理主体之间的良性互动，就必须厘清各自的角色定位，按照法规、制度、契约的方式进行规范。在市场经济背景下，自上而下的单向度的治理方式已不适应要求，社区治理主体之间的互动关系应该是一种基于平等、自愿、合作的契约关系，建立起"法理社会"要求的"契约社区"，使社区成员之间、各类社会组织之间以及组织与成员之间，形成以契约精神和契约关系为基础的社区治理结构，这样才有利于形成社区力量和资源有效整合。

（五）社区居民交往方式的互助化

社区成员有归属感，相互之间守望相助是社区共同体精神的一个重要表征。所谓"远亲不如近邻"，在日常交往中，居民特别是邻里只有通过互助互惠才能加深了解、增进信任，彼此之间也才有获得更多社会支持的生活预期。目前，城市人对于"对门不相闻"的原子化社区的弊端已有一定的认识，长期孤立的个体生活，容易产生独孤感、无助感。市场化改革激发了社会的活力，但也加速了社会关系的利益化、陌生化。在"金钱法则"的规训之下，人们忙于追逐个体的利益，淡化或漠视了彼此之间守望相助、邻里和睦的共同体情感。人际关系过度淡化之后，居民反而开始反省功利化、原子化的社会交往取向。人毕竟是精神的动物，每个人都有交往的需求，共建共享能带来更大的快乐，在社区互动互惠中，使精神共同体得到复归。

南站不"难"站："三区联动"促和谐

一、背景·缘起

上海南站地区汇集了铁路、高架、公交、地铁、轻轨、长途客运六大交通功能，是本市重要的交通枢纽和区域经济中心。由于流动人口多、站体分布散、管辖部门杂、毗邻居民区等特点，一段时间以来，南站地区黑车、黑旅馆、黑中介现象严重；与南站相邻的多个居民区群租、盗窃等乱象频现。不仅如此，铁路噪声扰民问题还曾被列为上海市三大群体性矛盾之一。为解决南站地区的治理难题，近年来，漕河泾街道党工委依托区域化党建格局，探索"社区、站区、居民区"三区联动模式，党建引领基层社会治理取得较好成效。

二、举措·机制

（一）多方联动，协同共治

一方面，针对南站管辖交界多等特点，不断扩大联动执法整治范畴：铁路派出所、交警会同交通行政执法部门联动开展四轮机动车非法客运联合执法整治；地区交警中队会同支队机动中队、轨交派出所、交警开展"五类车"联合执法整治；铁路、南站派出所会同街道派出所联合整治各类拉客"黄牛"。此外，还会同市场监督、城管等部

南站联合整治

门整治周边非法经营长途车票业务的票点等。

另一方面，通过党建引领，加强周边居民区共治工作力度，先后推进完成铁路沿线的东荡小区首排房屋降噪工程，正南小区、罗城小区居民自治整治群租，金牛小区门禁改造抑制地下小旅馆等。

（二）社会动员，融合共建

漕河泾街道党工委从2010年3月起在南站地区建立志愿服务站，由各社区单位党组织和附近居民区党组织牵头招募志愿者参与站点服务，为过往行人旅客提供交通咨询、应急救护、语言翻译等服务。目前已有10余家社区单位、40多个"两新"党组织积极参与，为站点持久发展提供支撑。在此服务站的基础上，进一步动员整合各社区单位及居民区资源，成立了交通指南、便民理发、法律服务、健康咨询、各类维修等多支便民服务志愿者队伍，在火车站内也设立了"5499"雷锋服务站，定期开展各类学雷锋、交通文明出行、"爱心换舒心"等志愿行动。

通过区域党建促进会平台向各社区单位提供菜单式服务对接项目，搭建各类平台，提供多项公益项目岗位认领，号召各成员单位在积极参与街道组织公益活动的同时，以党员公益志愿行动为载体和抓手，将附近居民纳入共建工作中来。如与铁路上海南站、武警六支队等签订双拥共建协议书，打造成颇具特色的南站双拥圈品牌，再如南站地下停车库为周边居民区提供错时停车位，海之杰酒店为附近老年居民提供优惠助老餐等。

社区单位党员积极参与南站志愿者外建站服务

（三）信息共享，条块互动

党工委与南站管委办积极构建信息化共享运作平台，及时加强对信息的分析和预警，强化防范、控案及整治，推进实现无缝隙执法管理。如管委办与铁路、长途客运等部门建立了南站客流信息上报机制，通过铁路、长途客运、轨交车站每天上报的车次和客流情况，不断完善南站客流数据库。经过分析汇总后，将数据下达至公安、交警、城管等单位进行有效运用。

三、创新·成效

（一）协同保平安

漕河泾街道党工委发挥"1+2"党组织领导体制优势，一方面将涉及南站地区管理的三个派出所、两个城管等多家单位的党组织负责人纳入街道行政党组，加强条块间工作的互通和协作，共同开展各类联合整治行动，2017年查获的非法客运行为数量较上年同期有很大的增长。

另一方面，加强周边居民区的配合，联手解决附近居民的各类诉求，先后推进铁路降噪工程、群租整治、地下小旅馆抑制等难题的破解，南站地区治安情况明显好转，2017年上半年，南站周边4个居委会所辖小区案发率较上年同比下降66.67%，形成了诸如"小区软法治理"、罗城小区自治拆除地锁缓解停车难等工作品牌，被上视新闻、《解放日报》、《新民晚报》等多家媒体宣传报道。

（二）共建促文明

区域党建促进会漕河泾分会发动多家成员单位提供的各类暖心服务已成为南站地区一张闪亮的名片。2017年春运期间，由区域党建促进会漕河泾分会发动多家成员单位，在南站开展了针对外来务工人员的法制宣传、疾病防控、医疗计生、法律咨询和职工维权等多项志愿者服务活动。

与居民区的共建则充分挖掘区域性公共资源和党组织成员的自身资源，组织各类群众喜闻乐见的公益服务活动，使党员志愿服务贴近社区群众，增强服务群众工作的实效。

（三）互动合力强

信息化共享运作平台的构建，实现了共建共享实效更好发挥的目标。南站客流数据库使工作在一线的交通部门能够根据实际客流，合理组织分配执法力量，使有限的力量得到充分的利用。特别是在2016年5—6月因洪灾造成铁路部分列车停运、晚点等突发性事件的处置中，南站客运数据库对信息的上传下达起到了积极的作用。三家派出所每天上报各安检口的查控情况,由管委办整理后编成简报上报区委区政府,为上级领导及时掌握南站的客流、安检等情况并做出决策提供了依据。

四、启示·展望

各部门联合执法是目前社会所面临的治理难题。为破解这一治理难题,漕河泾街道以区域化党建为抓手,通过联建共建,打破各相关单位的管辖界限,完善条块之间、队伍与队伍之间的积极沟通和主动协调的配合机制。尤其是充分利用街道行政党组、党建促进会等平台,积极动员各方力量共同参与南站地区的治理,最大限度地发挥区域单位的协同效应和综合优势。

(一) 机制共建

将原有的联动联建工作方法机制化、常态化,形成有效可行的各类工作小组、工作制度、问题处置联动预案等工作机制,使区域治理进一步规范、高效。如针对极端天气和突发事件可能引发铁路、长途客运等延误或中断的情况,修订完善《上海铁路南站地区乘降期间突发事件应急处置预案》《上海南站恶劣天气下滞留旅客疏散安置预案》,强化各单位的应急联动和信息的上传下达,协力做好滞留旅客的转移和安置工作。当南站站本体内滞留旅客超过10 000人时,启动Ⅲ级预警响应,启用南站地下应急等候区,为滞留旅客提供临时等候服务;当站本体及地下车库临时候客点超过20 000人时,启动Ⅱ级预警响应,逐步开启南站周边学校作为临时应急安置场所;当周边学校无法满足滞留旅客临时等候时,提请启动Ⅰ级预警响应,协调周边体育场馆作为临时安置点。

(二) 管理共担

针对南站的特殊性,对现有涉及南站地区治理的各条线、各部门管辖职能进行梳理,打造完善区域治安防控网络,提升应急管理能力,并辐射周边居民区,确保一方平安。"站区、社区、居民区"的三区联动将站区层面对治理的需求、社区层面街道党工委的指导与居民区层面居民的自身资源有效连接,在多元主体共同承担管理工作的同时,很好地回应了在过去"南站也难站"问题中涉及的多方诉求。

（三）服务共享

丰富细化区域党建促进会"三张清单"的服务供求认领，统筹社区单位、居民区资源，提供精准化的服务对接。完善社区党建服务圈建设，在南站区域设置党建服务站点，为周边党员群众提供党团组织生活、志愿者招募、读书阅览、体育文娱、生活健康、创业指导、电影赏析等服务，以满足南站地区服务需求的多样化，形成和谐、发展、共赢的良好局面，让更多的区域单位、周边群众感受到社区的温度。

从冲突到合作：平台助力"三驾马车"并驾齐驱

一、背景·缘起

随着社区建设的快速发展，居民诉求和小区治理中各方利益平衡所引发的矛盾问题不断显现。理顺居委、业委会、物业"三驾马车"的关系，成为社区治理中最令人头疼的问题。

枫林街道共有94个小区，其中商品房小区只有7个，其余都是老旧小区。为构建居民区综合治理新模式，枫林街道先后成立"枫林社区业委会沙龙"和"枫林社区物业服务联盟"，希望依托社会化平台和专业化指导，分别提高业委会和物业公司业务知识技能及沟通协商能力。为促进"三驾马车"的交流沟通，街道又搭建了多方对话的"百家论坛"。

斜土街道共有77个自然小区。在推进创新基层自治的过程中，斜土街道通过建立"业委会主任之家""韩东萌工作室"，引进专业社会组织，共同构建多层次、立体化的业委会工作模式，不断提升业委会的自治能力和工作水平。

二、举措·机制

枫林街道采取"组建业委会沙龙+物业服务联盟"模式化解社区治理难题，具体做法如下。

枫林街道业委会沙龙"百家论坛"

一是组建业委会沙龙。沙龙致力于为有着为小区服务的热情和责任心的业委会主任打造一个学习、交流和共治的平台。业委会沙龙除"引进"专家为沙龙成员讲解物业管理中最为常见的一系列问题和对策,还带领成员"走出去",到兄弟单位学习先进经验。业委会主任在交流研讨中分享经验,互动互助,提炼、推广行之有效的工作模式,提高自身的决策能力和服务水平。

二是组建物业服务联盟。联盟目的在于促进物业公司在解决焦点问题方面发挥专业优势,提高物业行业整体素质和服务效能。为提高物业服务人员的安全意识和应急处置能力,自2016年起,联盟相继在各小区展开消防应急演练、电梯事故应急演练以及防台防汛应急演练,力求使联盟成员在参加演练的过程中学习同行先进之处,寻找自身管理的不足。不仅如此,物业服务联盟的运作在线上线下同时展开。线上组建了微信群,街道分管领导、首批加入联盟的航新和高建等物业公司负责人共同参加。在微信群中,出现的问题可以在第一时间进行沟通。

三是推出"百家讲坛"。促进沙龙和联盟二者相互融合,彼此合作才是解决问题的关键。对此,在沙龙和联盟分别运作的基础上,又进一步推出"百家讲坛"的机制和平台。截至目前,共举办了9场沙龙活动,邀请"三驾马车"和相关领域专家学者展开热议，有分享经验，有意见交锋，在头脑风暴中，多方主体得到理解，彼此融合，共同探讨解决问题的良策。当前，枫林社区业委会沙龙和物业服务联盟都已经纳入区域化党建范畴，有党组织的政治保障，有党员的模范带头作用，多元共治赢得更多居民的信任。

斜土街道则采取"搭平台，聚合力"的方式，以构建业委会自治新生态，具体做法如下。

一是"业委会主任之家"依托"全体大会—理事会—活动小组"搭建沟通互益的桥梁。街道层面联合辖区内67个自然小区的业委会，成立"业委会主任之家"这一议事协商和自治交流互动载体（一级平台）。定期召开成员大会，安排集体授课，讨论业委会建设问题，协商解决小区治理问题。由街道自治办、房管所一起协助平台的日常运作。理事会推选1名优秀业委会主任担任理事长，另外还有1名副理事长和7名理事（二级平台）。在坚

业委会组织江海新村63号楼居民在布置楼道

持民主协商的原则下，讨论决定重大事项，研究工作、交流情况，议定活动主题及内容并指导小组活动。日常活动小组根据小区房屋类型和面积，将业委会主任划分为7个小组，由理事会成员兼任组长（三级平台），组织学习交流活动，研究小区问题的治理措施。

二是"韩东萌工作室"依托"业委会骨干—党员骨干—志愿者骨干"传递无声互惠的力量。韩东萌主任可谓是斜土街道业委会主任中的一块金字招牌。她所管辖的嘉乐公寓可以用"老楼多年无人问，一朝自管皆掌声"来形容。热心肠的她没有独善其身，在业委会主任之家的倡议以及街道的扶持下，成立了韩东萌工作室，从身边开始传、帮、带。

三是"专业社会组织"依托"街道房管所—居民区党总支—业委会主任"共筑规范互信的模式。街道引入专业的社会组织，指导社区内所有符

合条件的小区组建业委会以及到期小区业委会的换届改选。同时，确立街道相关职能部门和居民区党总支双牵头机制，鼓励符合条件的居委干部参选业委会成员，在符合条件的业委会中成立党的工作小组。积极对业委会开展规范化建设，分级开展新任职培训与届内培训，使业委会工作产生从"摸着石头过河"到"行笔胸有成竹"这一质的转变。

三、创新·成效

（一）完善机制建设，发挥能人作用

业委会本身是民间自治组织，但基层政府以往对待业委会多采取放手不管的状态。无论是组建"业委会沙龙"还是"业委会主任之家"，都是利用联合型民间组织，以能人来吸引能人，以促进业委会能力建设。由于民间组织都是成员围绕自身需求和问题开展活动，不是政府部门行政性推动，不是自上而下的命令机制，因而具有较强的内生力和吸引力。

（二）坚持党建引领，发挥党组织核心作用

枫林街道把业委会沙龙和物业服务联盟纳入区域化党建范畴，斜土街道注重发挥业委会中党员的先锋模范作用，以党员之家为载体，唤醒业委会、物业中的党员意识，在业委会建设、物业服务中凸显党员身份。确保社区自治组织的活动有党员带领，有党组织做政治保障。

（三）促进社会组织参与，发挥专业力量作用

枫林街道在业委会沙龙和物业服务联盟建设中，引入了社会组织——汇枫物业管理事务指导中心共同参与，为住宅小区综合管理工作提供专业性、公益性的社会服务，包括业主委员会组建和换届指导、物业管理咨询、物业行业调查、业务培训、纠纷调解等，维护社区和谐。实现专业性社会组织助力社区自治组织开展自治的良好互动模式。斜土街道引入专业社会组织，指导社区内所有符合条件的小区组建业委会以及到期小区业委会的换届改选，以期形成规范建设模式。

四、启示·展望

从枫林和斜土街道的综合案例中不难发现，基层社区治理难题并不是

无解的，只要有互信互谅的平台，有互学互助的机制，分散冲突的主体也能够达成理解与共治，具体启示如下。

一是发挥党建引领作用，建立良好的平台与机制，将业委会这一社区治理的重要环节化零为整，去异求同，共谋发展。

二是发挥典型示范作用，按照党建引领下的社区治理理念，通过激发业委会中领军人物的作用，推动精准化服务理念的落实，形成互利机制。

三是引入专业化力量指导、规范业委会在社区治理中的各类活动，形成互信互惠的良好氛围。

案例评析

徐汇区通过社区共治推动城市精细化治理的创新性和先进性来自以下方面：

一是社区共治本身就是精细化治理的重要体现。社区共治是引入更多社会资源、市场力量参与社区治理。这种方式一方面能提升精细化治理的能力；另一方面也更易于精准识别需求。传统的社区管理往往是以行政单方面的投入为主，这种管理方式难免挂一漏万，不够精准，资源投入压力大，心有余而力不足，而通过开展社区共治，将社会独特的资源、散闲的资源、自主的资源调动起来，共同来提升治理的能力和资源水平，以实现精细化的治理。

二是通过空间治理的全覆盖来推动精细化。包括党建促进会的全区全覆盖，充分发挥党建在城市治理中的重要作用，纵向到底、横向到边，完善传统科层制下治理资源的配置方式，突破各个孤岛、条块分割、政社分离等治理体制难题，实现精细化治理所要求的全覆盖治理、无缝隙治理；长桥街道直接引入无缝隙治理理念，用这一理念引导下的社会力量、社区归属感和社区文化等软治理力量，来"填充"科层制治理中遗留的各类治理"缝隙"，并在这个过程中充分发挥社会自主治理的积极性。

三是突出差异性治理来体现精细化治理。徐汇区在社区共治探索中，除共治中的共性和普遍做法外，还特别强调结合空间上的特色资源、差异需求、突出难题，因地制宜地开展社区共治，实现全覆盖治理下的有重点、有差异的精准化治理。抓治理中的主要矛盾和主要矛盾的主要方面是徐汇区社区共治的重要特点。例如虹梅街道针对漕河泾开发区高素质工作人口集聚的特点，建立"虹梅庭"本地枢纽型社会组织，挖掘特色资源，开展特色活动，破解难点问题。该实践也获得了"第三届上海社会建设十大创新项目"称号。漕河泾街道的上海南站"三区联动"模式也是针对区域内票贩子、黑旅店、黑中介、治安案件多发的现实问题，通过社区、站区和居民区联动使得南站不"难"站。龙华街道"艺加益"也是通过挖掘区域内艺术文化资源优势，打造文化志愿者群体，实现区域内文化场馆、社区单位和居民群众之间文明共建、文化共享的西岸文化生活共同体，用以推进社会治理上档次、追求高品质，实现核心价值引领下的社会治理。

四是实现城市精细化治理还需要在理念、素质和文化上加以提升。城市精细化治理不仅需要技术化、制度化的治理，更需要宣传推广精细化理念并深入人心。徐汇区在精细化治理上善于总结各街镇社区的经验，并及时提炼，有的实践还积极申报社会治理创新奖项，以达到宣传推广的目的，客观上也是让其他社区和居民对精细化治理理念有更多主动学习和实践的意识。

未来社区共治上，应避免为共治而共治，除锦上添花之外，更需要雪中送炭，要围绕老百姓最关心、最直接、最现实的问题来开展社区共治，打造可持续的社区共治，推动可持续的城市精细化治理。

PART 7

居民自治篇

引　言

　　"城市的空气使人自由。"城市起源的众多因素中,自治和民主是其中的一个重要方面,特别是西方中世纪的城市,其兴起过程与城市自治权的兴起有一定关联。而城市的精细化治理,必须充分发挥每个人的积极性、创造性来共建共治共享,具体到个人层面的自治,即人人知晓、人人参与、人人共享的治理方式,自然将在城市治理上体现为精细化。

　　徐汇区在推动社区自治上,取得了诸多经验和成绩,本章选择其中的七个典型案例,湖南街道的"弄管会"和"路管会"、斜土街道景泰居民区亲邻社区营造模式、华泾镇华阳居民区紫芝苑自治能力培育基地是在社区公共空间的治理中,因地制宜地精准选择自治主体,推进公共空间善治的三个案例;康健街道的长青坊居民区DNA团队模式是从挖掘社区自治能人和达人群体推进社区自治的重要实践案例;田林十二村居民区的案例,演绎了一个在小区综合治理中通过自治精准识别需求并付诸实践的故事;亲邻驿站和"云上瀛台"E家亲则分别是通过自治层级下沉与利用互联网新技术开展自治的案例。

　　"两根绣花针织起社区自治新网络。"湖南街道从构建党委领导、政府负责、社区协同、公众参与的社区建设新格局出发,探索社区管理新方式,积极探索新的管理机制,充分调动社区群众参与社区管理的积极性和主动性,针对辖区内弄堂数量多、商业路段多等特点,先后成立了"弄管会"和"路管会",让社区群众参与社区管理。在"弄管协会"的指导下,74个"弄管会"串起街道社区214条弄堂;在"路管协会"的指导下,16个"路管会"管起26条道路的1 300余家商户。利用"弄管会"和"路管会"两根"绣花针"对辖区内的居民和商户进行管理,这种不增加行政资源,但却能渗透到每个弄堂、每条道路,并且能够实现"全天候"("弄管会"打造"24小时居委会")的治理方式,可谓是徐汇精细化治理的优秀创新实践。弄管委获评第一届上海社会建设十大创新项目，"路管会"获评徐汇区第一届社会建设创新项目。

田林街道田林十二村住宅小区综合治理。田林十二村是一个20世纪80年代建成的老小区，年久失修且物业费缺口很大，小区居民对社区治理的满意度很低。为了让群众看到变化、得到实惠，田林十二村坚持目标导向、问题导向、基层导向，组织协调动员各方力量、多种资源，培养公民意识，构建和谐社区，共同探索了"党建引领，顺民情；搭建平台，听民意；组建团队，聚民力"的住宅小区综合治理新模式。通过民主自治方式，更换了物业公司，重新选聘了物业经理，通过开展听证会等方式，将有限的政府资金投入到居民反映最强烈的问题上，实现了社区难题的精准化治理。

徐家汇街道殷家角居民区"1+4+X"的治理新模式。针对老旧小区自行车棚住人、消防通道侵占等难题，街道充分发挥居民区党组织的作用，将"殷为有你，一定更好"作为主题，构建了"1+4+X"的治理新模式。"1"即居民区党组织的核心引领；"4"即居民群众的充分发动、志愿者团队的中坚带动、社会组织的专业推动和社区单位的协作联动；"X"即居民区其他力量。通过整合多方力量，形成针对居民区内老旧小区的精细化治理新力量。

斜土街道"党员三先"引领下的景泰居民区亲邻社区营造模式。斜土街道景泰居民区是通过下沉自治层级，在最基层的楼组单元设立"亲邻驿站"，开展自治社区营造模式，并在这一过程中强调党员的先锋带头作用。这种自治层面下沉的做法可以说是一种通过精细化自治推动精细化治理的模式。

华泾镇华阳居民区紫芝苑自治能力培育基地。华阳居民区通过对小区局部空间进行升级改造，建成"紫芝苑"公共空间，实现面向老年人的"夕阳角"、面向家庭的"生态示范园"、面向儿童的"社区亲子园"、面向青少年的"科普驿站"、面向妇女同胞的"妇女之家"五大功能，为社区广大居民提供舒适的活动场所，也为居民自治扩展了空间，提升了层次。

康健街道的长青坊居民区DNA团队模式。康健街道的长青坊居民区则通过组建"长青春风"志愿者团队，由党员、小区民警、居委干部、业委会成员、楼组长、离退休老同志等组成"金点子"议事会来协商分析居民的真实需求,实现精准化的问题识别和社区治理。

长桥街道中海瀛台居民区线上线下齐互动"云上瀛台"E家亲。长桥街道中海瀛台居委会是2012年新成立的居委会。由于小区居民结构呈现"在职业主多、外来高端人才业主多、随迁来沪老年家属多"的"三多"特征,居民之间的沟通互动非常少,社区认同感和归属感很低,如何开展社区自治是居委会面临的一大难题。由于小区居民年轻人多,小区"业主论坛"非常活跃,居委会及时发现了这一特点,并立刻主动打造了"云上瀛台"E家亲微信群,畅通了居民之间交流互动的渠道,激发了居民参与社区自治的热情。新时代城市精细化治理的一个重要路径是新一代信息技术的应用,这不仅是居民自治的新平台,更是实现精细化治理中可能增加治理成本的有效对冲方式。

"弄管会"和"路管会"：两根"绣花针"
织起社区自治新网络

一、背景·缘起

湖南街道地处徐汇区复兴路衡山路历史风貌保护区,面积1.73平方公里,户籍人口约5万人,区域内有770幢花园洋房,弄堂214条,是上海保存最完整、规模最大的历史文化风貌区。作为一个典型的老城区,湖南街道的社区管理上存在着一些难点问题：一是基础设施不到位,很多弄堂年久失修,生活环境较差,老弄堂中有77%是未封闭的,有两个以上的出入口,存在失窃、火灾等安全隐患;二是区域内人流量大、商铺集中,小贩乱设摊及商铺占道经营现象较为普遍,存在环境脏乱、整治困难等市容环境顽疾;三是地区内人员背景参差不齐、人口结构分化、居民纠纷等问题较为突出,对社区管理提出了更高的要求;四是地区内房屋权属多样,同一弄堂内包含多种房屋,商品房、老私房、直管公房、系统公房以及学校、幼儿园和机关单位办公房,权属错综复杂,导致管理缺位。

湖南街道从构建党委领导、政府负责、社区协同、公众参与的社区建设新格局出发，探索社区管理新方式，积极探索新的管理机制，充分调动社区群众参与社区管理的积极性和主动性，先后成立了"弄管会"和"路管会"，让社区群众参与社区管理。

对于老弄堂问题，2007年，街道让居民推选热心公益事业的代表担任本弄堂的管理人，成立"弄堂管理委员会"（简称"弄管会"），从参与弄堂保安、保洁开始，逐步衍生至停车管理、纠纷调解、安全巡逻、志愿服务、上传下达社情民意等各个方面。将居民自治与社区共治相结合，专群结合共同建成老弄堂平安有序的居住环境，提升了居民群众的安全感和满意度。

对于道路市容问题，在乌鲁木齐中路初步试点后，通过广泛调研与深入总结，2010年3月，"湖南街道沿街商铺工作管理委员会"（简称"路管会"）正式成立，同时组建社区、路段两级沿街商铺管理自治性组织，转变由城管全权负责的工作模式，让商铺经营者参与社区市容环境管理。"路管会"有效提高了沿街商铺的文明程度，切实改善了社区市容环境，大力推动了社会管理创新的进程。

二、举措·机制

（一）完善组织，建章立制，推进长效管理

每个"弄管会"一般由5～6个成员组成，设1名主任和若干名成员。"弄管会"成员一般由居民提名或居委会推荐，经张榜公示，得到弄堂内大多数居民认可，最后由居民区党组织批准，正式成为"弄管会"成员。"弄管会"作为居民自治管理组织，在湖南街道已形成规模和特色。目前，湖南街道共成立了74个"弄管会"，已覆盖15个居委的214条弄堂，"弄管会"成员增加至380人，志愿者千余人。"弄管会"和社区听证会、协调会、评议会"三会"与居民代表会议等议事平台一起听取意见，协调处理社区事务。

随着"弄管会"数量的不断增加，如何协调、支持和服务"弄管会"成了街道的重要任务。2008年10月，以湖南街道作为业务主管部门，"湖南街道弄堂管理协会"（简称"弄管协会"）注册成立了。"弄管协会"作为群众自治的社团组织，由部分"弄管会"负责人和公安、房管、物业及街道相关职能

"弄管会"消防巡逻

部门负责人组成，其主要职能是对各个"弄管会"进行业务指导，结合弄堂管理中的热点、难点问题开展调查研究，更好地发挥"弄管会"作为群众自治组织的"自我教育、自我服务、自我管理"作用。在"弄管协会"的指导下，各"弄管会"根据实际管理经验，不断完善各项管理制度，规范了人员管理、工作职责、定期例会、换届选举、保安保洁、停车管理等各项制度，做到管理规范有序。

"路管会"二十余名成员均是社区内公信力较高的沿街商铺经营者，接受街道办事处的领导。"路管会"在成立之初就制定了详尽细致的组织章程、实施意见和工作步骤，并推选出会长和副会长，保证"路管会"规范有序地开展各项工作。根据社区的实际情况，组建了社区、路段两级沿街商铺管理组织，以居委为单位成立16个工作大组，以道路为单位成立26个工作小组，对辖区1 300余户商铺进行监督管理，基本实现全覆盖。每个工作大组由1名"路管会"骨干成员、2～4名商铺经营者代表、居委会书记及主任、社区民警、小区物业经理等组成。

根据社区沿街商铺市容环境的实际情况，"路管会"还研究制定《湖南街道沿街商铺工作管理委员会60天行动计划》，将辖区内沿街商铺全面纳入自我管理范围，主要有三项管理措施：一是将东湖路、复兴中路（襄阳南路—陕西南路）作为重点路段，对此路段的沿街商铺开展宣传巡视，扩大影响力，为下一步持续推进工作奠定基础；二是对辖区内所有沿街商铺上门摸底调查，确认每家商铺责任人，并将信息登记造册；三是与沿街商铺签订《门前责任协议书》，明确商铺的职责范围及门前责任的具体要求，督促商铺按照国家法律、法规和政策合法文明经营，充分发挥自我管理的功能，使商铺的店容店貌及责任区周边环境得以改善。

（二）自主管理，注重服务，搭建沟通桥梁

"弄管会"作为群众自治组织，起先将主要功能定位在社区保安、保洁上，随后又逐步拓宽管理项目，延伸到社会治安监督、反映居民诉求和调解社区矛盾等平安建设功能上。例如，"弄管会"自己组织收费、聘请保安和保洁111人，协助物业管理。随着"弄管会"的成立及运行，小区弄堂内的案发情况有所减少。"弄管会"还凭借弄内居民群众的认同感，积极参与邻里纠纷的协调处置，有效化解了部分在萌芽状态的基层矛盾。

另外，"弄管协会"开通了微信公众号，充分利用新媒体平台，便于"弄管会"成员间的沟通联络和相关事宜的宣传告知，提升了沟通效率。"弄管会"成员发挥社区管理"耳目"的作用，及时发现、上报问题，积极协助参与工作，切实消除安全隐患。

"路管会"以商铺为主体，以柔性的方式实施管理，将监督与服务相结合。工作大组每周对范围内的道路巡查1次，工作小组每周对辖区主要道路巡查2次，巡查内容主要包括：沿街商铺门前责任制落实情况、店容店貌是否整洁、店招灯箱是否完好、是否出售假冒伪劣商品等，并针对商铺跨门营业、责任区内乱堆物、非机动车无序停放等情况进行劝导和宣传教育。在巡视中认真做好巡视记录，便于在每月工作例会上

"路管会"巡查

"弄管会"参与居委会会议

汇报巡查情况,并针对商铺在自我管理上存在的问题提出整改方案。

由于"路管会"成员自身就是商铺经营者,以同行的身份与店主沟通,将心比心地对店主进行劝说和教育,用自己的实际经验告诉店主环境干净整洁和经营合法文明对商铺的重要性,如此更易被店主接受,矛盾冲突少了,工作效果显著增强了。

(三) 协同支撑,强化指导,确保有序运行

"弄管会"是一个群众性的社会组织,其权力资源有限,"弄管会"参与平安建设在很大程度上也取决于相关职能部门的配合和支持。为更好地支持"弄管会"工作,实现社区共治,公安、房管、物业、居委、"弄管协会"作为弄堂管理工作的"五大支撑",主动跨前、积极承担,及时响应"弄管会"反映的问题,认真予以支持,共同解决平安建设中的难题。通过定期召开工作例会,与街道职能部门、公安、物业、房管、居委共议社区管理问题,建立有效的沟通机制,齐心协力解决好弄堂管理、社会治安和居民矛盾等各类难题。"弄管协会"还与街道网格中心进行了对接,将日常发现的问题及时通过网格中心,派送至相关职能部门督促解决,进一步扩宽了信息沟通传递渠道。

为了向"路管会"工作提供有力的行政支持,正确引导"路管会"的工作方向,街道在"路管会"成立的同时,成立了"路管会工作领导小组",由街道办事处副主任担任组长,市政科科长任副组长,城管、工商、食药监、公安、房管、市容、保洁公司、个体协会等单位或组织的分管负责人作为小组成员,共同为"路管会"提供有力的支持,贯彻社区协同管理的理念。每月将难题上报至街道市容管理所,由市容管理所进行汇总、分类、分流派单,并与协同单位联系处理,并将处理结果及时反馈给"路管会",形成一套无缝衔接的工作流程。"路管会"也借助协同单位

"路管会"慰问交警

的力量，为商铺提供相关指导和帮助。当商铺与行政管理部门发生矛盾冲突时，"路管会"充当润滑剂，为双方搭建沟通的桥梁，增进互相理解，在平息矛盾、解决问题的同时，为个体民营经济的健康发展创造良好的环境。

（四）以评促管，教宣结合，增强自治能力

弄堂管理工作开展至今，"弄管协会"每两年召开一次总结交流表彰大会。通过定期开展经验交流，不断总结经验，旨在固化成果、开拓创新。对于自治管理工作的优秀集体和个人，"弄管协会"定期开展评比表彰大会，进行表彰激励，发扬"弄管会"自治精神，真正将自我教育、自我管理、相互督促落实到每一条弄堂中。

"路管会"则定期开展"诚信文明商铺""文明诚信示范街"评比活动。根据平时巡查情况进行考核评比，对诚信文明的商铺进行授牌表彰。这有利于增强获奖商铺经营者的荣誉感，激励其保持诚信文明的经营状态；也对周围商铺起到了示范引导、辐射带动的作用，有助于带动周围商铺一同进步。"路管会"还定期组织沿街商铺经营者开展各类学习交流、座谈、联谊及公益事业活动，不仅为经营者们提供联络感情、交流经验的平台，更有意识地将教育和宣传融入活动中去，在轻松愉快的氛围中逐步增强商铺经营者的文明意识，提高经营者的综合素质。

三、创新·成效

湖南街道党工委、办事处以创新社会治理的理念和方式，积极引导和组织群众力量，形成了"弄管会"这种以社会组织形式配合职能部门共参平安建设的模式。具体来说，就是"以社区居民为依托，以社区志愿者为主体，以'弄管会'这一社会组织为载体，以政府相关职能部门为支撑"的方式，将群众自治与平安建设工作有机结合起来，在平安建设实践上取得了明显的成效。

（一）依托积极分子带参与

"弄管会"成员在社区自治管理中发挥出了积极的作用，大家有目共睹。那些群众中的热心居民在平安建设中具有较高的参与意愿，他们大多年龄较长、具有较高的个人权威、热心社区事务、擅长做群众工作，他们的言

行举止起到了积极的表率作用。因此，他们在参与社区管理中，也能带动其他社区居民的共同参与，不断壮大社区管理的群众力量。

（二）治理刚柔并济获成效

政府开展社会治理往往是通过刚性工作方式达到治理目的，但很多地方的实践表明，这种方式的效果并不好，甚至容易引发一些社会冲突。而

"弄管会"夜间巡逻

"弄管会"开展群众自治则通过柔性化的工作方式，相比较之下，有些时候更容易解决问题、化解矛盾。"弄管会"最好的方法是以心感心，用真诚的心为居民解决问题。"弄管会"志愿者通过推心置腹的交谈和大量的思想工作，最终解决了许多难点问题。

（三）连接白天黑夜作补充

居委会这一群众自治组织是社区平安建设的重要主体，然而由于居委会行政化的原因，其承担的工作任务较多，有时在平安建设方面就显得力不从心。而且居委干部下班后，小区的安全管理就可能照顾不到。这时候"弄管会"就成为居委会的重要补充，成为"24小时居委会"。由于"弄管会"志愿者均居住在本小区，很多社区居民遇到问题后往往第一时间找到"弄管会"寻求帮助。某些时候，"弄管会"承担了居委会的部分功能。

与"弄管会"一样，随着"路管会"工作的不断深入，其工作效果持续彰显，商铺经营者的自律意识和门前责任意识有了显著提高，社区市容环境面貌得到明显改善。《解放日报》《徐汇报》都曾对"路管会"的管理建设成就进行了长篇报道。"路管会"作为政府牵线搭台、市民参与管理的新型社区治理模式，鼓励广大商铺经营者自觉参与社区管理，有利于加强和创新社会管理，有助于创建和谐有序的社区环境，更为上海老城区管理注入了新鲜的血液和活力。

（四）共创文明社区奠基础

经过几年的深入探索和总结，"路管会"的工作范围和工作内容都得到了进一步扩展。在全区精神文明创建及创建全国文明城区迎检的过程中，"路管会"充分发挥了自我管理、示范引导、相互督促、有效落实的作用，及时发现、协助整治沿街商铺的跨门经营、环境脏乱等现象，促进商铺文明经营，为文明社区创建做了大量工作，为"美丽商铺"行动取得实效奠定基础。

（五）同保食品安全除隐患

"路管会"也为保障食品安全发挥了积极作用，为街道不断提升社会管理水平提供了有利条件。在上海市食品安全示范街镇的评比中，"路管会"充分利用定期巡查机制，及时发现商铺在经营过程中存在的食品安全隐患，并向行政管理部门反

"路管会"巡查商铺诚信经营

映相关情况，同时积极做好宣传教育工作，引导商铺依法诚信经营，为食品安全增添一份保障。

（六）齐整街道业态促转型

沿街商铺外围环境的整洁与商铺的经营业态有着紧密联系。通过调整业态，可以有效改善市容环境，但部分商铺不愿意调整业态，此时"路管会"就依托自身平台，充分发挥成员熟悉市场以及他们的社会关系和人脉的优势，例如，在复兴中路业态调整工作中，"路管会"配合区属企业积极调整原有业态，帮助社区逐步实现从低端业态向中高端业态转型的目标。

四、启示·展望

设施条件相对落后的老弄堂怎么管？存在环境整治顽疾的沿街商铺怎么治？湖南街道"弄管会"和"路管会"给大家提供了一个好答案——整

合社区资源，鼓励社区居民与商铺经营者共同参与社区管理，让老社区有了"新管家"。

（一）创新社会动员体系，打造"熟人治理"模式

"弄管会""路管会"社区自治组织努力构建"熟人社会"，创设"熟人治理"模式，讲情讲理地与街道办事处、居委会、市政单位一起肩负起社区平安文明建设的重任，取得了较大成绩。巧用"弄管会""路管会"这两个组织，湖南街道建立起社区志愿服务新制度，为提升社区居民与商铺经营者参与社区管理的能力提供了发展平台。虽然湖南街道通过"弄管会"和"路管会"将群众工作和社区治理有机结合起来，但也应该看到目前志愿者以老年人为主。近年来，在完善机制的同时，也逐渐重视吸引和动员更多年轻社区居民参与社区治理。例如，社区正在积极制定方案，通过居委推荐和社区党建工作有意识地吸收更多年轻力量与党员力量参与志愿服务队伍，推进群防群治队伍的正规化建设，壮大社区治理的新生力量。

（二）精心规划社区自治蓝图，建立以群众满意为导向的组织规章

湖南街道"弄管会"与"路管会"的主要职责是民主自治管理，重点解决弄堂保安、保洁、停车和道路环境脏乱、整治困难等问题，为更好地开展组织活动，明确了工作区域，组建责任网。湖南街道通过不断完善工作方法，强化工作责任，结合社区治理的目标责任，将自治与共治有机结合，为社区各方面管理建设的深入推进提供了坚实保障。把群众满意作为社区治理的根本标准，依靠人民群众创建安全清洁的社区环境，创出人民群众追求的美好生活。

（三）职能部门跨前一步，继续加强对社区自治组织的支持

湖南街道"弄管会"和"路管会"等组织开展群众自治离不开政府职能部门的支撑。若缺乏有效的支持，职能部门甚至"退位""缺位"，则会极大地打消群众参与社区自治管理的积极性。在深入推进住宅小区综合治理的过程中，要坚持问需于民、问计于民，实行"一小区一方案"，结合其他社区治理创新，例如"金相邻""同心坊"等项目，发挥驱动效应，相互检查监督，切实提升群众的感受度和满意度。要建立适合本社区的长效治理机制，整合社区资源，夯实群众基础，发挥社区居民自我管理、自我教育、自我服务、自我约束的制度激励,做好城市社区自治,构建起城市基层社会治理体系。

田林十二村:住宅小区综合治理的幸福家园

一、背景·缘起

作为城市老旧小区的典型代表,田林十二村位于田林东路钦州路,始建于1985年,至今已有30多年的历史。田林十二村建筑面积为9.4万平方米,共有2 067户人家,户籍人口4 524人,常住人口6 019人,其中60岁以上老人1 732人,居委会社工人数为7人。

随着时间的推移,小区公共设施老化陈旧,雨天有路面积水,晴天有马路菜场,加上绿化长期无人修剪,不仅看起来脏乱差,每年还都会发生入室盗窃案等问题。同时,由于十二村作为售后公房小区,物业费价格低、小区面积小停车位少,物业公司的工作积极性一直不高,使得小区成为城市基层社会治理的短板。

徐汇区共有住宅小区937个,其中商品房小区429个、售后房小区323个、混合型小区185个,1 000户以上的大型小区140多个,田林十二村就是大型老旧小区的代表。近年来,根据《上海市加强住宅小区综合治理三年行动计划(2015—2017)》的总体部署,徐汇区努力在理顺体制机制上下功夫,在增强治理能力上求突破,在解决民生问题上见实效,全面推进住宅小区综合治理,积极打造社区治理的"徐汇范式"。

借住宅小区综合治理的东风,田林街道田林十二村坚持需求导向、问题导向、效果导向,组织协调动员各方力量、多种资源,培养公民意识,构建和谐社区,共同探索了"党建引领,顺民情;搭建平台,听民意;组建团队,聚民力"的住宅小区综合治理新模式。各方充分加强社会治理创新,扩大基层建设的工作成果,大力推进住宅小区综合治理。在住宅小区综合治理的过程中,开展了一系列面向群众、措施扎实的补短板举措,以实实在在的成效提升群众的满意度和获得感。

二、举措·机制

（一）针对原来物业不作为问题，通过业委会改选实现业委会与物业的平等对话

在解决物业不作为的顽疾中，居民区党总支书记赵国庆起了重要作用。2012年4月，小区迎来业委会改选，但是怎样引导新一届业委会团结起来真正代表广大居民，也困扰着大家。赵书记第一个想到了首先团结起小区里的党员，再由党员和居民一起选好业委会。"今天我不得罪物业，我就要得罪业主"，怀着为居民着想的信念，他一家一家上门说服党员业主参选业委会。他的努力打动了社区居民党员。最终当选的7名业委会委员中，有6人是党员，业委会主任也由居民区党总支委员兼任，为做好业委会工作打下了坚实的基础。

（二）建立起由党员兼任的"三驾马车"新集体，集中精力为居民解决现实问题

2013年9月，小区迎来第二个转折点，居民们投票决定撤换物业，"售后公房炒掉十几年老物业在当年算是一桩大新闻"。新上任的物业经理虽然干劲足，但缺乏经验，使得迫在眉睫的设施维修、管道更新工作难以展开。于是，在与小区居民商量后，居委会做出了一项大胆的决定，向物业公司推荐小区物业经理。

中心学习小组

2015年元旦，曾在一家自行车生产企业担任销售主管的王顺生，就这样通过公开招聘程序，成为田林十二村历史上首个居民举荐的物业经理。此前，他已是居民区的党总支委员。由此，小区的居委会主任、业委会主任和物业经理都由居民区党组织委员兼任。"三驾马车"的"车夫"都是党员,为居民服务的信念深入人心,无论哪一方遇到问题,其他两方的第一反应都是想解决问题,而不是推诿扯皮。

(三) 从居民需求的轻重缓急出发,改造小区的道路和基础设施建设

2014年,在街道党工委、办事处的重点扶持下,投入1 700万元对小区进行了综合改造。面对居民不断反映"小区道路拥挤,窄得连救护车都开不进"的问题,2015年初,经过"三驾马车"多次联席会议讨论决定,其他工程暂缓,必须先拓宽道路。原来6.8米宽的小区主干道拓宽至8.1米,平均宽度3.8米的支路拓宽到5.2米,此举不仅为小区增添了140余个车位,而且消防车、救护车也可以顺利地到达小区85个门栋楼前,有效解决了小区道路不畅问题。

接着,在听取居民意见后,为提高小区安全保障,联席会议商议后决定升级小区的"内循环系统"。综合改造将小区内85个居民楼大门升级为智能防盗门,大门内外安装红外线探头,并实行智能门禁卡实名登记,监控室就设在居委会办公室。当改造污水管道、铺设沥青路面、改建居民楼门洞和报箱等细碎却必要的基础工程全部就绪后,这才轮到"面子工程"。改造后的十二村,面貌焕然一新,轻重有序的综合改建受到居民的集体点赞。

综合改造项目听证会

(四) 建立住宅小区综合治理的新格局,重塑小区公共家园的记忆

小区周围有不少机关事业单位,每年夏天居委会都会邀请地铁工务公司、环科院、市八医院、区城管执法局、田林三中等共建单位参与小区"纳凉晚会"。"纳凉晚会"现在已经成了居民们每年到了三伏天最期待的事。

另外,在田林十二村还有三个设在不同居民楼的"公共家园"——温

记忆家园展示大厅

馨家园、快乐家园和记忆家园，以满足居民们更高一层的精神文化需求。"温馨家园"是老年人活动室和爱心就餐点，每周还有附近理发店的年轻店员们来为居民们免费理发；"快乐家园"是居民们的学习天地，英语课、编织课、唱歌跳舞课样样有，老师和学生都是小区居民。

特别值得一提的是"记忆家园"举办的活动。为了让大家重新认识自己生活的小区，在社区传递正面的、向上的力量，提升大家的归属感，2012年初，经过广泛征集意见，"我们共同的记忆家园"这一取材于居民，展示大家生活点滴，面向全体居民开放的自治项目诞生。"记忆家园"自治小组由8名社区居民组成，其中4人为党总支委员，另外4人为楼组长。他们接地气、懂居民，愿意走出家门为大家服务。"记忆家园"的收藏者居民们从家中拿来的各类藏品，通过各类展览让居民看到了小区里的"能工巧匠""道德模范""摄影高手""书画能手""党员先锋"。此外，社区共建单位也看重"记忆家园"这一展示平台，田林六幼为"童年回忆"展览提供活动场地，环科院为"记忆家园"活动室提供绿化布置，为贴合主题，特地将茶花盆栽设计摆放成"JY"字样，代表"记忆家园"四字拼音首字母，让人过目不忘。

三、创新·成效

（一）社区治理结构完善，"三驾马车"运转顺畅

居民区党总支抓好队伍建设，建立每周工作例会制度。通过每周工作例会进行一周工作小结，并对工作中的特殊案例进行分析，不断提高居委干部解决实际问题的能力。另外，通过居委会"三会"制度，加强队伍建设，牢固树立居民区党总支核心的领导作用。通过党员设岗定责和承诺践诺制度，使报到党员、在册党员在楼道内挂牌公示，亮明身份，发挥好党员作用。

采用1：2：9：85的树形结构充分发挥党员、楼组长、志愿者的作用，扎实开展居民区党建和自治工作。同时，把党组织打造成党员之家，及时关心帮助困难党员，关键时刻党员都能一呼百应。通过交叉任职制度，由党总支委员兼任物业公

改造后的门卫室

司经理和业委会主任（业委会班子成员7人，其中6名是党员），驾驭好"三驾马车"。提高了党总支统揽全局、协调各方的作用。近年来，小区已先后创成区级和市级优秀物业小区。

（二）社区硬件升级改造，居民安全感得到保障

从2015年起，街道借着住宅小区综合治理的契机，开始对小区进行了全方位的综合治理。85个门栋统一安装新的门头，信箱统一规范设置，打造统一的新形象。同时，提高技防设备的功能，小区室外安装了64个摄像头，确保公共区域全覆盖。室内85个门栋安装智能型电子门，楼道门外安装2个摄像头，确保无监控死角。所有摄影头在后台终端都可实行实时监控，居民们都感到生活在十二村变得更安全放心了。

硬件技术到位只是第一步，在软件管理上，田林十二村也做了很多工

改造后的主干道

作。众所周知，上海的老龄化程度越来越严重，田林十二村也是老龄化程度很高的一个小区，仅靠7位社工轮流上门查看独居、失智老人的情况，操作难度很大。田林十二村居委在技术公司的支持下，推出了将门禁卡与智能手环结合的

措施，为老人佩戴智能手环：一是出入开门确保安全；二是万一老人在外走失走散，通过手环上的智能信息就能确定老人的身份。独居老人如果2天以上没有刷卡信息，居委老龄干部就会立刻上门查看。

（三）社区项目精彩纷呈，居民满意度显著提高

"我们共同的记忆家园"自治项目至今已举办了14期，不同主题、不同形式的展览，让那些照片、证书和收藏变成了所有十二村居民的记忆与荣耀。有居民参与和共建单位的支持，自治项目服务社区的能力不断提升。而伴随住宅小区综合治理工作的推进，"记忆家园"自治项目也从一个文化类项目转变成了集小区议事和服务开展于一体的综合性项目。在跟拍小区的过程中，"记忆家园"定格小区蜕变历程、传递信息反映民意、守好阵地做好服务。如今的"记忆家园"真正成为十二村居民共同的家。

改造后的畅游园

此外，在街道的支持下，居民区党总支发挥牵引作用，拆除了徐房物业在小区的集中违章建筑，增加了三房一院和100多平方米的居民活动室。针对孤老、独居老人用餐不便等情况，改造了助餐点。建成能就餐、能打乒乓、能娱乐、能理发、能展示风采、能参加各种兴趣小组活动、进行医疗和法律咨询的"温馨家园""快乐家园""记忆家园"等多功能活动室。小区人口管理精细化了，小区安全能级提升了，居民满意度也显著提升。

四、启示·展望

在推进市委"一号课题"创新社会治理新作为的过程中，为进一步补齐城市管理短板、深化住宅小区综合治理，徐汇区田林街道田林十二村居委以提升小区居民的感受度、获得感为目标，结合小区实际情况，培养居民参与意识，充分调动居民的积极性，多措并举推进小区综合治理。实践证明，田

林十二村住宅小区综合治理的探索具有较强的前瞻性和系统性,较好地体现了新形势下城市基层社会治理的时代特征,把握了城市住宅小区综合治理的内在规律,对全面加强城市基层社会治理,推进城市社会治理新作为具有重要的示范借鉴意义。

住宅小区综合治理面临的各类顽疾往往是多年问题的积累,其中有居民自身不规范行为带来的环境变化问题,有各式各样因素导致的历史遗留问题,也有执法难延伸出的焦点问题。做好住宅小区综合治理工作,必须由各部门密切配合、分工合作、履职到位。不但要在整治时期支援"造血",更要发挥业主、居委、物业"三驾马车"的作用,引导小区提升自己的"造血"功能,促使住宅小区各治理主体之间的相互合作,建立稳定的信任生长机制,促进小区治理的良性循环。

要积极探索符合特大城市特点和规律的社会治理创新之路,把握关键是体制机制、核心是人、重心在城乡社区,注重系统治理、依法治理、源头治理、综合施策、持续推进城市从管理向治理的根本转变。要强化依法治理和智能化管理,加快补好短板,聚焦突出问题加强综合整治,形成常态长效管理机制。田林十二村"党总支统领,'三驾马车'更默契;'三会制度'搭平台,听民意汇民智;居民热情参与,共建共享有活力"的住宅小区综合治理模式是创新社会治理新作为的鲜活实践。其主要经验启示体现在以下三方面。

(一)　党建引领,顺民情

为进一步理顺居委会、业委会及物业的关系,使"三驾马车"跑得更稳、更快,田林十二村居委会向物业公司举荐了"有能力,负责任,敢担当"的总支委员,通过公司招聘程序,使其成功应聘为物业经理,使得田林十二村居委会主任、业委会主任、物业经理都由党总支成员兼任,提高了党总支统揽全局及协调工作的能力。

(二)　搭建平台,听民意

通过"三会"制度搭建平台,推进工作。综合治理是一项系统工程,为使政府资金用在刀刃上,管理制度更具操作性,协调治理推进过程中的各类矛盾,居委会成立了以党总支、居委会、业委会、物业、民警及居民代表等为成员的居民区综合治理管理小组。工作方案好不好，评议会上评一评；遇到难题要解决，听证会上辩一辩；碰到矛盾要化解，协调会上谈一谈。通过"三会"能更多地听取居民意见，找准问题、找对方案，从而使各项工作的开展更贴近民意，更得人心。

（三）组建团队，聚民力

以"自治家园"项目为抓手，通过"记忆家园"展示小区改造前后的变化以及改造过程中各方付出的努力，提升居民的认同感，激发居民爱家园的责任感。宽敞的小区道路、绿树成荫的小区花园、智能型电子门……综合改造使得多为老式公房的田林十二村在硬件设施上"脱胎换骨"。居民在得实惠的同时，有更多机会参与小区治理，提升社区"软实力"。居民志愿者巡查小组、特色楼组等居民自发参与治理的自治组织应运而生，蓬勃发展，"我的家园，我参与；我的家园，我珍惜"的自治理念正在小区生根发芽。

"股"为有你：汇东泰东小区探索自治新模式

一、背景·缘起

徐家汇街道下辖29个居委会，135个小区。借助小区综合治理的东风，辖区内汇东、泰东小区以社区党建为引领，以改善民生为根本，以多元共治为重点，积极探索符合老旧小区特点的治理新模式，取得了新成效。

汇东、泰东小区属于殷家角居民区，居民总户数468户，面积25 010平方米，是典型的老式公房小区。长期以来，小区内存在车棚住人、消防通道侵占等问题。街道充分发挥居民区党组织的作用，将"股为有你，一定更好"作为主题，围绕小区"痛点"，以党建引领为方向，以多元治理为路径，构建了"1+4+X"的治理新模式，营造了小区自治共治的新格局。"股为有你"的"你"，在小区综合治理的新形势下被赋予了新的内涵。这个"你"，其核心为居民区党组织，也包括居民群众、志愿者团队、社会组织、社区单位等。

二、举措·机制

"1+4+X"，"1"即居民区党组织的核心引领；"4"即居民群众的充分发动、志愿者团队的中坚带动、社会组织的专业推动和社区单位的协作联动；"X"即居民区其他力量。

（一）一个核心：居民区党组织是小区治理的新引领

坚持党建服务民生，殷家角居民区党总支通过资源共享、示范引领等措施攻坚克难，构建了"接地气、有人气"的社区党建新格局。一是敢担当，补短板聚人心。汇东、泰东小区10多年来非机动车棚住人，脏乱差现象严重。居民区党总支敢啃硬骨头，通过开展居民大会讨论、反复上门、真心关怀等措施，最终使车棚人员平稳搬离，并发动志愿者对车棚进行了彩绘和自管。如今，小区的"痛点"已成为居民心中的"最美车棚"。二是搭平台，强共建聚合力。居民区党总支书记创设了"多元治理法"，积极推动居委会与业委会、物业公司的紧密合作；引入社会组织与老人、青年结缘；引导社区单位与小区资源共享；发动60多名党员及其家属进行示范……如今小区焕然一新，广大居民充分认可，居民区书记也顺利当选为区新一届党代会代表。

（二）一份公约：居民的广泛参与是小区治理的新动力

汇东、泰东小区每栋楼前都张贴着"八要八不要"居民公约，这集聚了居委会和广大居民的集体智慧。居委会搭台，专业社工引导，通过座谈、问卷调查等形式，超过30%以上的居民参与对小区现状的反思，提出了13条建议，最终提炼形成了"八要八不要"公约。公约形成后，居委会、楼组长等一同将印有公约的围裙送到400多户居民家中，宣传送达率为100%。在此基础上，80%以上的车主经充分讨论又共同参与制订了车棚自治公约。如今，小区已形成"管理大家议、决策大家定、事务大家评"的自治氛围。

（三）一组团队：志愿者力量是小区治理的新中坚

汇东、泰东小区活跃着三支志愿者团队：活力绿、平安橙和有序蓝。其

乐汇志愿者服务队理事会会议

中"活力绿"是环境维护志愿者，负责在每周四定期开展清洁家园日活动；"平安橙"是平安志愿者，负责每天上午、下午进行小区巡视；"有序蓝"是车管会志愿者，负责车棚自治管理。三支志愿者团队中，70%以上都由党员及其家属组成，开启了党建引领下小区自治的新篇章。

（四）一个基地：社会组织参与是小区治理的新活力

对接居民需求，街道搭台引入四个社会组织参与小区自治，建立了汇东、泰东小区社会组织微基地。其中，利群的参与，提升了居民参事议事的能力；爱加倍为老人量身打造了"阿拉百宝书"项目；飞扬华夏助力车棚自治，引导居民组建了车管会；刘博士咨询室共享小区卫生服务站资源，开设了"心情聊天室"。居委会与社会组织的对接，使"本土化优势＋专业化优势"起到了"1+1＞2"的效果。

爱加倍社会组织为老人量身打造的"阿拉百宝书"项目

（五）一个平台：社区单位协同是小区治理的新推力

通过党建联建等平台，街道、居委会引入各类社会资源参与小区共治，解决了一批居民群众关注的焦点问题。如针对老小区停车难问题，街道牵线，居委会与小区内的徐汇市政公司达成了错峰停车共识。如针对小区20多年来消防通道被侵占的问题，街道牵头城管、公安、工商等，通过3个多月持续做工作，最终拆除违章建筑150余平方米，畅通了小区的消防通道。

三、创新·成效

现在，"殷为有你，一定更好"已不仅仅是一个主题或者口号，它既成为伴随小区成长起来的治理品牌，更是街道与居民区党总支所倡导的社区文化。"1+4+X"的治理模式，汇聚各方资源形成治理合力，使小区居民受益更广，参与更有热度，社区关怀更有温度，自治共治也更有深度。

一是居民参与度不断强化。社区治理重心在人，离不开广大居民的参与。"汇爱殷行"志愿者银行制度，激发了更多的居民参与社区志愿服务的热情。通过存储志愿者的爱心服务时长，换取服务或实物，"一存一取"间促进社区志愿文化氛围的传播，让更多的社区闲人变为社区达人，志愿者已成为汇东、泰东小区的新风尚。长效志愿者队伍管理机制也已初步形成。

二是社区关怀度不断优化。无论是党建带团建促社建，还是社会组织、社区单位的引入，一切社区资源的对接都以满足居民的实际需求、针对居民关心的难点和热点问题为根本。始终立足居民需求，对接有效有用的社会资源，整合社会资源，推动邻里结缘，让居民得到实实在在的获得感和幸福感。

三是自治共治程度不断深化。汇东、泰东小区自治共治已取得一定成效，居委会与社会组织、社区单位等对接的过程，可以说是从"一见钟情""再见倾心"到"相见恨晚"。汇东、泰东小区的成功范例已经在殷家角居民区中掀起了一股自治共治的春风，使得社区治理水平得到广泛提升。

四、启示·展望

在小区综合治理实践中,要积极发挥基层党组织的主轴作用,以党建引领社区治理创新;要积极发挥社会协同作用,以共建共治提升社区治理内涵;要积极发挥居民群众的自主作用,以自治提高社区治理能力。

一是要坚持党建引领,强化社区治理的领导核心。基层党组织是党获得群众认同、联系服务群众的桥梁和纽带。在小区多元治理格局中,要始终确保基层党组织的引领和主导作用,从价值引领、组织动员、凝聚骨干等方面,最大限度地将居民群众团结起来。

二是要坚持社会协同,实现社区治理的良性互动。要坚持基层党组织主导下,发挥社会组织、社区单位、居委会、物业公司等协同互补作用,构建共建共治的治理新结构。

三是要坚持居民自治,培育社区治理的共同体。要发挥居民群众在社区治理中的主体作用,增强党建引领下的群众自治功能,引导居民通过互助协作培育社区温情,通过参事议事找到利益结合,通过建立公约提升社区责任感,进而形成社区认同和归属感。

亲邻楼组:"党员三先"引领下的景泰亲邻社区

一、背景·缘起

徐汇区斜土街道景泰居民区位于徐汇区东北角,所辖既有商品房又有老公房,需求复杂多样,居民区人口老龄化问题严重,一些楼组70岁以上的老人达到了40%。养老难、看病难、出行难,在人口老龄化日益加重的社会趋势下,社区治理和服务面临着巨大的挑战。一方面房龄老、住户老和观念老的问题越发突出,小区治理的推进非常困难;另一方面居民需求日益增长,特别是在养老、看病等方面亟须有力的保障手段。如何找到有效的切入点来发动和凝聚群众,对接居民需求,共同解决"老大难"问题是迫在眉睫的工作。

　　楼组作为基层社区治理的最小"单元细胞"和社区发展的"晴雨表"，被斜土街道景泰居民区党总支灵敏地捕捉到了。党总支希望以楼组"小切口"探索治理社区的"大问题"。要能够凝聚楼组的力量，使之成为社区治理的着力点，必须建立一个有效的服务站点，把这些力量集合起来并最大化地发挥其作用。于是，在斜土街道党工委的统筹指导下，景泰居民区党总支巧借平台撬动资源，多方联动建立了"亲邻驿家"居民区党建服务站，并以此为核心，将党组织力量辐射至楼组，形成了社区协同共治、居民自治的良好模式，为创新基层社会治理注入了新的活力。

二、举措·机制

（一）讲"三先"、聚党员，强支部力量

　　党总支运用党员"先想、先议、先行"工作法，要求基层党组织和党员先于群众树立信心、确立目标，勇当排头兵、敢为先行者。以亲邻党建服务站为着力点，整合在册党员、在职党员、区域单位和群团组织党员力量。不断完善各项制度，激发党员主体性意识，发挥党支部战斗堡垒作用。每月5日，楼组长、党员骨干、业主代表召开"楼组议题征集会"征集问题。每月15日，楼组退休及在职党员召开"党内民主恳谈会"，针对问题谈思路、定方案，党员统一认识，形成共识，带头执行。每月25日，在亲邻党建服务站召集"亲邻合议推进会"，居民区共同商议解决"老大难"问题，为推进"五违四必"等重点工作保驾护航。每月召开的这三次会议及时做到"梳理问题、整合资源、总结成效、互通提高、激发自治、协同共治"的自循环，推动形成长效机制。

　　面对小区车位紧张，为了保持道路通畅、有序停车，党总支全面动员，发动志愿者和物业组成巡逻队，共同做好劝导工作，规范业主停车。党总支委员、党员示范楼组长宁丽华积极参

景泰创全志愿者整治行动

景泰居民区党总支书记与党建服务分站的示范楼组长讨论特色项目

与，她作为志愿者巡逻劝导居民规范停车，连饭都顾不上回家吃，常常在寒风中吃着怀孕儿媳送来的午饭。她说："我在徐汇居住生活了44年，是一名老徐汇人，我们小区也是文明社区，徐汇要创建全国文明城区，作为党员更应该为小区多出点力。"正是有一群像宁丽华这样的党员带头，社区正能量在一户户家庭、一个个居民之间传递，凝聚成文明和谐的合力，人与人的距离越来越近，生活也越来越美好。

（二）推"亲邻"、聚楼组，固站点成效

党总支积极倡导"远亲不如近邻"的理念，将党建工作扎根在楼组，推出5个党员示范楼组，并建设成亲邻党建服务分站点，制定对口定向服务清单。每个楼组配置一名党员联络员，组织楼组内的党员参与志愿服务活动，102名党员认领居民区公益服务项目，78人达成互助结对关系。根据小区居民的特点和实际需求，党总支推出五个"YI"楼组自治项目——公"益"楼、"议"事楼、"医"疗楼、友"谊"楼、文"艺"楼，丰富"亲邻"载体。

党员示范楼组组长林刚是位年过七旬、乐于奉献的热心老人，在倾心帮助他人的同时，也影响着身边人。林刚女儿移居国外，爱人患病长期住院。住在同一栋楼的居民赵阿姨得知情况后，她照顾着自己正在治疗康复的爱人的同时，还照应着林刚的起居生活。一次，赵阿姨偶遇林刚身体不适，便立即将他送往医院，最终使林刚转危为安。

在3号党员示范楼组长和楼内年轻"85后"业主代表的倡议下，居民们共同发起了"邻里节"活动，组建"邻里一家亲"微信群。楼内32家住户、63位居民积极参加。12位党员带头建言献策，通过互动交流，形成了电梯管理、楼道清洁等五个方面楼组规约。通过线上线下结合，引导居民加深了"邻里亲、邻里情"，营造了亲邻社区"邻里守望"氛围，促进形成了"楼内事

务大家管、管好楼组惠居民"的良性治理模式。

（三）联区域、抓共治、促群众满意

建立区域化党建促进会居民区支会，将居民需求与区域单位的优势资源实现有效对接，密切党建结对共建关系，为小区发展治理中存在的难点问题"活活血、通通气"。

驻区单位江苏银行分行行长担任居民区党总支兼职委员、亲邻党建服务站副站长，组织引导驻区单位党员参与美丽楼道创建、反诈骗反假币等宣传教育活动。价格监督检查与反垄断局机关党组织依托"斜土文明日"志愿服务平台，为居民提供物价咨询、消费权益保护等服务。教科院实验小学党支部为居民文化活动提供场地，并与居民区合作，共建学生社会实践基地。上海师范大学美术学院与亲邻党建服务站联建签约、共筑智慧党建，启动"双导师"计划，在美院导师和学生的指导下，组织社区青少年、志愿者代表等开展"传授中华传统艺术，绘制扇面水墨画"活动。通过党建联建，区域单位增强了作为社区一分子的主人翁精神，尽了社会责任，共同建设有温度社区的共识进一步凝聚。

另外，党总支以"发扬邻里团结互助、深化楼组协同自治"为出发点，推行网格化分区、团队式结对、组团式服务的工作方式，依托社区党员、志愿者、

景泰居民区党总支组织党员开展"两学一做，展望未来"主题党日参观活动

楼组骨干及热心居民等力量,开拓居民服务新局面。党总支充分发挥核心领导的作用,动员党员骨干积极参与业委会选举,新一届业委会7名成员中有6位是党员。党总支牵头成立了业委会党的工作小组,充分发挥业委会在社区工作中的积极作用,促进居委会、业委会、物业公司之间的良性互动。

三、创新·成效

景泰党总支在街道党工委的领导下,将"两学一做"与中心工作深度融合,围绕"做合格党员、建规范支部"的主线,着力激发党员先锋模范作用、加强党支部规范化建设,以居民区党建服务站为抓手深化拓展党建阵地。以党建为引领、以功能强服务、以共享促共治,不断提升楼组协同自治能力,成为城市基层党建三级联动体系在社区层面的生动实践,为创新基层社会治理注入新的活力。

（一）共建共享,创新管理模式

随着党员群体及社区居民主动参与社区治理建设的热情不断升温,"党建引领下的亲邻自治"的主体作用不断凸显,居民区对党建服务站进行了全方位建设。

一是创设工作空间。在街道党工委的大力支持下,居民区党总支统筹资源、因势利导,在并不宽裕的居民区工作场地中辟出135平方米用于"亲邻驿家"居民区党建服务站建设,引入专业社会组织进行整体设计,开辟党建活动室、亲子活动室、亲邻会议室、社区项目室、邻里互动室5个功能区。

二是创新组织设置。打破界限引入多方力量,聚拢"居、社、企"合力形成"党建+自治+共治"综合管理机制。站长由党总支书记担任,副站长由小区业委会主任、区域单位负责人共同担任,成员包括党员示范楼组长、共建单位党员代表、在职党员代表,下设5个党建服务分站,形成核心明确、分层有序的"亲邻驿家"党建服务体系。

三是创新工作方式。服务站推行网格化分区、团队式结对、组团式服务的工作方式,依托社区党员、志愿者、楼组骨干及热心居民等力量,发扬邻里互助精神,深化楼组协同自治。

（二）聚焦服务，夯实阵地功能

服务站牢牢把握"教育、管理、服务、活动"功能建设的主业，为三级党建服务工作体系夯实基础。

一是"三紧六有"重引领。服务站提出紧抓"两学一做"学习教育深化党内教育，紧跟市委"1+6"文件在基层落实的步伐，谨记"满意在徐汇·服务在基层"活动惠民利民的宗旨，开展"满意有理、引领有度、管理有序、共建有章、创全有力、守土有责"的"六有"主题实践活动，突出思想引领，形成广泛动员。发挥区域内"两优一先"和楼组优秀党员的模范效应，弘扬社区正能量，筑牢自治共治的思想基础。以邻里守望为主线，发扬"身边人身边事"的榜样力量，以心换心、自助助人，延伸党建工作触角，解决社区治理难题。

二是需求导向重服务。针对景泰居民区房龄老、住户老、观念老的特点，"亲邻驿家"服务站以解决居民"养老难、看病难、出行难"为工作的突破口，开展党员示范楼组创建活动。在每个楼组增配一名党员联络员，组织楼组内的党员定期开展医疗服务等志愿服务活动。服务站引入"一公里"社会组织提供一站式健康教育及管理服务，完善健康教育、健康管理、健康活动工作链，形成"亲邻里、乐健康"的浓厚氛围。

（三）着眼实效，探索协同治理

景泰居民区多措并举，多方联动，方成城市基层党建三级联动体系新实践。

一是以制度为保障，促成党建引领下的社区协同治理模式。党员示范楼组优先试点，结合党组织"三会"制度："楼组议题征集会""党内民主恳谈会"和"亲邻合议推进会"，共同形成党员示范楼组"自治家长会"。由此，服务站形成一套"梳理问题、民主商议、党员带头、楼组联建、激发自治、协同共治"的循环治理模式。

二是以项目为载体，提升社区治理实效。服务站引入专业社工和社会组织推出"美丽家园——绿意楼道"项目，建立"绿意楼道三社联动"项目推进小组，梳理社区人、文、地、产、景等资源，通过发动居民以楼道绿色种植为切入点，打造社区议事"开放空间"，提供互动平台，营造"人人参与，人人添彩"的社区治理氛围。

如今，党建服务站工作初见成效，示范楼组党员纷纷接过"亲邻互助"

景泰居民区亲邻党建服务站的党员重温入党誓词

的接力棒。在党组织的推动下，小区治理难题一个个被攻破，居住环境大大改善，小区的面貌也焕然一新。3年前，福华花苑物业公司弃管、业委会集体辞职，市级文明小区被迫摘牌。随后党总支主动介入，通过党建服务站点凝聚党员力量，终于选定以党员骨干为主的新一届业委会。这期间，召开线下会议48次，发布线上公开信息146条。在党建引领下工作推进顺畅，物业公司和业主充分理解、相互支持，物业费收缴率达95%，居民们有序开展自治，协商讨论小区公共事务，各项惠民项目推进顺畅，居住环境明显改善，原先"被抛盘"小区再获"市级文明小区"称号。2017年，景泰居民区党总支荣获"上海市党支部建设示范点"称号，居民的归属感和获得感不断增强。同年，景泰亲邻社区的"党员三先"模范表现还登上了《上海组织工作》杂志，使更多人可以借鉴景泰亲邻社区的建设经验。

四、启示·展望

（一）党建统领服务"一盘棋"，寻求社区治理突破

以党建统领服务"一盘棋"，是居民区党建服务站巩固推进的基础。"亲邻驿家"党建服务站建立以来，始终坚持以党建为引领，以服务为核心，不断加强站点的辐射功能，形成"亲邻一家"的社区治理氛围，在城市基层社区建设中不断进行新的探索和实践。要在党组织引领下的基层社会治理中实现新突破，要不断致力于整合各类资源，打通工作条线，打破区域界线；致力于突破重点和难点，抓准社区治理中的关键问题，以解决问题来推动发展；致力于上下联动，在城市基层党建服务的三级网络体系中发挥作用。景泰居民区党总支运用党工委实践形成的"三先"工作法，全面做强"亲邻

党建"的党支部工作品牌,将区域化党建延伸到楼组,逐步形成了居民自治、协同共治的基层社会治理新格局,有效发挥了党支部规范化建设的示范引领作用,各项工作向制度化、长效化纵深推进。

(二)"激发、动员、改变",引发社区治理思潮

基层社区治理是一个不断激发、动员与改变的过程,充分发挥党员"三先"驱动作用,做到党员"先想、先议、先行",先于群众树立信心、确立目标,身体力行,勇当排头兵、敢为先行者,激发党员群体在社区中谋发展、共进步的领先意识,同时动员更多的身边人参与进来,通过组织力量凝聚人心,形成合力。激励党员先行一步,是形成社区共同体理念的原动力。

(三) 亲邻文化促邻里共融,推进社区治理实践

"亲邻"是一种向善向美的观念,是在企业人转为社会人过程中应具备的一种生活态度。在有限的居住环境下,打造无边的亲邻文化,着力于抓住社区一个个邻里互助、互勉、互利、互惠的闪光点,在"亲邻驿家"自治平台上营造社区亲邻氛围。通过党员引导和邻里共融,营造出积极向上的社区氛围,从而影响到每个社区居民,并使其为着共同的目标而改变,最终步入社区治理的精细化时代。

紫芝苑:社区自治能力培育基地

一、背景·缘起

华阳居民区位于徐汇区华泾镇南片,占地总面积9万平方米。小区由一期动迁安置房和二期商品房组成,分别建成于1998年和2002年。小区住户2 195户,常住人口5 716人,其中户籍人口3 546人,60岁以上老人占户籍人口的36%,是一个典型的混合型住宅小区。

在创新社会治理加强基层建设的大背景下,居民区党支部和居委会充分发挥居民自治的主导作用,通过社区家园发展理事会的建设,引领更多居民参与社区事务,实现居民自治管理。但在引导居民自治的过程中,发现了社

区发展面临着两大难题：一是居民自治能力不足；二是社区缺少足够的自治空间。而如何解决这两个难题，实现引导居民对社区的有效融入，共同打造一个邻里相亲的"自治社区"已是居民区党支部和居委会的一个重要课题。

（一）居民自治能力不足

华阳居民区居民既有动拆迁居民，又有本地安置的农民，也有购买商品房入住的居民。因为生活习惯相差较大，在日常生活中，不同利益群体之间时有冲突和矛盾发生。在居民心目中，居委会是第一寻找的对象，居民没有意识到自己对本社区居民自治负有不可推卸的责任和义务，甚至错误地将社区家园建设看成是政府的行为，希望坐享其成。同时社区居民参与社区各项事务的热情不高，主动性不强；社区缺乏居民自治团体，无法把具有相同利益诉求的分散的个人整合起来，难以产生共同行动，从而大大降低了居民参与社区事务决策的能力。

（二）社区缺少足够的自治空间

设施老旧、缺乏公共活动场地等因素也限制了居民自治的开展。随着老龄化日益加剧，私家车保有量快速增长，老旧社区空间日渐狭小，对社区进行升级改造已成为华阳居民迫切的愿望。而居民区内恰好有一块约800平方米的污水泵区域，因为种种原因废弃已十年有余。2016年，为充分利用小区内这块宝贵的空间，来解决社区居民的实际难题，满足社区自治方面的需求；更重要的是提高社区居民自治的意识和能力，党支部和居委会结合自治项目申报，对社区这块关键空间进行了"微提升"，建设华阳居民区自治能力培育基地——"紫芝苑"。

二、举措·机制

（一）抓引领，构建自治平台，让居民自治更有效

2015年，在居民区党支部和居委会的筹建下，华阳居民区成立了"家园发展理事会"，以"完善居民自治、解决居民诉求、真诚为民服务、构建和谐社区"四个机制为落脚点，全面推进社区自治模式。理事会下设6个委员会，分别为七彩妇女委员会、爱心互助委员会、老有所乐委员会、综合治理委员会、精神文明委员会、环境物业委员会，基本上涵盖了居委会的各个条线

和社区的各方面事务。其中每个委员会下面又紧紧围绕着数个自治团队（共20多支志愿者队伍），它们在维护社区稳定、丰富文娱活动和弘扬社会正气中发挥了积极作用，由点带面，自下而上，畅通了社区工作的脉络。家园发展理事会是居委会开展居民自治的重要支撑。在党支部、居委的引领下，共同参与小区内事务管理和监督。

（二）重规范，完善自治机制，让居民自治更有序

理事会先后研究制定了华阳社区《自治家园工作导则》《自治家园创建方案》《家园发展自治理事会章程》《专业委员会运作机制》和《自治基金管理规定》，这些机制也成为今后开展社区自治的规范和保障。依托上述自治机制，形成了一套完善的议事流程：首先由各工作委员会从群众中收集问题和需求，开会讨论，形成议案；将议案提交理事会讨论，得出一个项目预案；再上交给党支部和居委会进行审核，如有必要，召开两委班子扩大会议，邀请理事会和部分居民代表参加，形成决议，生成项目；最后提交居民代表大会表决，表决通过后向政府申报项目并申请自治经费，政府审批通过后由理事会具体实施，对自治金的使用做到公开透明。

家园发展自治理事会启动仪式

（三）聚需求，改造自治空间，让居民自治更有力

华阳居民区刚刚建成时，"出门有绿化、活动有空间"，成为居民眼中居住生活的乐土。但在岁月的洗刷下，社区设施逐渐老化，私家车的快速增长占据了社区太多的活动空间，拥挤、老旧、缺少活力，社区空间的弊端日益显现。居民渴望拥有更多的活动场所，而社区也需要更大的自治空间，所以对社区局部空间进行升级改造已成为社区最迫切需要做的事。而社区内恰巧有一块约800平方米污水泵房区域，由于道路改建，管路改道，废弃已有十年有余。因为该区域有很深的地下空间，很是危险，所以被围墙垒砌在内，

杜绝居民进入,长期下来里面垃圾成堆,野草丛生,入夏后更是蚊蝇的滋生地,已然是居民区中的一块"烂疮"。2016年初,党支部、居委会通过家园发展理事会这个自治平台,广泛收集居民听取意见建议,最终确定以社区自治项目的形式对小区这块废弃区域进行改建和利用,并把改建后的这块区域取名为"紫芝苑"(自治的谐音)。

2016年上半年,在居民区党支部的引领下,家园发展理事会严格按照规范的自治机制和议事程序,完成了项目的提案——议案——审核——征询——申报——公示这六大关键程序,使改建工程顺利动工。2016年下半年完成了对"紫芝苑"的整体改建,使之成为社区公共核心,并针对各年龄层的活动需求进行功能区的划分,建立五大板块,即"夕阳角""生态示范园""亲子乐园""妇女之家"和"科普驿站"。

(1)"夕阳角"。为社区老年人提供休息聊天的全开放场所,根据中老年人的需求,增加不同类型的座椅,以及可遮风避雨的长廊。规划结合基地入口的空间,在长廊两边增添文化宣传栏,用以展示居民自治成果及社区文化活动等。

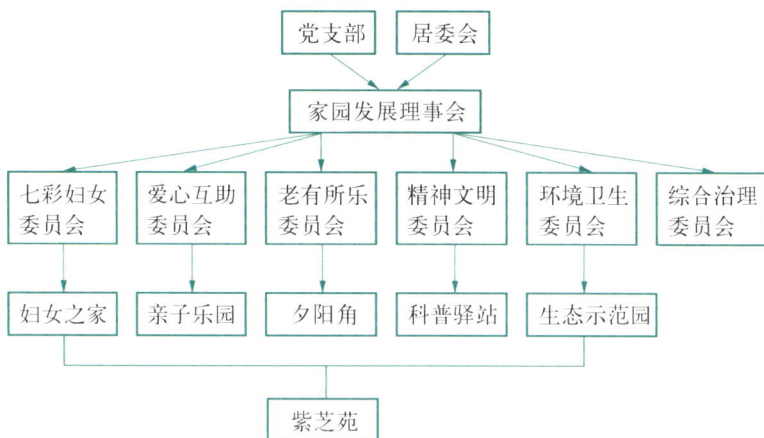

紫芝苑组织平台示意图

(2)"生态示范园"。改造成社区的绿色花园,并由居民自己养护和管理。开展以"绿色、健康"为主题的绿色植物种植示范、教学、交流、体验活动,再推广到居民家阳台、露台等区域,运用现代化科学手段和生态循环的

紫芝苑亲子乐园

方法开展绿化种植,吸引社区家庭的积极参与,同时可减少直至杜绝在小区绿地种菜的不文明现象。

(3)"亲子乐园"。专门为儿童及其家长开辟的亲子教育活动场所。考虑到各年龄阶段孩子的活动特征,针对其特点规划相应的活动场地,学龄前儿童可在内设的儿童沙池里玩耍;青少年的活动区域则依托生态示范菜园的环境,通过领种园地的形式,加强亲子互动,给孩子提供丰富的科普知识,培养家庭良好的低碳环保习惯。

(4)"妇女之家"。紧密围绕"妇女之家"建设和"新家庭计划",携手社会组织更好地为妇女服务。主打"绿色生态",推广阳台种绿,激发妇女参与社区活动的兴趣,形成培训妇女骨干——妇女带动小家庭——小家庭影响大社区的学习形式。

(5)"科普驿站"。社区科普活动的主要宣传点,将设立科普展示台,一方面介绍节能环保、卫生保健等科学知识;另一方面展示居民创作的科普

紫芝苑生态示范园

作品，并加以推广。同时，驿站与"生态示范园"结合起来，开展以绿色种植为主的科普活动，吸引青少年的参与，发挥他们的创造性和探索精神，达到"教育一个孩子、影响一个家庭、带动整个社区"的良好效果。

三、创新·成效

2017年初，已建成的"紫芝苑"正式向居民开放，这块自治空间为社区开展居民自治提供了强有力的平台，社区活动办得有声有色，更加贴近群众，社区居民的参与意愿和自治意识进一步得到了提升。"紫芝苑——社区自治能力培育基地"项目荣获徐汇区第二届社会建设创新项目培育——居民自治类"十大创新项目"，华阳居委会被授予"上海市自治家园示范点"称号。

（一）形成社区自治的"主阵地"

"紫芝苑"是将原来的废弃区域改造成绿化环绕的生态园地，从而改善环境，服务于本小区居民，发挥出社区公共空间的真正功能。但是仅改善环境是远远不够的，华阳居民区对有限的空间进行梳理，挖掘潜力，提升功能空间的针对性，将其发展成居民交流互动和参与社区自治的主阵地，进而培养社区居民的自治能力，使得更多的人能成为社区自治的中坚力量。

（二）打造自治项目的"五版块"

"紫芝苑"根据居民自治的需求和层次打造的五大板块，既有面向老年人的"夕阳角"，又有面向家庭的"生态示范园"，还有面向儿童的"社区亲子园"和面向社区全体居民尤其是青少年的"科普驿站"，最后是为社区妇女服务的"妇女之家"的活动基地。各个板块紧密结合，围绕在家园发展理事会下开展活动，设计出"接地气"的自治项目，让全体社区居民受益。

（三）举办贴近居民的"好活动"

家园发展理事会围绕"紫芝苑"阵地开展了各项自治活动。如举办了"心系情暖闹元宵"灯谜竞猜活动，"助力徐汇创全，文艺下社区，文明进万家"大型宣传活动，小区文体团队自编自导了创全宣传作品。社区开展了"新家庭计划"亲子拓展活动，以"紫芝苑"为起点，年轻父母带领孩子探访孤老、独居老人和困难家庭，为他们送去公益和关爱。布置"科普宣传走廊"，图文并茂地向居民展示相关的科普知识。"紫芝苑"亲子乐园里举办"快乐宝贝亲子同乐"六一活动等。

（四）提升社区居民的"自治意识"

对比之前的社区活动参与情况，参与者已不再都是老年人，中青年人和未成年人也渐渐地参与到社区活动和项目中来，居民也从"要我参加"向"我要参加"的方向转变。2017年9月，作为华泾镇"公益伙伴月"的主会场之一，"紫芝苑"开展了大型的"邻聚力"公益集市活动。这项活动完全是家园发展理事会主要策划和组织的，旨在搭建一个平台，以楼组为单位让居民将家中闲置的物品拿来义卖，在活动中加深彼此的感情，凝聚邻里的情感；同时义卖募集的善款作为居民区自治金交由家园发展理事会管理，用于楼组建设和帮扶社区困难家庭，所有的收入和支出均在小区中公示，接受居民监督。这项活动得到了居民的强烈支持，年轻人也很有兴趣参与其中，年轻的父母带领孩子不仅捐出自己的物品参与义卖，还主动担任志愿者参加了当天的活动，志愿行动成为一种习惯、一种生活方式。目前居委会以"紫芝苑"为加强社区居民参与的着眼点，逐渐提升了不同居民群体参与社区自治的自信，使更多的人走出了家门，成为社区的志愿者，逐渐培养他们成为社区自治的中坚力量。

（五）培育社区居民的"自治能力"

社区居民"自治能力"的提升并不是一蹴而就的，需要长期的培育和发展，华阳居民区便是以"紫芝苑"为着力点而开展的。从2017年3月起，在"紫芝苑"里定期开展了种植活动，专门聘请园艺老师为志愿者们进行"园艺种植"培训。根据季节采购几批花苗和种子，然后定期进行育种、培土、施肥、浇水、护理和防虫。经过几个月的实践，参与学习体验的居民不仅掌握了植物的种植技巧、护理方法、除害技术，也得到了收获的喜悦。为了能让"紫芝苑"得到长效管理，理事会首先将"生态示范园"划分成若干区域，再由各个自治团队和报名参加的小区居民分别包干负责，完全是社区居民自己养护和管理，如今这里已然春意盎然，生机勃勃，成为小区的一道崭新风景。不仅如此，这里也成为妇女骨干的活动场所，成为上班族下班后的减压胜地，成为少年儿童的科普知识乐园，成为家庭幸福的加油站，成为邻里互动的载体。

四、启示·展望

"紫芝苑"的建成，为社区广大居民提供舒适的活动场所，也为居民自治扩展了空间，提升了层次。社区自治空间的改造还只是"微创手术"，对社区居民自治能力的培育才是当前社区所要解决的大课题。党支部居委会在解决了社区参与度不够的问题后，将以培养社区居民的自治能力为主要攻克点，通过该项目逐步帮助居民提高文化水准和精神文明程度；帮助居民形成社区共有的积极价值观、生活态度和道德规范，进而促进良好社区正能量的形成，最终促进社区居民的自治意识和自治能力的全面提升。在创新社区治理的过程中，华阳居民区将继续坚持党建引领，以"家园发展理事会"为自治平台，通过激发基层民众的自主、自治和自觉意识，不断提升基层组织在整合社会资源、延伸政府职能和就近服务群众方面的工作能力，逐步探索出了一条大型居住区社会治理创新之路。

长青坊DNA：党建引领下的社区自治团队

一、背景·缘起

徐汇区康健街道坐落于上海市徐汇区西南部，是一个20世纪80年代中后期兴建的纯居民住宅区，辖区面积4.07平方公里。其中，长青坊是一个混合型居民区，由三个自然小区组成，既有售后公房也有商品房，有居民近

1 000户,约2 200人。居民中既有离退休干部、动拆迁居民,也有很多机关干部、高级知识分子,还有部分为租房户。党总支下属三个党支部,共有党员105人。

康健街道党工委一直非常重视加强党在社区团队建设和发展中的领导作用,并长期致力于探索党建引领下的社区团队自治新模式。按照街道党工委的统一要求和部署,长青坊党总支18年来,努力探索创新,并形成了党建引领下的DNA团队模式,即双向网络联动团队模式,取英文Double—双向,Net—网络,Act—联动的首字母,简称为DNA团队模式。长青坊居民区党组织积极探索创新基层党建新的工作方式,引入社会工作的专业方法和团体理念,通过团队的活动为其成员提供社会服务的方法,促进团体及其成员的发展,使居民能借助集体生活加快自身的社会化;协调和发展个人与个人、个人与团队以及团队与团队之间的社会关系;发挥团队的社会功能,促进社会的进步与健康发展。

二、举措·机制

(一)"康乐工程"——助推社区团队百花齐放

1999年9月25日,时任中共中央总书记的江泽民同志曾莅临康健社区视察,并提出"社区党建和社区精神文明建设结合起来,为民办实事、办好事,就会有生命力"。按照指示要求,康健街道从2000年开始实施以"使居民身心更健康、让社区生活更快乐"为内涵的"康乐工程"。

在"康乐工程"推进中,随着居民区精神文化需求的日益增长,在社区出现了越来越多的文体团队。这些团队开展的各类活动发挥了一定的积极作用,但由于这些团队大多是自发形成的,也具有人数多、活

丰富的社团生活

动分散、情况难以掌握的特点。如果管理得当，引导这些团队健康有序发展，就能成为社区建设管理的生力军；反之，如果疏于引导，就有可能影响安定团结和居民群众的身心健康。因此，在"康乐工程"实施过程中，街道党工委始终把抓好团队建设作为重要内容，通过加强指导和扶持，引导这些团队走上健康发展轨道。

（二）"长青春风"志愿者团队——整合队伍携手共进

在居民区党组织的领导和带领下，各类团队如雨后春笋般在社区蓬勃发展。但如何让这些团队尤其是各类志愿者团队能健康、持续地发展，并在社区建设和发展中有效整合、形成合力，是新时期居民区党组织的一项重要课题和任务。

18年前，为了保证小区各类志愿者团队能健康、持续地发展，并有效引领团队自治管理，在广泛听取意见的基础上，康健街道长青坊居民区党总支、居委会"两委"班子经讨论，并在广泛征求听取居民意见后，决定采纳小区"金点子"议事会的建议，把居民区十几个团队整合在一起，统一命名为"长青春风"志愿者团队，将DNA团队模式嵌入团队自治之中，并设计了标志：树上茂盛的枝叶在春风中飘扬，树干代表党组织，绿叶代表各个团队，寓意绿叶长青。

为规范行为，更好地服务社区和群众，"长青春风"志愿者团队制定了一系列规范和制度。第一，党总支、居委会通过志愿者团队及时了解每个楼组的动态情况，每个楼组了解楼组内住户的动态情况，做到底子清、人员明。第二，以"长青春风"志愿者团队为中心点，在所辖的三个自然小区内组织

"长青春风"标志

成网络，每个分支团队的成员融入自己所在的自然小区，以点带面，点面结合，努力做到"情况掌握在网格，问题解决在网格，工作推进在网格，感情融洽在网格，工作效果在网格"，发挥团队中每个成员的作用，让居民真正感受到"小事不出网格，大事不出社区"的便利。第三，团队、楼组、住户实现了有机结合，形成信息化、社区化、人性化、常态化的管理格局，拓

展了人际交流的广度、深度、力度，促进了团队朝着规范化方向发展。

长青坊党总支从团队的自我教育、自我服务、自我管理着手，注重团队建设中的培训交流、骨干培育和团队激励。更重要的是找

金点子议事会

到了志愿服务这个切入点，巧用"长青春风"志愿者团队，让各个团队在为小区居民共同的服务中找到共同的价值认同和情感认同，从而将小区中各类团队拧成一股绳，在无形中把党建引领渗透到团队的活动和发展中。

到目前为止，"长青春风"志愿者团队已发展到21支分队，如民情交流团队、金点子议事团队、精神关爱团队、环境整治团队、军干所老同志志愿者宣讲团、医疗咨询团队、楼组党建服务点，等等。志愿者由最初的50人扩大到目前近300人的规模，其中党员志愿者超过70人，涵盖3个住宅小区和49个楼组。团队中不仅有党员、楼组长这样的草根领袖，也有教师、医生、律师等专业人才，成员从数量的累积转向质的提升。

（三）"四个有"团队——党建引领社区治理

康健街道长青坊党总支的双向网络联动团队模式（DNA团队模式）以党建带群建、促社建，建立"四个有"团队推动社区自治，在活动中培养队

志愿者团队上半年交流总结会

伍，在活动中渗透理念，在活动中凝聚服务，从真正意义上把基层党建工作做到实处。

一有培训交流平台。居民区党总支班子成员亲自抓团队建设、抓团队骨干和成员的培训。定期邀请专业人员来授课，开展团队之间的

经验交流。如长青坊居民区有三家业委会，在党总支的牵头下成立了业委会沙龙，定期请街道职能部门来进行政策业务培训，还经常性地组织开展三个业委会之间的经验交流。再如"美丽小区"志愿者巡逻队，除明确巡逻任务外，还注重加强对志愿者文明礼仪、急救技能的学习培训。党总支书记还经常与团队负责人交流谈心，注重以专业社会工作中的团辅方式开展团队成员之间心理沟通技巧与工作方法的传授。

二有宣传展示渠道。党总支和居委会专门在居民区开辟了"长青春风"专栏，举办"寻找身边闪光点"橱窗专栏展示活动，弘扬社会主义核心价值观，积极宣传志愿者团队，表扬志愿者好人好事。团队还自制工作微视频，让党员、居民观看志愿者团队的服务成效。党总支还牵头建立了居民区党员、楼组长、志愿者民情交流微信群，利用微信平台搭建团队发布信息、交流活动的载体。党总支还注重在社区不断培育志愿者团队的领军人物，发挥党员志愿者的领军作用。

三有梯队人员结构。要保持团队的生机与活力，就要不断吸纳新鲜血液。长青坊党总支制定了志愿者二次退休制度，平时注重经常性的排摸，将符合条件、有意向的居民吸纳到志愿者服务队伍中来，使团队成员在知识结构上更加多元，在年龄层次上老中青梯队化合理布局，整个团队始终保持积极向上的活力。党总支除了整合在册党员、志愿者的力量，还将触角延伸到区域单位的党员和在职党员中间，建立结对小组，承诺楼组包干、履行义务等，发挥党员作用。形成了"退休＋在职＋区域单位党员"的共建力量，带动居民们共同参与志愿服务。

四有表彰激励机制。居民区党总支组织党员亮身份，引领各类团队发挥自治作用，并将各团队志愿者服务的情况作为各类评优活动的参考条件，提高志愿者参与团队活动的积极性。年终还开展各类评选表彰展示活动。如"最美楼道"评选，"最美楼组长"王孝维、赵龙花、郑玉春、王亚蓉等先进人物的事迹展示，这些活动展现出了团队成员积极参与社区各项公益性活动的精神风貌和亮丽风采，涌现了像王尧琪、石福生、颜翠英、张凤珍等这样一批优秀的志愿者之花，推动了"长青春风"团队工作的全面开展。

三、创新·成效

十几年来,康健街道长青坊居民区党组织依托"长青春风"志愿者团队,通过党建引领、平台搭建、制度完善和骨干培育,用服务精神凝聚社区力量,创新党的工作载体和活动方式,在团队自治模式上取得了明显成效。

(一) 以制度固化志愿服务,团队从"松散型"向"紧密型"转变

十几年来,在长青坊党总支的带领下,"长青春风"团队将小区各类团队根据不同的服务内容整合,并将志愿服务以制度形式予以固化。例如,① 周四党员民情接待日制度;② 由党员、小区民警、居委干部、业委会成员、楼组长、离退休老同志等组成"金点子"议事会建立了每周星级楼组巡视制度;③ 党员志愿者团队建立"美丽小区"巡逻制度;④"精神关爱"服务队定期走访结对老人制度等。

近年来,"长青春风"还新建了楼组党建服务点、"一路一带"文明养宠宣传队、"夕阳美"为老志愿服务队,等等。各类团队从社区治安巡逻、楼道党建服务点创建的宣传,到邻里关系的调解,充分发挥党员、离退老干部的"正能量",营造和谐的社区氛围。这么多年来,所有的分支团队坚持"意见及时反馈、半年工作交流、年末工作总结"的工作制度,带动了居民群众参与小区自治的热情,实现了"党的组织有活力,党员起作用,群众得实惠"的工作目标。

(二) 不断拓展服务领域,将服务触角从小区向楼组延伸

十几年来,在双向网络联动团队模式的推动下,"长青春风"团队服务的内涵与外延不断拓展。2015年起,为了贯彻落实市委创新社会治理加强基层建设的要求,进一步完善居民区治理体系,长青坊党总支结合党建引领居民区治理工作的特点,继续采用双向网络联动团队模式推进长青坊居民区党建服务站建设。

例如,长青坊北小区的楼组党建服务点站点全面建设,12个楼道完全干干净净,无乱堆物、乱停放,楼道定期召开碰头会,居民自主讨论楼内建设的热点和难点问题,在美化楼道环境、解决楼道公共设施改造等问题中,自治决定制定合理的方案,提交居民区党总支。党总支在此基础上推进、加强了

宠物便纸取用箱

党建服务站建设，形成了一个党建工作站（在居委会活动室）、一条示范路（在小区公共绿化带）、多个党建工作点（在居民楼组），具有康健长青特色的全方位党建格局，把党的影响力延伸至社区的最小单元中，形成党建引领的良好"生态环境"。

（三）围绕问题导向和需求导向，发挥团队作用从社区参与走向社区治理

十几年来，在长青坊党总支的领导和培育下，"长青春风"团队充分发挥积极作用，先后协调楼下居民不愿修剪树木、居民反映家中有油味、小区综合改造意见不一等居民"急难愁"问题。"绿叶长青"金点子议事会还针对居民多次反映的养宠问题，组建专项小组宣传文明养宠，在绿地安装宠物便纸取用箱。军干所离退休老同志宣讲团的老同志邵明，每学期都要捐赠物资，用于帮助小区困难家庭的学生。"精神关爱"志愿服务队着眼于帮助弱势群体，志愿者广泛与困难家庭、优抚对象、残障人士、孤寡老人结对帮困，敬老助残，开展"关爱敲门声"专项行动。党员亮身份，服务进家门。从抓党员入手，楼组以党员、楼组长、志愿者嵌入楼组的管理和服务中，他们以家相牵、以情相系、以人为本，通过党员带动群众，党员影响群众，在密切联系群众中，凸显了楼组党员的作用，扎实做好党的基层建设根基。

（四）于细微处入手，做好楼组自治从隔阂走向相通

长青坊党总支在引导团队自治中，按照创新社会治理的要求，注重于细微处入手，体现党建工作成效。楼组是社区治理的最小单元，加强楼组党建是居民区党建的一项重要工作。长青坊党总支秉承创建熟人社区、培育自治楼组的理念，从抓团队入手，形成楼组队伍，延伸了党建工作的力臂，带动楼组居民相互熟识，共同参与楼组自治。在长青坊，有很多特色自

治楼组。

例如,37号心连心楼组,以一块宣传栏、一个楼组公约、一个睦邻点营造楼组文化。楼组长赵老师是小学退休教师,以自家客厅作为楼组活动基地。每当小区有新的业主搬进来时,赵老师都会上门问候,带去邻里的关心并宣传楼组文化,也让新业主更快更好地融入楼组大家庭。

30号手拉手楼组,原来楼道存在违章铁门、楼道堆物等不文明现象。通过开展楼组自治活动,楼组长、志愿者坚持不懈地做思想工作,晓之以理,动之以情,居民们最终理解并支持配合,拆掉铁门,也拆掉了邻里间的陌生和隔阂,现在楼组装扮得非常漂亮,进了楼道就像进了家。

40号好邻居楼组,是长青坊居民区楼组党建的排头兵。这里的党员最多,12户、27名居民中,有10名党员,主要由离退休老同志组成。他们平时关心政治时事、健康养生,对社区建设也非常热心。楼组长王孝维,是一名中共党员,也是上海市劳模。在她的倡议下,建立了"好邻居"楼组,利用楼组的资源把大家组织起来,互相交流学习、关爱。离休老干部亚老师把自己家作为楼组居民的活动点。街坊邻里老伙伴们聚在一起聊聊实事,谈谈家常,议议小区的建设和管理。这些特色楼组是"党建引领,楼组自治"最鲜活的体现,和谐美好的熟人社区在这里俨然形成。

四、启示·展望

长青坊党总支以DNA团队模式引领社区治理的成功案例,内容虽然"微不足道",理念却"无微不至",可以看到在构建核心价值引领的平台、党员志愿服务的平台、离退休老同志发挥正能量的平台、楼组交流联谊的平台、区域共建共享的平台的过程中,基层党组织的功能作用得以充分体现。

以长青坊党总支DNA团队模式引领社区治理为例,康健街道党工委积极探索党建引领下的社区团队自治新模式,创新主要体现在以下几个方面:

一是改进领导方式,通过全面融入和充分整合各类社区团队和利益群体,达到党对社会的引领和领导。融入体现的是润物细无声,整合体现的是跨界无缝衔接。打破原有社区各类团队的界限,以志愿服务打造价值认同、情感认同,并把志愿服务逐步从社区参与转向社区治理,在过程中实现了党组织作用的发挥和党员形象的树立,密切了党群关系、干群关系。

二是创新工作方法,依托实体化的工作载体,嵌入社区居民需求结构和社区公共事务治理,提升党在基层社会的凝聚力和影响力。从需求导向和问题导向出发,将团队的自治管理融入社区公共区域管理,延伸到楼组的自治管理。基层党组织的作用发挥更加亲民、具体、务实。

三是培育群众领袖,打通团队自治建设中的内循环,实现团队发展的良性互动,提升党在社区的群众基础。"康乐工程"实施以来,一直注重培养和挖掘社区工作中的群众领袖。积极打造居民区党组织书记"领头雁"计划,引导和鼓励他们在实践中不断探索创新基层党建工作的新方法、新经验。注重挖掘和培育团队中的骨干,让越来越多的区域单位党组织、社区在职党员等有生力量都积极投入到社区治理中来,成为"康乐工程"忠诚的志愿者和推动者。

"云上瀛台"E家亲:互联网+居民自治

一、背景·缘起

中海瀛台小区是长桥街道辖区近年来新建的中高档商品房小区之一,共有1 748户居民。由于小区居民结构呈现"在职业主多、外来高端人才业主多、随迁来沪老年家属多"的"三多"特征,导致了居民区管理的三个突出问题:① 常规化服务难以满足居民多元化需求;② 社区事务参与渠道难以畅通,形成社区治理的漏洞和死角;③ 社区居民认同感难以形成。

2012年底,中海瀛台居委会建立时,除了以上三个居民区管理的突出问题外,还面临着"两手空空没队伍、居民情况难掌握、管理服务不到位"的空前窘境。

即使社区管理困难重重,居委会成员依旧全身心投入社区工作。在实际工作中,居委会成员了解到居民们虽然不愿意在线下多沟通,但线上沟通十分热闹——"业主论坛"上就活跃着600名小区业主。由此,在居委会建立之初,居委干部就以个人名义参加业主论坛,了解居民关注的热点,以此开展相应的工作,并利用论坛顺利化解了"滨江菜地"风波。此后,居委又把论坛作为重要的信息公开平台,由居委会与原有小区业主版主共同参与小区业主论坛,开展与居民的交流互动,架起了居委会与居民之间沟通互动的桥梁,将一些重要的社区动态在第一时间向居民公开。

"云上瀛台"微信公众号

在此基础上,中海瀛台居民区各主体进一步利用信息手段结合社区现实情况一同建立居民自治新模式。

二、举措·机制

(一) 创新启动

随着"微时代"的到来,小区居民自发成立了各种群团群,提升了居民生活和工作的实效性,从而启发了成立"瀛台梦议事群"的构想。

2014年3月,在居民区党组织的牵头下建立了"瀛台梦"微信群,群里的成员有全部业委会成员、居委会书记、主任和物业各部分负责人,由此成为居民区"三驾马车"的线上议事平台。借助"瀛台梦"议事群,使"三驾马车"原来的议事会、协调会从线下走到了线上。此外,中海瀛台的妇女之家、合唱队等也先后建立了微信群,吸纳"三驾马车"成员入群,把志愿服务、群文活动、小区事务管理等"兼蓄并收"。各类微信群组共同组成了"瀛台梦"议事平台,使得居民自治从桌上转移到了手上,再重新融入小区。

"云上瀛台"线上活动报名　　　　　　　　　"云上瀛台"微社区

（二）创新升级

如果说半公开的微信群还只是相熟邻居之间的交流场所，那2016年5月开发的中海瀛台微信公众号"云上瀛台"就是属于全体小区居民的互动平台。"云上瀛台"是为了落实市委"一号课题"精神，在共建单位区妇联以及小区业主等共同资助下，中海瀛台党支部、居民区运用公益自治金所开发的自下而上广泛议题征集平台。此平台集信息平台发布、小区活动报名、"三驾马车"风采展现及养生、亲子、科普知识等于一体的开放平台。

（三）运作机理

"云上瀛台"治理方式以微信群（15个不同类型、不同功能定位的微信群）为依托，与微信公众号对接，融合了居委会成员、业委会成员、物业成员和社区居民。"云上瀛台"公众号是一个线上线下互动后的展示窗口，在接收信息的同时，也面向全体居民传递信息，是信息的中枢。

该治理模式线上功能包括汇聚人气对公共事物进行初步协商,收集需求对小区治理的问题如违建进行快速反应等;而线下功能则包括组织微信群成员发展为稳定的队伍,对重大事件形成决议,为"三驾马车"治理小区提供民意参考,执行群里合理化决定,等等。这一治理模式可总结为以下两点:

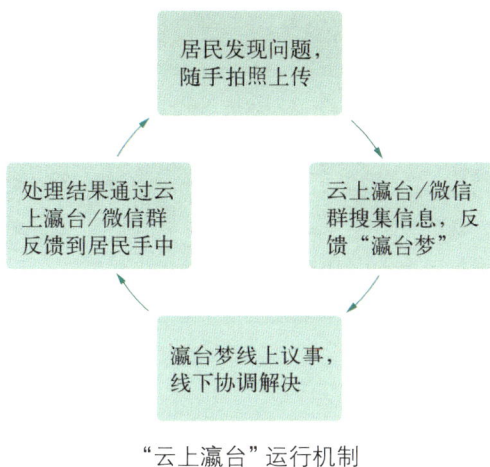

"云上瀛台"运行机制

1. 线上线下互动

第一步,微信群将平日里无法参与社区事务的居民、居委会、物业等多方成员汇聚到一起。这些微信群包括活动群、"瀛台梦"议事群等,每个微信群中都包含业委会、居委会和物业成员等不同的利益群体。居民利用微信群实时参与到小区公共事务中,居委会成员在微信群中参与居民讨论并了解居民需求,一旦发现困扰居民的事件,就将信息迅速传递给相关人员,问题就可以得到快速解决。

2014年,一支微巡访、随手公益志愿服务队也走进"瀛台梦"的"微世界",他们中有业主论坛的版主、年轻白领、热心居民,也有小区党员和业委会成员、物业管理人员。这个"微群体"通过"七随":随时、随地、随手、随拍、随上传、随解决、随反馈,发现并解决困扰居民的"微小"事件。

第二步,热点议题经微信群酝酿后发布到微信公众号"云上瀛台"。由居民参与讨论,公众号后台收集汇总舆情,成为小区议事的议题来源。小区事务大家一起议,提升小区公共事务透明度,同时推进了小区民主化。该平台大大提高了居民诉求的时效性,让居民的合理诉求在最短的时间内得到关注与解决,使无缝隙居民区治理成为可能。

2. 自治团队建设

第一,群群联动,形成了独有的三会制度:群英会、群团联谊会和"瀛台梦"议事会。

线下群英会

中海瀛台——悦读馆

群英会:这一团队包括15个群的群主,在小区"三驾马车"需要广泛听取居民意见时或不定期地针对小区重大事件组织线下沟通交流会。

群团联谊会:这是指线上微信群与线下文艺团队的联谊会,每逢节假日小区组织活动,居民们从线上走到线下,一起参加联谊活动。

"瀛台梦"议事会:凡是"瀛台梦"无法通过线上商议的事项,"三驾马车"就需要来到线下议(e)家进一步讨论协商解决小区各项问题。

第二,凝聚小区群众领袖,带动自治项目。通过居民间的多次线上线下互动出现了群众领袖。并且这种线上线下互动营造了熟人社区,实现了居民区综合治理的动态管理和快速反应,体现了议事、决事、办事的功能,也创造了中海瀛台"E家亲"的良好局面。

在居民中影响最大两个自治项目:邻里相助公益联盟和"瀛台拾贝湾"绘本馆。邻里相助公益联盟组织了多次爱心义卖活动,用每次所得款项共计十余万元购买实物捐赠给街道辖区内的困难家庭、志愿者、"长桥好人"等群体。"瀛台拾贝湾"绘本馆是由一百多位妈妈们为给小区及周边社区的孩子们提供阅读场所而自主发起、自主策划、自主设计的居民区自治项目,通过一段时间的运作,获得了居民的广泛好评,在此基础上小区居民又自主开发了一款名为"天使云书架"的微信小程序,通过居民参与社区志愿活动、爱心捐赠等公益行为积攒"借书豆","借书豆"可用于在线借书,提升居民参与社区活动的积极性。今后预备在"天使云书架"的基础上,扩充项目内容,让居民能通过参与社区活动积攒积分来获得更多服务项目,打造志愿服务积分制,让志愿者既有付出,也有"回报",形成志愿服务的良性循环。

三、创新·成效

(一) 线上社区协商平台建立,居民主动融入社区公共事务

目前"云上瀛台"中的各种微信群将志愿服务、群文活动、小区事务管理等"一网打尽",使用者近千人,覆盖了近60%的居民。基于以上平台,居民依次展开自由讨论、提出建议,而居委会工作人员对舆情进行充分梳理和研判,并发动相关居民积极参与小区问题的化解。

(二) 居民区"微治理"效果显著,社区问题迅速解决

居民积极参与到小区公共事务。通过"微巡访"方式"随时、随地、随手、随拍、随上传、随解决、随反馈",实时发现并解决困扰居民的"微小"事件。平均每天有两位居民在"云上瀛台"反映问题,解决率达到90%以上。原本需要通过业主自己报修或者反映的问题,现在都能得到尽快解决。

(三) 居民借助线上平台孵化自治项目,自治意识不断增强

居民在参与小区公共事务中热情高涨,一批热心公益的居民在线上成立"邻里互助"微信群,线下成立"邻里互助"公益联盟,通过开展爱心义卖等活动,帮助社区内困难人群。爱心妈妈们在线上成立"妈妈群",线下通过妈妈们的社会众筹成立"瀛台拾贝湾"公益绘本馆,170多位居民参与亲子"悦读馆"建设的讨论和民意调查。亲子"悦读馆"于2016年投入使用,为社区未成年人教育增添亮色。2017年,在群英会的动议下,小区二期11号楼开设"楼宇会客厅",挖掘小区人才资源,请出小区退休的医护专家做"厅长",为小区居民讲解居家养老、家庭急救等知识,并提供家庭应急救护志愿服务。

中海瀛台——楼宇会客厅

四、启示·展望

(一)打破群体间阻隔,拉近你我他距离

"云上瀛台"的创新,不仅仅是新技术的使用,更重要的是借助了新技术打破了小区居民之间的阻隔、居委会和物业之间的阻隔以及居委会和居民之间的阻隔。微信这一平台将本不熟悉的个体都联系在一起,将不同的利益方连接起来,形成了一张"无漏洞"的网,提供了信息沟通的渠道,保障了群群联动和沟通的顺畅。

(二)"线上线下"双向互动,相辅相成促自治

"云上瀛台"的线上线下互动并非单向的,而是双向且互通的。需要线上沟通时就在网络上解决,需要线下决定时就面对面交流。例如,群英会、群团联谊会和"瀛台梦"议事会三会制度均是线上线下双向互动的体现,打造多元主体的互动平台,构建新型社区治理体系。

(三)"互联网+"开拓自治新局面,激发居民参与热情

"云上瀛台"项目正在积极探索"互联网+志愿服务"途径,将"瀛台拾贝湾""会客厅""爱心联盟"等自治项目,以志愿者的服务时间换取需求服务机会的方式,将点延伸到面,将志愿服务普及到家门口,激发居民的参与热情,也让志愿者的付出有反馈。在"互联网+"、大数据、移动应用等信息资源的支撑下,拓展网络协商机制。

案例评析

徐汇区社区自治案例的创新性和先发性在于,形成了一个"党建引领+能人达人+社会组织+核心议题+治理顽疾+政府扶持+社会资源"的社区自治基本模式,并以此更为精准地对接治理需求,将更多资源和能力用于解决治理难题,以更高的"合法性"提升治理绩效。具体而言,包括:

一是挖掘社区能人。徐汇区作为上海的中心城区,居民素质较高,

居民参与自治的意识和能力都较强，而及时发现、培育和挖掘这些社区能人和达人，通过社区民间领袖的引领，激发更多居民的参与，实现真正的持续的社区自治，是徐汇在社区自治中的普遍做法。无论是在"绿主妇""DNA团队模式"，抑或是"弄管会""路管会"等，都非常重视在社区自治中发挥社区民间领袖的示范引领作用，以点带面、辐射联动，促进更多的自治力量投入到社区治理中来。需要指出的是，在社区能人和达人的挖掘、培育过程中，党建引领非常重要，当然有很多能人和达人本身就是共产党员，通过党建引领，让这些能人和达人可以在正确的方向上，依托更多的党建资源，发挥更大的作用。

二是下沉自治层级。推进居民自治的层级和空间大小是影响自治效果的重要变量，将自治层级下沉，有利于形成熟人社会，让居民在更为紧密的关系环境中开展自治，这也是自治的精细化和城市治理的精细化。斜土街道景泰居民区就是在楼组层面通过建立"亲邻驿站"来开展自治，这不仅大大增强了居民自治中的利益相关性，也使得自治项目更加接近居民的需求，例如，根据小区居民的特点和实际需求，居委会党总支推出五个"YI"的楼组自治项目——公"益"楼、"议"事楼、"医"疗楼、友"谊"楼、文"艺"楼，丰富"亲邻"载体。此外，"弄管会"和"路管会"、田林十二村、殷家角住宅小区的自治也是因地制宜地下沉自治层级，在弄堂、小区、路边、居民楼开展自治，并取得了精细化治理成效。

三是创新自治载体。居委会是法律意义上的自治组织，它是重要的自治力量，但目前的现实却不尽如人意，因此，依托居委会但又跳出居委会是推进居民自治的一个方式。徐汇区在推进居委会自治的同时，也积极拓展了"弄管会"、"路管会"、亲邻驿站、楼组自治等自治新载体，通过差异化的自治实现精细化的治理。

四是共议社区方案。通过居民自治确立的社区治理事项和方案，更加符合实际需求，是居民最关心、最直接、最现实的利益问题，无论是田林十二村居民区将政府资金优先用于小区道路拓宽改造的提议，还是长青坊"金点子"议事会的运作等，都证明了通过居民自治可以更好地确立社区治理的方案，从而提升社区治理的科学化水平，这也是城市精细化治理的重要体现。

五是强化技术应用。随着新一代信息技术的快速发展，特别是人工智能、大数据、物联网等技术的发展，智慧社区是未来社区发展的重要方向，而在社区治理中利用新的信息技术可以大大提升社区治理的有效性，比如微信群为居民结构多元复杂的小区促进沟通交流提供了新的平台；智能监控系统对社区安全和应急治理的技术支撑；利用大数据分析来优化小区服务设施的空间布局等。新技术的应用，为城市精细化治理提供了新的路径，也是有效对冲精细化治理中可能面临的高治理成本的有效方式。

自治是激活社会自我运转的力量，有效改善政府与社会关系，弥合行政管理体制缝隙的重要方式。只要抓住党建引领这一前提，社区自治必然可以提升城市的精细化治理水平。当然，社区自治的充分发育不是一朝一夕就能实现的，需要重点抓好三个要素：架构、平台和队伍。首先，开展居民自治，形成有效的治理架构是关键。居民区治理追求的目标之一，就是推动居民自治制度化，逐步形成以自治章程为核心，以听证会、协调会、评议会和各类居民公约为重点，各类议事决策规则相配套的自治规则制度体系，为居民开展形式多样的民主协商活动提供支撑，逐步健全多元主体共同参与的居民区治理架构。其次，开展居民自治，需要协商议事的自治平台。有必要建立一个更富包容性、开放性和灵活性的协商议事载体，作为开展基层民主协商的平台，使之成为居委会决策议事框架下开展民主协商、议事理事的重要补充。在构成上，应该能代表各种利益、吸纳所在社区群众的主要力量。在功能上，这个平台应该起到协商议事、凝聚共识和组织动员的作用。最后，开展居民自治，需要充满活力的骨干队伍。人是基层自治的最关键要素，也是决定因素。居民区要健全自下而上的自治议题和自治项目形成机制，通过骨干党员、楼组长等居民代表征集自治议题，引导群众依法、理性、有序地参与基层治理和社区公共事务。有了这些要素，开展居民自治、创新社区治理的脚步也必将迈得更加坚实。